语言力丛书

感染力

吴礼权　著

暨南大学出版社
JINAN UNIVERSITY PRESS

中国·广州

图书在版编目（CIP）数据

感染力/吴礼权著. —广州：暨南大学出版社，2017.9
（语言力丛书）
ISBN 978 - 7 - 5668 - 1287 - 2

Ⅰ.①感… Ⅱ.①吴… Ⅲ.①语言艺术—通俗读物
Ⅳ.①H019 - 49

中国版本图书馆 CIP 数据核字（2014）第 276698 号

感染力
GANRANLI
著　者：吴礼权

···

出 版 人：徐义雄
策划编辑：杜小陆　潘江曼
责任编辑：周玉宏　罗诗冰
责任校对：龙　欣
责任印制：汤慧君　周一丹

出版发行：暨南大学出版社（510630）
电　　话：总编室（8620）85221601
　　　　　营销部（8620）85225284　85228291　85228292（邮购）
传　　真：（8620）85221583（办公室）　85223774（营销部）
网　　址：http://www.jnupress.com
排　　版：广州良弓广告有限公司
印　　刷：佛山市浩文彩色印刷有限公司
开　　本：787mm×960mm　1/16
印　　张：18.75
字　　数：270 千
版　　次：2017 年 9 月第 1 版
印　　次：2017 年 9 月第 1 次
定　　价：36.80 元

（暨大版图书如有印装质量问题，请与出版社总编室联系调换）

总　序

众所周知，语言是人类最重要的交际工具。一个人，只要他/她是生活于现实社会之中，就必须掌握他/她生活于其中的某一种民族社会语言（如汉语、英语、德语、法语、俄语等）。即使是因为先天原因而无正常语言能力，他/她也必须学会一种人工语言（如聋哑人交际时所通用的"手语"）；否则，他/她将无法在其生活的特定社会中生存下去。

为什么这么说呢？道理非常简单，任何一个人都不可能是独立存在于人类社会之外的。也就是说，任何一个人都是社会的人，而非不食人间烟火的神。既然是要"食人间烟火"，那么就得与他人打交道，与他人合作。那么怎样跟他人打交道，如何与他人合作呢？这其中就少不了一个媒介（或曰工具）——语言。其实，语言不仅是人与人之间进行沟通交流的媒介，更是一种在人际沟通中发挥重要作用的实用工具。这个工具虽然不像我们原始人所使用的猎获禽兽的木棍、弓箭，也不像两千年前我们祖先用以翻地耕耘的犁、锹等劳动工具，不是获取生活资料、维持温饱的"硬工具"，但却是切切实实推动人类社会高速发展的"软工具"。如果从人类历史发展的整个进程来考察，我们可以说，语言这一人类的"软工具"远较维持人类社会基本生存条件的"硬工具"重要得多。

诚然，没有棍棒、弓箭、犁、锹等"硬工具"，人类无法获取必要的生活资料而生存繁衍下去；但是，如果没有语言这一"软工具"，那么人类社会就无法进步，永远处于原始社会状态，直到今天我们恐怕还会过着茹毛饮血的原始人生活，不仅灿烂的人类精神文明成果无法创造，就是看得见摸得着的物质文明也是无法创造出来的。试想，没有语言作为人类的交际工具，人与人之间如何实现

1

信息的有效传递、思想情感的有效沟通？若信息传递与思想情感不能实现有效沟通，人与人之间就不可能实现有效的团结协作。不能实现有效的团结协作，就不可能促进社会生产的发展、物质文明的创造。人类社会就将永远处于停滞不前、原地打转的状态。我们还可以设想一下，如果人类没有语言作为交际工具，那么前一代人在生产与生活中所创造的有益经验如何能够传承给后人？前人的有益经验不能有效地传承给后人，那么后人如何能够借助前人提供的经验而站到一个新的起跑点上，使人类社会前进的步伐更快？事实上，正是因为人类有了语言这一独特的工具，我们前人的智慧与经验才得以有效地传承下去，后人才得以站在前人的肩膀上看得更高更远，从而在新的起跑点上更快地向前跑。今日我们科技进步之所以呈现日新月异、一日千里的局面，靠的不正是现代科技知识得以有效传承吗？而现代科技知识的有效传承，所依靠的又是什么呢？靠的不正是语言这一独特而有效的工具吗？至于今日我们能够享受的人类几千年灿烂的精神文明成果，更是得益于语言（包括记录语言的符号系统文字）这一工具。试想，若是没有语言（包括文字），数千年前我们祖先的思想成果、文学艺术作品如何能够传承到今日？正因为有语言（包括文字）作为工具，我们先人所创造的优秀的思想成果、文学艺术作品才会为今日的人们所享受。也正因为有这些优秀的精神文明成果积淀作为基础，我们今天的思想成果、文学艺术创造才如此丰富。

语言作为工具的重要作用，其实早在千百年前东西方贤哲就有所认识，并予以强调，并非今天的人们才充分认识到的。如西汉《淮南子·本经训》有曰："昔者苍（仓）颉作书，而天雨粟，鬼夜哭。"这话说的是汉字被创造的事，虽然带有神话色彩，但真切地说出了一个道理：文字的创造发明乃是惊天动地的大事件，从此人间就没有什么秘密了。因为文字突破了语言交流的时空限制，可以将语言所表达的一切内容传于异时异地。我们知道，文字是语言的记录符号系统。因此，我们中国的先人如此强调汉字创造的重要性，实际上就是强调语言作为人类交际工具的重要作用。成书于公元前 122 年的《淮南子》所记的上述话语已经证明，中国先人对语言的工具作用的认识是非常充分的。过了约两百年，成书于公元 90 年左右的西方经典《圣经》，里面也谈到语言的工具作用。《圣经》"创世记"第 11 章中记载了这样一个故事：

> 那时，天下人的口音、言语，都是一样。他们往东边迁移的时候，在示拿地遇见一片平原，就住在那里。他们彼此商量说，来吧，我们要作砖，把砖烧透了。他们就拿砖当石头，又拿石漆当灰泥。他们说，来吧，我们要建造一座城和一座塔，塔顶通天，为要传扬我们的名，免得我们分散在全地上。耶和华降临，要看看世人所建造的城和塔。耶和华说，看哪，他们成为一样的人民，都是一样的言语，如今既作起这事来，以后他们所要作的事，就没有不成就的了。我们下去，在那里变乱他们的口音，使他们的言语彼此不通。于是，耶和华使他们从那里分散在全地上。他们就停工，不造那城了。因为耶和华在那里变乱天下人的言语，使众人分散在全地上，所以那城名叫巴别（就是变乱的意思）。①

上帝耶和华之所以要降世变乱造城、造塔的人们的语言，就是因为所有参与造城、造塔的人们都拥有同一种交际工具：相同的语言。有了这个工具，他们便能在造城与造塔的劳动过程中团结协作，从而将城与塔造起来。耶和华变乱了他们的语言，使他们没有了统一的交际工具，最终就拆散了他们，使他们不能团结协作，造不成城和塔而被迫分散到全球各地。《圣经》中的这个故事虽然是神话，但真切地反映了西方人对于语言作为人类交际工具的重要作用的充分认识。

---

① 引文参见：http://www.jdtjy.com/html/shengjingyuandi/jiantishengjing/hgb/gen/gen11.htm.

上述东西方先贤对于语言的工具作用的认识虽然都不符合现代科学的语言观，但是，他们都不约而同地看到了语言作为工具在人类交际中的重要性。神话也好，科学也罢，语言作为一种工具，在人类的交际中所发挥的传达信息、交流思想、沟通情感的作用，确实是其他工具（如肢体语言、声音等非自然语言）所不能比拟的。一个正常的人只要具有正常的语言能力，就可以运用语言这一工具来与他人进行交际沟通。但是，我们应该认识到，并非具有正常语言能力的人都能在人际交往中圆满地完成其传达信息、交流思想、沟通情感的任务。也就是说，语言这一工具并非是所有人运用起来都能得心应手，都能"口应心"、"笔写心"。事实上，人们运用语言工具的能力是有区别的，并非完全相同。在日常语言生活中，我们常常会发现这样一种现象，有的人说起话来滔滔不绝，似乎是不假思索，但说出的每一句话都显得逻辑严密，条理清楚；相反，有的人说起话来吞吞吐吐，支支吾吾，斟酌了半天，说出的话还是前言不搭后语，相互矛盾，错漏百出。说是如此，写也一样。有的人提笔一挥而就，文不加点，一气呵成，文章读来文从字顺，趣味横生，令人回味再三；有的人提笔凝神半日，却写不出一行字来，即使硬写出几行字来，也是乏味得很，令人难以卒读。

如此说来，是不是说人的语言能力的优劣高下是先天决定的呢？答案是否定的。尽管我们承认人的语言能力可能确实存在着一些先天上的差异，但其并不像人的智商那样在先天上有很大不同。因为语言是一种通过后天学习而拥有的能力，不管智商高低，只要有适合的语言习得条件与语言习得时间，任何人都能至少娴熟地掌握某一种语言，并以之为工具与人进行交际。比方说，三四岁的中国孩子，说起汉语来恐怕比四五十岁的外国人都要流利，但这并不是因为他的智商高过外国人，而是因为他有从一出生就耳濡目染汉语的语言习得条件，以及时时刻刻都有跟其父母、兄弟姐妹学习汉语的充足时间。

既然人的语言能力不存在先天上大的差异，那么现实生活中为什么有些人能说会道，妙语生花，而另一些人则笨口拙舌，说起话来词不达意，写起文章来言不由衷呢？其实，这不是先天语言能力上的问题，而是后天学习上的问题。我们都知道，语言是一种公共资源，基本词汇、语法规则，是每个人在语言习得过程中不需要花很多精力与时间便能掌握的，所以不存在资源占有的不公平、不平等问题。但是，还有一种特殊资源，它并非像语言的基本词汇、语法规则那样在语言习得阶段就能在不知不觉中自然而然地"习得"的，而是需要有意识地进行学习，甚至是专业修读才能获得的。这种需要有意识地学习或者专业修读的语言特殊资源，就是人类长期以来在语言生活中创造并积累的特定语言表达技巧，或称之为修辞策略或表达法。

我们都知道，人类的任何交际活动都是"有所为而为"的。也就是说，言语交际有很强的目的性，是为了完成某一预定的交际任务而进行的。比方说，老师面对学生的教学是一种言语交际活动，其预定的交际目标是要求学生明白每一堂课所讲的内容，掌握每一堂课所要讲授的知识点。又比方说，政治家或学者面对大众的演讲，也是一种言语交际活动，其预定的交际目标是要听众认同他宣扬的某种政治理念或学术观点。再比方说，外交谈判或商业谈判，同样是一种言语交际活动，只不过这是一种双向互动的言语交际活动，比老师授课、政治家或学者演讲更具挑战性。因为谈判双方各有自己的利益诉求，有预期的谈判成果追求。可见，不论是什么形式的言语交际，目的性都很强，是"有所为而为"的。也许有人会认为，现实生活中的言语交际也有"无所为而为"的情形，比方说日常生活中我们与路见的熟人打个招呼或问个好，就看不出有什么特定的目的，没有预定的交际任务。其实，这是一种误解。仔细想一想，这样的言语交际仍然隐含着一定的交际任务，这就是通过打招呼或问候来密切人际关系，为今后可能的人际互动或交际沟通做"长线投资"准备。如果今天我们在路上相见而相互都不理不睬，那么日后为了某种事务而需要与对方进行交际沟通时，就会陷入被动，甚至成为彼此交际沟通时心理上的极大障碍。可见，言语交际目标有显性的，也有隐性的；言语交际任务有即时的，也有长远的。总之，任何的言语交际活动都是"有所为而为"的，目的性非常强。

既然言语交际是一种"有所为而为"的语言活动，那么交际者在运用语言这一工具表情达意时必然会追求表达效果的最大化，通过创意造言的努力，使自己的语言表达具有某种特殊的效力。这种语言表达的特殊效力，就是我们本套丛书所要集中论述的"语言力"。

"语言力"，从理论上说是分为不同层次、不同类型的。上文我们说过，言语交际活动都是"有所为而为"的，目的性很强。但是，并非所有"有所为而为"的目的都相同。事实上，在言语交际活动中，交际者（communicator）为了保证其交际达到预期的目的，首先必须研究他所面对的受交际者（communicatee），准确把握言语交际时特定的情境，然后有针对性地创意造言，运用尤其是创造性地运用特定的表达法（修辞策略），使语言表达产生特殊的效力，从而使传情达意的效果最大化。

正因为交际者每一次的言语交际活动都会面对不同的受交际者，而且预定的交际目标任务有所不同，因此在表达法的运用方面也会有所不同，其所产生的语言力也会有所不同。从不同的层次与视点看，语言力大致可以分为"说明力"、"表达力"、"突破力"、"说服力"、"感染力"、"辩驳力"、"沟通力"和"理解力"八类。

所谓"说明力"，是指交际者说写时不使用任何表达法（即修辞手法），只以理性的语言、白描的手法传情达意，将所要传递的信息、所要交流的思想、所要宣达的情感清楚、明白地表达出来，传情没有半点的歧疑，达意没有丝毫的含糊。这种"说清楚"、"讲明白"的境界并非人人都能做得到，交际者必须有相当的语言修养，要费相当的心力才能企及。如果能企及这种境界，我们就可以说交际者的语言表达具有了一种特殊的效力。这种特殊的效力，我们可以称之为"说明力"。

一般说来，以"说明力"为言语交际预期目标的，在事务语体（如产品介绍、法律条文、公文等）、科学语体（如论文、说明文等）以及部分文艺语体（主要是记叙文）中最为常见。例如：

板蓝根颗粒（冲剂）
（95版中国药典）

ZZ－0225－沪卫药准字

（1995）第041003号

本品为板蓝根制成的冲剂。

【功能与主治】清热解毒，凉血利咽，消肿。用于扁桃腺炎、腮腺炎，咽喉肿痛，防治传染性肝炎，小儿麻疹等。

【用法与用量】口服，一次5g，一日4次。

【贮藏】密封。

（生产日期）2001.01.02

　　这则中药饮品说明书，虽然在写作上具有明显的"程式化"特征，"先在品名下注明药典版次，再注明药品批号，然后是药品成分、功能与主治、用法与用量、贮藏方式、生产日期"①，跟其他一些药品的说明书的通行书写格式没有什么两样。从表达上看，此说明书完全没有什么技巧，但是将要说明的内容说得极其清楚，需要提请使用者注意的事项写得非常明白。可谓达到了"说清楚"、"讲明白"的境界。因此，作为一份药品说明书，我们认为上述说明书具有"说明力"。

　　又如：

　　　　村外的小山上，有涌泉寺，和其他的云南的寺院一样，庭中有很大的梅树和桂树。桂树还有一株开着晚花，满院都是很香的。庙后有泉，泉水流到寺外，成为小溪；溪上盛开着秋葵和说不上名儿的香花，随便折几枝，就够插瓶的了。我看到一两个小女学生在溪畔端详哪枝最适于

---

① 吴礼权：《现代汉语修辞学》（修订版），复旦大学出版社2012年版，第432页。

插瓶——涌泉寺里是南菁中学。

——老舍《滇行短记》

上引这段文字，属于文艺语体中的记叙文。它是按照空间顺序，由外而内，写抗日战争时期云南的南菁中学坐落的环境。其中，除了偶有几句不经意地运用了"顶针"手法外，基本是采用白描的方法记叙的。文字上也质朴自然，没有刻意地去雕琢，更无华丽的藻饰。但是，读之让人对南菁中学周边的环境印象非常深刻。因此，我们可以说，这段文字达到了"说清楚"、"讲明白"的境界，具有很强的"说明力"。

所谓"表达力"，是指交际者说写时有意识地使用一些特定的表达法（即修辞手法），不仅使其所见所闻、所思所想的内容都清楚明白地呈现出来，而且别具"状难写之景，如在目前"、"含不尽之意，见于言外"的效果，给接受者的印象非常深刻。如果能够企及这种境界，我们就可以说交际者的语言表达具有一种特殊的效力。这种特殊效力，我们可以称之为"表达力"。

一般说来，以"表达力"为言语交际预期目标的，在文艺语体中最为常见，诗、词、小说、散文中尤其平常。例如：

江上荒城猿鸟悲，隔江便是屈原祠。
一千五百年间事，只有滩声似旧时。

——南宋·陆游《楚城》

这首诗今天我们读来还会为之感慨唏嘘，究其原因是诗的末尾两句运用了特定的表达法——"折绕"，在"不著一字"中抒发了诗人深切的历史喟叹。诗人言"只有滩声似旧时"，"意在言外的内涵是说除了江水还在滔滔不绝地流淌外，世上的一切都改变了，还有谁记得屈原其人及其对国家的忠心苦心呢？明在说屈原，实际是在抒发自己爱国之情及不能为南宋统治者理解的悲哀之情"①。正因为这首诗在表情达意上臻至"含不尽之意，见于言外"的境界，抒发怀才不遇的激愤之情，怨而不怒，因而读来就更加令人感动，极具"表达力"。

所谓"突破力"，是指交际者在说写中突破遣词造句的常规语法范式或是约定俗成的语义规约所创造出来的一种异乎寻常的语言效力。这种语言效力，源自交际者创意造言的智慧，源于交际者情意表达的艺术化呈现，它传递给接受者的不仅有情意，还有一种美感或情感愉悦。

一般说来，"突破力"的取得，主要有两条途径：一是创意造言的新异性，如某种新表达法的创造；二是通过特定语境的帮助对旧有的语义规约进行出人意料的突破。例如：

> 一个中文系的学生在学到古典主义、浪漫主义、现实主义、自然主义、女权主义这些名词术语后，便请老师解释。
>
> 这位一向以幽默闻名于校的老师说："一名男士跟一群女子开玩笑地说：'假如有一个男子误闯你们女子更衣室，你们怎么办？'"
>
> A 女子说："我去跳楼。""这是古典主义。"
> B 女子说："我就嫁给他。""这是浪漫主义。"
> C 女子说："我的收费是很高的。""这是现实主义。"
> D 女子说："请帮我拿一下衣服。""这是自然主义。"
> E 女子说："我把他扔到窗外去。""这是女权主义。"
>
> ——高胜林《幽默技巧大观》

上引这段文字，一读之下便让人为之会心一笑，让人享受到一种轻松幽默的审美愉悦。之所以有如此独到的语言表达"突破力"，

---

① 吴礼权：《中国名言引语词典》，香港商务印书馆 2013 年版，第 639 页。

原因就在于交际者（即这则故事文本的建构者）创造性地运用了一个叫"例示"的表达法，对"古典主义"、"浪漫主义"、"现实主义"、"自然主义"、"女权主义"等西方学术术语进行了颠覆式的语义内涵解释，既出人意料之外，又在情理之中，别具一种"无理而妙"的效果，让人细细回味之后情不自禁地感佩其创意造言的高度智慧。

所谓"说服力"，是指交际者说写时有意识地使用一些特定的表达法（即修辞手法），以经验说话、让权威代言、用事实作证、以逻辑与公理开道，从而在心理上彻底征服受交际者，使自己所推阐的某种理念、主张具有无可争辩的合理性和正当性，进而说服受交际者接受其建议、意见。在说理论事的言语交际活动中，如果能够企及这种境界，我们就可以说交际者的语言表达具有一种特殊的效力。这种特殊效力，我们可以称之为"说服力"。

一般说来，"说服力"的取得，主要依赖于交际者所提出的论据是否具有可信性和充分性。但是，有时也不尽然。在日常语言生活中，我们常常见到有人说服他人时并未举出具体的事实论据，却也能让对方哑口无言、心服口服。论者或以先人的经验来说事，或引权威者的话来论断，或以逻辑推理来论证，都能取得令人信服的"说服力"。如果确有创意造言智慧者，甚至连这些都不需要，借助特定的语境，运用特有的表达法，临时建构一个修辞文本，就能说出令接受者佩服得五体投地的道理。例如：

> 有一次，我参加在台北一个学校的毕业典礼，在我说话之前，有好多长长的讲演。轮到我说话时，已经十一点半了。我站起来说："绅士的讲演，应当是像女人的裙子，越短越好。"大家听了一发愣，随后哄堂大笑。报纸上登了出来，成了我说的第一流的笑话，其实是一时兴之所至脱口而出的。
>
> ——林语堂《八十自叙》

上引故事中，林语堂所说的"第一流的笑话"，其实并非笑话，而是一个有关如何演讲的道理。只是因为说话者创造性地运用了"比喻"表达法，别出心裁地将"绅士的讲演"与"女人的裙子"异乎寻常地匹配到了一起，让所有听众与在台上的嘉宾都始料不及，不禁为之大跌眼镜。但是，当所有听众从一愣神中醒悟过来时，却不得不无限感佩说话者林语堂说理的艺术。因为这句话实际上要表达的是这样一个意思："绅士的演讲应该简明扼要，要给听众留下回味的余地，才能令听众有意犹未尽的美感。如果绅士的演讲啰唆冗长，说了半天还不知所云，徒然浪费听众时间，那定然会让听众生厌的。"① 但是，说话人林语堂并没有这样直通通地自道心衷，而是以生动幽默的比喻，将所要说明的道理与所包含的讽嘲其他嘉宾的意思包藏于其中，让人思而味之，不得不打心底里折服于其所讲的道理，而且为其表达的幽默生动会心一笑，在领悟演讲道理的同时获取一份轻松愉悦的审美感受。

所谓"感染力"，是指交际者说写时有意识地使用一些特定的表达法（即修辞手法），通过语言文字激发起他人相同思想感情的力量。就汉语来说，凡是以汉语或汉字为媒介，交际者（说者或写者）睿智的创意造言，能让受交际者（听者或读者）惊喜、惊讶、惊愕、惊叹，从而引发其强烈的认同感并欣然从之，或对交际者所抒发的喜怒哀乐等情感产生强烈的共鸣并予以深切同情，那么我们就可以据此确认交际者的言语表达是具有"感染力"的。

一般说来，以语言文字为媒介创作的言语作品（包括口头与书面的），要想激发起接受者的思想感情的共鸣，产生一种让人深切感动的力量（即"感染力"），只有两条途径：一是作品的思想内容有深切感人的力量，二是作品的表达技巧有撼动人心的魅力。也就是说，"感染力"或是来源于作品所表达的情感、思想、理念能让人产生共鸣，令人情不自禁地产生深切的感动与认同；或是来源于作品创意造言的技巧令人耳目一新，让人为之折服感佩。如果能够

---

① 吴礼权：《语言策略秀》（修订版），暨南大学出版社 2013 年版，第 15 页。

二者兼顾，则其"感染力"更大。例如：

力拔山兮气盖世，时不利兮骓不逝。
骓不逝兮可奈何？虞兮虞兮奈若何？
——秦·项羽《垓下歌》

上引这首诗，是西楚霸王项羽兵败乌江时唱出的无助心声。两千多年来，只要人们读到这首诗，都会情不自禁地为之深切感动，并为项羽掬一把同情的泪。我们都知道，项羽在与刘邦的争战中最终失败，乃是他刚愎自用、不善用人的结果，是咎由自取，丝毫没有理由怨天尤人。但是，他兵败垓下，于乌江边自刎前对着他心爱的虞姬唱出的这一曲心声却依旧打动了不少人，使大家对他的失败寄予了深切的同情，甚至给项羽作传的太史公司马迁本人，写到项羽生平事迹时也要感情用事，不能客观地以史家的冷静来看待项羽的失败。至于上引《垓下歌》，因为既写出了项羽穷途末路的悲情事实，又用了"夸张"的表达手法，来自作品内容（事实）与表达技巧两方面的因素兼具，因此读来就格外具有一种催人泪下的强大"感染力"。

所谓"辩驳力"，是指交际者说写时有意识地使用一些特定的表达法（即修辞手法），在与受交际者进行言语博弈时以创意造言的智慧战胜或折服受交际者的语言效力。我们都知道，在言语交际活动中，交际者与受交际者并非只有合作而无竞争，也并非只有配合而无博弈。事实上，言语交际中交际者与受交际者的合作与竞争、博弈都是"司空见惯浑闲事"。在现实生活中，不仅升斗小民会为了鸡毛蒜皮之事而起口角，高高在上的政治家、道貌岸然的学者也会常常因为政见或观点的不同而大打口水仗。这些现象，其实都是言语博弈的表现。既然是言语博弈，那就有一个谁胜谁负的问题。如果博弈双方的主动者是交际者，那么被动者就是受交际者。交际者提出一个观点，或是说出一番指责受交际者的话，那么受交际者必然奋起而辩驳。

　　那么，受交际者怎么进行辩驳的呢？怎样的辩驳才算是具有"辩驳力"呢？对于前者，我们不能一概而论。因为怎样辩驳，是需要受交际者根据当时与交际者进行言语博弈的具体情况，根据交际者提出的观点或提出的指责予以分析后发挥创意造言的智慧，才能寻找到一个对症下药、有的放矢的有效辩驳策略，没有固定不变的辩驳模式。对于后者，即"辩驳力"的确认，我们认为是有确切标准的。这个标准就是看受交际者的辩驳有没有艺术性，能否以柔克刚，发挥"四两拨千斤"的效果。如果能达到这种境界，我们就认为他的言语博弈具有"辩驳力"；否则，像"泼妇骂街"式的辩驳，即使火力再猛，也算不得是有"辩驳力"的。例如：

　　　　孔文举年十岁，随父到洛。时李元礼有盛名，为司隶校尉，诣门者皆俊才清称及中表亲戚乃通。文举至门，谓吏曰："我是李府君亲。"既通，前坐。元礼问曰："君与仆有何亲？"对曰："昔先君仲尼与君先人伯阳有师资之尊，是仆与君奕世为通好也。"元礼及宾客莫不奇之。太中大夫陈韪后至，人以其语语之。韪曰："小时了了，大未必佳。"文举曰："想君小时，必当了了。"韪大踧踖。
　　　　　　　　——南朝·宋·刘义庆《世说新语·言语第二》

　　在上引这个故事中，少年孔融与太中大夫陈韪的言语博弈，就具有极强的"辩驳力"。正因为如此，才会作为文人佳话在《世说新语》中记载下来，千百年来一直为人们所津津乐道。太中大夫陈韪看到李元礼等当时士大夫上层人物都对早慧的孔融赞赏不已，就冷静地提出了自己的不同意见："小时了了，大未必佳"，即认为小孩子小时候太聪明，长大后未必有什么出息。客观地说，这话是说得非常中肯的，后来孔融被曹操所杀的悲惨结局也证明了陈韪是有先见之明的。但是，当时陈韪在与早慧的孔融进行言语博弈时，却是输家，而少年孔融则是赢家。对于陈韪明显不具友好意图的评价，孔融没有针锋相对地进行驳斥，而是顺着陈韪"小时了了，大未必佳"这句话的逻辑，以反转因果的方法，用同样的推理方式自然而然地推出了"想君小时，必当了了"的结论，意思是说，看陈韪现在这样没有出息，就知道他小时候是很聪明的。很明显，这是绕着弯子在骂陈韪老大而无成就。但是，由于孔融对陈韪批评语的回击与辩驳是以"折绕"的表达手法进行的，因此表意相当含蓄婉转。这样，在旁观者看来，孔融对陈韪批评语的辩驳（反批评）既有力地维护了他自己的人格尊严，又显得彬彬有礼，符合封建时代长幼人伦的道德规范。正因为如此，我们可以说孔融与陈韪的言语博弈具有极强的"辩驳力"。

所谓"沟通力"，是指交际者说写时有意识地使用一些特定的表达法（即修辞手法），顺畅地实现了与受交际者进行思想交流与情感沟通的预定目标任务。如果能臻至这一目标，我们就可据此认为当时交际者的言语交际是具有特殊效力的。这种特殊的语言效力，我们可以将之称为"沟通力"。

在言语交际中，"沟通力"应该是交际者追求的一个非常重要的指标。因为除了政治家、学者或社会各界名人所作的报告、演讲是单向的观点宣达之外，我们日常的言语交际都是双向互动的，交际者所要实现的预定言语交际目标是需要受交际者配合的。特别是交际者与受交际者之间交换看法、交流思想、沟通感情，更是一种双向互动的活动，一定是以"沟通力"为追求的主要目标的。值得指出的是，在言语交际中，要想保证思想感情交流或沟通的顺畅，亦即具有"沟通力"，交际者除了要有世情练达的社交能力外，还要有洞悉人心与创意造言的智慧，否则恐怕难以将话说到受交际者的心坎里，让受交际者在言语交际过程中欣悦地配合，从而顺畅地实现事务上或思想情感上的沟通。相对来说，事务性的沟通，"沟通力"的取得难度要小点，而思想与情感的交流与沟通，"沟通力"的取得就要难得多了。不过，如果真有创意造言的智慧，真有洞悉人心的敏锐性，思想或情感的沟通也可以是顺畅的，"沟通力"预定目标的实现也是有可能的。例如：

　　我与她曾八年同窗，此期间接触很少，相遇时也只打个招呼，点点头。我们都很年轻，踌躇满志而又矜持骄傲。

　　后来，我们都踏上了工作岗位。时光悠然逝去，我成了大小伙子。偶然的机会我得知她仍然是个老姑娘。于是我冒昧给她去一封信：

　　小莉：你好！听说……对吗？若真的话，我想……

你的同学　萌雅

　　过了15天，我终于收到她的回信：

　　萌哥：您好！也听说……对吗？若是的话，我也想……

你的小妹　莉

　　这就是我的初恋。

——萌雅《初恋》，《月老报》1986年第16期

　　上引这个故事，交际者（萌雅）与受交际者（小莉）是中学男女同学。交际者听说受交际者毕业工作后多年尚未成家，仍是待字闺中，于是就萌发了向受交际者求爱的念头。因为二人是同学关系，太熟悉了，因此真的到了要表白感情的时候，交际者反而感到为难了。最终，交际者选择了一个较为合适的沟通方式，那就是写信。虽说写信表达感情不像面对面那样难以启齿，但交际者仍然觉得难以下笔。之所以难以下笔，是因为交际者洞悉了受交际者的心理，她是一个老姑娘，心理比较脆弱，对男女感情问题也比较敏感。正是基于对受交际者心理状态的了解，所以交际者选择了一种"留白"表达法，非常婉转地陈述了二人都是单身的现状，含而不露地表达了自己希望与受交际者发展感情关系的愿望。由于交际者对受交际者的心理状态把握得非常准确，创意造言富有智慧，给足了受交际者面子，结果顺畅地与受交际者实现了心灵的沟通。十五天后，受交际者仿照交际者的书信文本模式回了交际者一封信，一切都尽在其中了，由此一桩甜蜜的爱情就此拉开了序幕。可见，交际者（萌雅）与受交际者（小莉）的书信传情是极具"沟通力"

的。由此，也说明了上面我们所强调的两点："沟通力"的取得，既需要交际者有高度的创意造言的智慧，又需要交际者有洞悉人情世故的心智，二者缺一不可。

以上我们对"说明力"、"表达力"、"突破力"、"说服力"、"感染力"、"辩驳力"、"沟通力"等七种"语言力"都作了清楚的概念内涵界定，还有一个"理解力"在此也需要清楚地予以界定。

应该指出的是，"理解力"与上述七种"语言力"在本质上是不同的。因为上述七种"语言力"都是基于表达者（即交际者）的视点，是指交际者通过语言的创造性运用而产生的一种语言效力。而"理解力"则是站在接受者（即受交际者）的立场，是考察受交际者对交际者创意造言的努力而产生的某种语言效力的领悟与把握能力。正因为如此，我们可以对"理解力"作如下这样一个概念内涵界定。

所谓"理解力"，是指受交际者对于交际者为了实现达意传情的预定目标而运用某种表达法的意图能够准确解读并迅速予以回应的能力。从本质上说，"理解力"就是一种"语言能力"，就像一个人在一定的语言社会中成长，经过耳濡目染的"习得"过程，掌握某种语言一定的词汇与语法规则就能开口说话的"语言能力"一样。前文我们说过，语言是人类最重要的交际工具。以语言为工具而进行的言语交际，乃是一种双向互动的语言活动，包括交际者的表达与受交际者的接受两个方面。表达需要运用词汇与语法规则进行遣词造句，接受则需要对经由词汇与语法规则运用而产生的言语作品进行解读。遣词造句是通过语言"习得"而获得的一种"语言能力"，对他人遣词造句所产生的言语作品进行准确解读的"语言能力"，同样也是通过语言"习得"而获得的一种"语言能力"。不过，应该强调指出的是，遣词造句的"语言能力"与对他人遣词造句所产生的言语作品进行解读的"语言能力"（即上面我们所说的"理解力"）在"习得"方面是有差别的。遣词造句方面的"语言能力"的"习得"是较为简单的，属于低级的"语言能力"。之所以说它是较为简单的，是低级的，这是因为我们通过机械的学习就能获得。在现实生活中，我们经常看到，一个三四岁的孩子就能自如流利地遣词造句，基本意思的表达毫无问题。这就有力地说明了一个问题：学说话的"语言能力"是容易获得的；相反，在现实生活中，许多智商、知识水平非常高的成人在听别人说话时都有产生误解的时候。这又有力地说明了一个问题：听说话的"语言能力"（即"理解力"）是不容易学会的，至少可以说是不容易学好的。虽然"理解力"的获得不像遣词造句的"语言能力"那样简单，但并不是学不会、学不到的。事实上，只要我们平时加强学习，留心别人创意造言的技巧，熟练掌握一些言语交际中经常运用的表达手法，注意考察言语交际时特定的情境（包括言语交际的时间、地点、环境，参与方的知识背景、职业特点、心理状态等），就能准确把握交际者真正想要传达的情意，做个"善解人意"者，由此很好地与交际者进行互动，在言语交际中无往而不利。下面我们看一个现实的例证：

> 人到了迟暮，如石火风灯，命在须臾，但是仍不喜欢别人预言他的大限。丘吉尔八十岁过生日，一位冒失的新闻记者有意讨好的说："丘吉尔先生，我今天非常高兴，希望我能再来参加你的九十岁的生日宴。"丘吉尔耸了一下眉毛说："小伙子，我看你身体满健康的，没有理由不能来参加我九十岁的宴会。"胡适之先生素来善于言词，有时也不免说溜了嘴，他六十八岁时候来台湾，在一次欢宴中遇到长他十几岁的齐如山先生，没话找话的说："齐先生，我看你活到九十岁决无问题。"齐先生愣了一下说："我倒有个故事，有一位矍铄老叟，人家恭维他可以活到一百岁，忿然作色曰：'我又不吃你的饭，你为什么限制我的寿数？'"胡先生急忙道歉："我说错了话。"
>
> ——梁实秋《年龄》

上引故事中，胡适恭维齐如山，说他活到九十岁绝无问题，这肯定是出于一番好意，是胡适有意亲近齐如山的表现。但是，齐如山对于生命有较高的期望值，觉得胡适是限制他的寿数，所以心生不满。不过，齐如山是个明白人，他知道胡适的话没有恶意，也知道胡适在学术界与社会上的名声与地位盖过自己很多，他无法直接发泄对胡适的不满，所以他选择运用了"讽喻"这一表达手法（根据说写时的情境临时编造一个故事寄托所要讽刺的意涵），讲了一个百岁老人做寿的故事。结果，故事还没讲完，胡适就急忙道歉了。那么，胡适为什么要道歉呢？因为他听懂了讲故事人（交际者）齐如山所讲故事的深刻含义，佩服他创意造言的智慧，既不露痕迹地表达了不满之情，又给自己留足了面子。所以，他能心悦诚服而又爽快地向齐如山道歉。这里，我们既可以看到交际者齐如山创意造言的智慧与表情达意的"语言力"，又能清楚地见到受交际者胡适敏捷的语言"理解力"。若要追究胡适为何具有如此敏捷的语言"理解力"的原因，主要有两个方面：一是胡适是大学问家，熟悉中国人自先秦以来就一直喜欢运用的"讽喻"表达手法，所以齐如山讲故事，他一听就懂；二是胡适是才思敏捷的人，善于分析言语交际的情境，所以他能结合齐如山的故事情境准确破译出其所讲故事的弦外之音。可见，语言"理解力"的获得既需要先天所赋予的领悟力，又需要后天的学习与修炼。

本丛书名曰"语言力"，包括《说明力》、《表达力》、《突破力》、《说服力》、《感染力》、《沟通力》、《辩驳力》和《理解力》八种。这套"语言力"丛书的写作，其意在于尽可能地发掘中国古哲今贤创意造言智慧的富矿，从中总结归纳出相关的规律，提供给广大读者参考，以期有效提升广大读者的"语言力"，使其在今后的言语交际活动中无往而不利。为了增强可读性，在本丛书的每一部中，笔者都努力在选材上做到经典性与生动性相结合，写作上努力在"化深奥为浅显"、"化平淡为生动"方面下功夫，希冀读者在获取知识、明白学理的同时获取一种阅读的审美享受。

吴礼权

2015 年 9 月 28 日于复旦大学

目　录

总　序 ……………………………………………………… （1）

第一章　绪　论 …………………………………………… （1）
　一、何谓感染力 ………………………………………… （1）
　二、感染力何来 ………………………………………… （5）
　三、如何创造感染力 …………………………………… （13）

第二章　拨动你的心弦 …………………………………… （23）
　一、王羲有三"不可奈何" ……………………………… （24）
　二、颜驷"三世不遇" …………………………………… （31）
　三、汉女嫁郎呼"上邪" ………………………………… （35）
　四、李密无祖母"无以至今日" ………………………… （40）
　五、李白"万言不值一杯水" …………………………… （47）
　六、柳宗元"独钓寒江雪" ……………………………… （53）
　七、崔护"人面不知何处去" …………………………… （56）
　八、唐女子"水流无限似侬愁" ………………………… （62）
　九、李煜"问君能有几多愁" …………………………… （67）
　十、曹衍"自恨无媒出嫁迟" …………………………… （71）
　十一、范仲淹"酒未到，先成泪" ……………………… （74）
　十二、管道升与赵孟頫"我泥中有你，你泥中有我" … （77）
　十三、李敖最喜欢丈母娘的"名言" …………………… （80）
　十四、张晓风"我是一切的人，一切的人是我" ……… （83）
　十五、台湾老师"想学乌江自刎前的楚霸王" ………… （87）

第三章　让记忆永存你的心房 ………………………………（92）

一、李白"千里江陵一日还" …………………………………（93）

二、武侯祠古松"黛色参天二千尺" …………………………（98）

三、孟浩然"气蒸云梦泽" ……………………………………（102）

四、汉将"一剑曾当百万师" …………………………………（106）

五、琵琶女"千呼万唤始出来" ………………………………（110）

六、秦孝公有"并吞八荒之心" ………………………………（117）

七、顾宪成"风声雨声读书声，声声入耳" …………………（120）

八、梁实秋眼中的女人"开电灯怕费电，再关上又怕
　　费开关" ……………………………………………………（126）

九、梁实秋的雅舍"聚蚊成雷" ………………………………（129）

十、老舍"车，车，车" ………………………………………（132）

十一、臧克家"有的人活着，他已经死了" …………………（136）

十二、何其芳高歌"终于过去了" ……………………………（141）

十三、马寅初"人在校园，心济苍生" ………………………（143）

十四、三毛是"难得看到的好戏" ……………………………（146）

十五、大同县"城里打屁股，城外听得见" …………………（148）

第四章　引起你的共鸣 ………………………………………（151）

一、孔子夸颜渊"贤哉，回也" ………………………………（152）

二、孔子哀伯牛"斯人也，而有斯疾也" ……………………（155）

三、曹操"对酒当歌" …………………………………………（157）

四、陶渊明"风飘飘而吹衣" …………………………………（159）

五、王翰"古来征战几人回" …………………………………（162）

六、李煜"春花秋月何时了" …………………………………（164）

七、苏轼"人生到处知何似" …………………………………（168）

八、胡适"为什么爱读《木兰辞》" …………………………（171）

九、梁实秋"讲价" ……………………………………………（176）

十、朱自清"思春" ……………………………………………（178）

十一、李敖"不看你的眼" ……………………………………（182）

十二、李敖的 1935 年 ·························· （185）

十三、香港流浪诗人的心灵苦痛 ·············· （188）

十四、对岸游子梦中的旧时家山 ·············· （191）

十五、张晓风"决心要到山里去一趟，一个人" ······· （195）

第五章 突破你的心防 ······················ （200）

一、孟子"四心"拷问你的良知 ·············· （201）

二、烛之武"阙秦以利晋，唯君图之" ·········· （203）

三、王戎妻"我不卿卿，谁当卿卿" ············ （208）

四、丘迟"暮春三月，江南草长" ·············· （210）

五、唐玄宗与杨玉环"在天愿为比翼鸟" ········ （216）

六、唐明皇"行宫见月伤心色" ················ （219）

七、骆宾王"班声动而北风起" ················ （222）

八、王维"独在异乡为异客" ·················· （228）

九、杜甫"今夜鄜州月" ······················ （231）

十、李后主"寂寞梧桐深院" ·················· （235）

十一、苏东坡"把酒问青天" ·················· （237）

十二、陆游"一怀愁绪，几年离索。错！错！错！" ··· （239）

十三、李清照"寻寻觅觅，冷冷清清，凄凄惨惨戚戚"

··································· （242）

十四、清代才女"五人张伞，四人全仗大人遮" ······· （245）

十五、刘半农一唱三叹"教我如何不想她" ·········· （248）

参考文献 ································· （254）

后 记 ··································· （256）

吴礼权主要学术论著一览 ··················· （263）

第一章 绪 论

一、何谓感染力

> 名不正，则言不顺；言不顺，则事不成；事不成，则礼乐不兴；礼乐不兴，则刑罚不中；刑罚不中，则民无所措手足。故君子名之必可言也，言之必可行也。君子于其言，无所苟而已矣。
>
> ——《论语·子路》

上引这段文字，是孔子教育其弟子子路的话，也是孔子最有名的"正名论"学说。众所周知，孔子之所以提出这一"正名"学说，"是感于当时周公法度与礼制崩坏的情势，而力图兴礼乐、明法度、慎刑罚，修明政治以回复到'天下大同'的理想社会。其所谓'名'，并不是'坚白论'之类的概念之名，也不专指书面文字，而是'刑名'、'爵名'、'文名'等之'名'。他认为，'名'若不能反映客观实际，言论苟且，'名''实'混乱，必然会导致政治上的混乱。所以，他在卫国不得志而返回鲁国修《春秋》时，在其'正名'思想指导下，'贬天子，退诸侯，讨大夫，以达王事；别嫌疑，明是非，定犹豫，善善恶恶，贤贤贱不肖'（司马迁《史记·太史公自序》），其词'微而显，志而晦，婉而成章'（杜预《左传序》），每每褒贬系于一字。由此可见，孔子'正名'思想的提出，其原始动机是从政治上讲名分"①。也就是说，"孔子讲'正名'，不为别的，乃是为了纠正被春秋时代乱臣贼子弄颠倒、弄混乱的'刑名'、'爵名'、'文名'等，最终目的是为了'克己复礼'，恢复已然崩坏的周公礼法，重新回到其所向往的但实际并不存在的所谓的'天下大同'的社会"②。虽然孔子"正名"的结果并未如愿，他所梦想恢复的周公礼法没能再被诸侯各国实施，他想重建的理想社会直到他闭上眼睛时也未见踪影，但是，"他的'正名'思想却在中国思想文化史上产生了深远的历史影响。自古以来，中国人打仗都讲究'师出有名'；中国人嫁娶，则讲究'明媒正娶'；中国人做事，无论是为民造福的善事，还是假公济私的坏事，都要找个冠冕堂皇的理由，这叫'名正言顺'……无疑都是孔子'正名'思想潜移默化的结果，是汉民族一种'集体无意识'的'正名'情结的体现"③。

正因为如此，我们在对"感染力"问题展开系统论述之前，有必要对相关的概念内涵予以清楚的界定。

为了廓清有关"感染力"概念内涵的纠葛，使本书所论述的"感染力"有一个清晰的概念内涵，本节我们将主要解决一个问题，就是"感染力"究竟谓何？而要讲清"感染力"的概念，就要先讲清"感染"一词的概念。下面我们将先说"感染"的概念，再说"感染力"的内涵。

"感染"，乃是一个外来概念词，是西方医学上的一个术语。其动词形式是 infect，其名词形式是 infection。"有道词典"对于 infection 的释义是："病原微生物侵入宿主体内并引起病理变化并且生长繁殖，引起机体病理反应的过程。"这是医学上的专业释义，与我们日常生活中使用"感染"一词的语义是有区别的。infection 的专业释义仅限于医学上特定的指谓，进入现代汉语中的"感染"概念

① 吴礼权：《孔子"正名"论的语言学阐释》，《北华大学学报》（社会科学版），2013年第1期，第4页。
② 吴礼权：《言语交际与人际沟通》，暨南大学出版社2013年版，第1页。
③ 吴礼权：《言语交际与人际沟通》，暨南大学出版社2013年版，第1~2页。

则是引申的词义表达。那么，现代汉语中"感染"一词的概念内涵究竟谓何呢？我们不妨看一下两部汉语权威辞书的释义：

> 感染 ①通过语言文字或其他形式激起他人相同的思想感情。如感染力。②亦称"传染"、"浸染"。指病原微生物侵入机体后，在体内生长繁殖，致机体的正常功能、代谢、组织机构受到破坏，引起组织损伤性病变的病理反应。（《辞海》缩印本1989年版，上海辞书出版社，1990年12月版，第1804页）
>
> 【感染】gǎnrǎn［动］①病原体侵入机体，在机体内生长繁殖引起病变；受到传染：伤口~了｜身体不好，容易~流行性感冒。②通过语言或行为引起别人相同的思想感情：~力｜欢乐的气氛~了每一个人。（《现代汉语词典》第6版，商务印书馆，2012年6月版，第424页）

仔细分析一下，《辞海》与《现代汉语词典》对"感染"一词的释义虽有详略之别，但对其原义与引申义的看法基本一致。不过，应该指出的是，相比而言，《辞海》对"感染"引申义内涵的界定更准确全面，因为"通过语言文字或其他形式"的说法周延性较强。而《现代汉语词典》"通过语言或行为"的说法，由于没将"文字"一项包括在内，所以在逻辑周延性方面明显有所欠缺。至此，我们对于"感染"一词的概念内涵应该比较清楚了：它原是一个医学专门术语，"亦称'传染'、'浸染'。指病原微生物侵入机体后，在体内生长繁殖，致机体的正常功能、代谢、组织机构受到破坏，引起组织损伤性病变的病理反应"。进入汉语后，经过比喻引申，词义指称范围遂有所扩大，意指"通过语言文字或其他形式激起他人相同的思想感情"。

说清了"感染"的概念内涵，下面我们再来界定"感染力"的概念内涵，就比较容易了。"感染力"的英文形式是infectivity，如：Viruses do not loose their infectivity following their adsorption to a solid particles（病毒吸附到固体颗粒上后并不丧失它们的感染力）。[①] 从来源上看，"感染力"也是一个外来概念词，源于西方医学上的一个专业术语，意谓："病原体引起宿主扩散疾病的能力。"[②] 进入汉语后，经过词义的比喻引申，意谓："能引起别人产生相同思想感情的力量；启发智慧或激励感情的能力。如：文学作品中的生动艺术形象，能产生强烈的感染力。"[③]

至此，我们似乎可以给"感染力"下一个完整的定义了，可对其概念内涵作如下的界定：

> 感染力，原是一个医学术语，指病原体引起宿主扩散疾病的能力。后通过比喻引申而成为一个普通词汇，意谓"通过语言文字或其他形式激起他人相同思想感情的力量"。

从词汇学的角度来看，上述这个"感染力"概念内涵的界定，可以说是相当严密而具逻辑周延性的。不过，本书我们所要论述的"感染力"是专指"通过语言文字"手段而"激起他人相同思想感情的力量"，并不包括通过行为、影像或实物等形式而"激起他人相同思想感情的力量"。因此，我们在此必须对"感染力"的概念外延进行收缩窄化。也就是说，本书所要指称的"感染力"，是特指"通过语言文字而激起他人相同思想感情的力量"。凡是以汉语或汉字为媒介，表达者（说者或写者）睿智的创意造言，能让接受者（听者或读者）惊喜、惊讶、惊愕、惊叹，从而引发其强烈的认同感并使其欣然从之，或对表达者所抒发的喜怒哀乐等情感产生强烈的共鸣并予以深切同情，那么我们就可以据此确认表达者的表达是具有感染力的。

---

① 参见 http：//www.iciba.com/infectivity。
② 参见 http：//baike.baidu.com/link？url=jqi7boBQpavXhqRPZ5Ucr_lHPQ88ylAIG6O
pDAbFCEIuHHT9JBmEo9V39U9Y3oKrbj4rUH29b4GnYCw1mkJxoa。
③ 参见 http：//baike.baidu.com/link？url=jqi7boBQpavXhqRPZ5Ucr_lHPQ88ylAIG6O
pDAbFCEIuHHT9JBmEo9V39U9Y3oKrbj4rUH29b4GnYCw1mkJxoa。

二、感染力何来

以语言文字为媒介创作的言语作品（包括口头与书面的），要想激发接受者的思想感情的共鸣，产生一种让人深切感动的力量（也就是感染力），只有两个途径：一是作品的思想内容有深切感人的力量，二是作品的表达技巧有撼动人心的魅力。也就是说，感染力或是源于作品所表达的情感、思想、理念等让人产生的共鸣，令人情不自禁产生深切的感动与认同；或是源于作品创意造言的技巧的耳目一新，让人为之折服感佩。

关于感染力源于作品思想内容，体现在很多方面。如表现崇高的思想境界、博大的胸襟心怀、深切的人文关怀，契合人类共同的价值观等，这样的作品内容肯定是有强烈感染力的。比方说，唐代大诗人杜甫《茅屋为秋风所破歌》：

> 八月秋高风怒号，卷我屋上三重茅。茅飞渡江洒江郊，高者挂罥长林梢，下者飘转沉塘坳。南村群童欺我老无力，忍能对面为盗贼。公然抱茅入竹去，唇焦口燥呼不得，归来倚杖自叹息。俄顷风定云墨色，秋天漠漠向昏黑。布衾多年冷似铁，娇儿恶卧踏里裂。床头屋漏无干处，雨脚如麻未断绝。自经丧乱少睡眠，长夜沾湿何由彻！安得广厦千万间，大庇天下寒士俱欢颜，风雨不动安如山。呜呼！何时眼前突兀见此屋，吾庐独破受冻死亦足！

在杜甫诸多诗篇中，这首诗几乎谈不上有什么语言表达技巧。但是，自古及今，凡是读过杜甫这首诗的，却无人不为之深切感动。为什么？就是因为诗中所抒写的内容淋漓尽致地表现了诗人博大的胸襟心怀与推己及人的强烈同情心。自家的茅屋被风吹翻，栖身之所都将没有，家中"布衾多年冷似铁，娇儿恶卧踏里裂。床头屋漏无干处，雨脚如麻未断绝"，他却仍心忧天下，想着"安得广厦千万间，大庇天下寒士俱欢颜，风雨不动安如山"。这种"先天下之忧而忧，后天下之乐而乐"的崇高精神境界与深切的人文关怀，谁能不为之深受感动呢？与此相类似的，还有中唐诗人白居易"安得万里裘，盖裹周四垠。稳暖皆如我，天下无寒人"（《新制布裘》）、晚唐诗人韦应物"身多疾病思田里，邑有流亡愧俸钱"（《寄李儋元锡》）、宋代诗人陆游"身为野老已无责，路有流民终动心"（《春日杂兴》）等诗句所表现的内容，同样也是因为深切的人文关怀而令人深受感染、深切感动。

又如以亡国之恨、流离之苦的情感为抒写内容的诗词，因为其最能突破人的心防，引发同情，所以感染力也是非常大的。比方说，南唐后主李煜的《子夜歌》（又作《菩萨蛮》）词：

> 人生愁恨何能免？销魂独我情何限！故国梦重归，觉来双泪垂。
>
> 高楼谁与上？长记秋晴望。往事已成空，还如一梦中。

这首词是李煜亡国后被囚于北宋之都汴梁时所作。宋代马令《南唐书·后主书第五》有云："后主乐府词云：'故国梦重归，觉来双泪垂。'又云：'小楼昨夜又东风，故国不堪回首月明中！'皆思故国者也。"这首词，虽然篇幅很小，只有寥寥四十四字，但读来却让人为之感动，情不自禁地为词人的亡国之恨与被囚哀伤的情绪所感染，忍不住要为其掬一把同情泪。之所以如此，是因为李煜在写作此词时已不是昔日养尊处优的皇帝，而是北宋的阶下囚，是"经历大苦恼、大悲痛的伤心人"，"所作之词，都是用泪水写成的。此词写梦归故国和梦醒后的悲哀，字字句句，即凝着血泪"[①]。正因为如此，才让千古以降的无数读者读之都为其悲情所打动，情不自禁地涌起深切的同情。

---

① 唐圭璋等编：《唐宋词鉴赏辞典》（唐、五代、北宋卷），上海辞书出版社2004年版，第130页。

又如内容有关失败、失意的，悲伤的，往往也能引发他人的同情，甚至会让人在特定情绪的作用下模糊了是非标准，情不自禁地与表达者达成了情感或思想上的共鸣，从而为表达者的哀伤或忧愁情绪所感染。比方说，楚霸王项羽兵败垓下，于乌江边上自刎前所唱的《垓下歌》：

> 力拔山兮气盖世，时不利兮骓不逝。
> 骓不逝兮可奈何？虞兮虞兮奈若何！

众所周知，项羽是灭秦的功臣，曾是秦末群雄逐鹿中原实力最强者。但是，由于他有勇无谋，又刚愎自用，不善于任用人才，后来逐渐由强变弱，最终被刘邦打败。可是，直到死到临头，他还不能幡然悔悟，甚至还在怨天尤人，说什么"此天之亡我，非战之罪也"。对这样一个咎由自取、至死执迷不悟的人，自古以来居然很少有人对他予以批评责备。相反，绝大多数人在读了他的《垓下歌》后都对他予以深切的同情，觉得他不应该失败，认为刘邦不应该成功。这便是《垓下歌》撼人至深的感染力的作用，它让千古以降的读者在对项羽强烈同情的情绪下模糊了是非标准。

至于以乡愁、男女之情、悲欢离合等为抒写内容的，则更易产生撼动人心的感染力。因为这方面的内容都涉及人类共同的情感体验，也是人类情感的软肋。因此，自古以来，凡是最让人深受感染的作品无不与它涉及了这些方面内容有关。关于这一点，无论是中国历代文学作品的读者，还是外国文学作品的读者，都会有深切的体认与深刻的印象，用不着我们在此赘述。

感染力缘于作品创意造言技巧的，也有不少。因为语言文字表达形式上的创意，往往也能突破人们的心防，给人以惊喜，从而激发出一种鼓舞人心的感染力。如台湾诗人余光中《等你，在雨中》：

等你，在雨中，在造虹的雨中
蝉声沉落，蛙声升起
一池的红莲如红焰，在雨中

你来不来都一样，竟感觉
每朵莲都像你
尤其隔着黄昏，隔着这样的细雨

永恒，刹那，刹那，永恒
等你，在时间之外
在时间之内，等你，在刹那，在永恒

如果你的手在我的手里，此刻
如果你的清芬
在我的鼻孔，我会说，小情人

诺，这只手应该采莲，在吴宫
这只手应该
摇一柄桂桨，在木兰舟中

一颗星悬在科学馆的飞檐
耳坠子一般地悬着
瑞士表说都七点了，忽然你走来

步雨后的红莲，翩翩，你走来
像一首小令
从一则爱情的典故里，你走来

从姜白石的词中，有韵地，你走来

　　这首诗写的是一位男子在黄昏时分的雨中急切等待与情人相会的心情，心理刻画极其细腻。作为一首现代白话诗，写得却极具意境，配合独到的错行书写与节奏安排，别具中国古典诗词的韵味。读之让人不禁为其缠绵的情调、典雅的文字而陶醉感染，顿起一种急欲进入其意境世界的强烈情感冲动。

　　那么，这首诗为何有如此深厚的魅力与深切的感染力呢？这主要是源于诗人创意造言的智慧，是其语言文字表达技巧的成功之处。

　　其实，仔细分析一下这首诗所写的内容，就能发现其不过是一首普通的爱情诗。若是按照现代白话文的常规语法规范，用散文的形式中规中矩地写出来，恐怕读来一点魅力也没有，更不用说有深切的感染力了。可是，诗人的高明之处在于运用了一种修辞策略——倒装，使本是平淡的表达变得起伏跌宕、韵味无穷。尤其值得一提的是，诗人在运用倒装修辞策略时，并非体现于一两个句子上，而是落实到通篇。这种创意是前所未有的，也是一般诗人所不敢运用的。而事实上，正是因为这通篇的"倒装"，最终成就了这首韵味无穷的诗作。"诗题《等你，在雨中》，就是运用了倒装表达策略，为全诗所描写的男主人公（'我'）盼望情人（'她'）到来的急切之情奠定了基调，凸显了'我'对'她'深切的情感。诗的正文则十二次运用了倒装表达策略：'等你，在雨中，在造虹的雨中'，通过状语'在雨中，在造虹的雨中'与谓语'等你'语序的倒置，既突出强调了'我'想见'她'的急切之情，因为谓语'等你'的前置助成了这一效果的产生；又凸显了'我'对'她'诚挚的深情，因为状语'在雨中，在造虹的雨中'从谓语的附着地位独立出来，强调了'我'等待'她'的环境是雨天而非风和日丽的晴日。'你来不来都一样，竟感觉'，通过谓语动词'感觉'与宾语'你来不来都一样'的语序倒置，强调了动词'感觉'的宾语部分，突出了'我'想'她'出神而把'莲'当成了'她'这种产生幻觉的心理状态，从而凸显出'我'对'她'的深切思念之情。'等你，在时间之外，在时间之内'、'等你，在刹那，在永恒'两句，都是通过时间状语与谓语位置的倒装，突出了'我'的行为'等你'，强调了行为时间的周遍性，从而凸显出'我'对'她'永恒的爱。'如果你的手在我的手里，此刻'，通过时间状语的倒置，既突出了'我'想与'她'牵手诉衷情的心理状态，又强调了'我'想与'她'相见牵手的急切性，就在'此刻'，再也等不及了，一种急切、真切的强烈情感跃纸而出，读之让人不禁为之动情！'这只手应该采莲，在吴宫'、'这只手应该摇一柄桂桨，在木兰舟中'两句，都是通过把谓语与地点状语位置的倒装，强调了状语所在的地点，从而突出了'她'的美丽、高贵、典雅，让人想起了中国古典诗词中所写的江南采莲女的美妙浪漫的意境，提升了诗的审美价值。'一颗星悬在科学馆的飞檐，耳坠子一般地悬着'一句，正常语序应是'一颗星耳坠子一般地悬着，悬在科学馆的飞檐'，诗人通过比喻性描写状语与谓语的倒装，突出了状语，强调了'她'的矜持和高贵不易接近，同时由'耳坠子'自然引出'她'的出现。'步雨后的红莲，翩翩，你走来'，通过两个状语'步雨后的红莲'、'翩翩'与主语'你'位置的倒装，突出强调了'她'仪态万方的行走姿态，表现了'她'的古典而浪漫的美，引人怦然心动。'从一则爱情的典故里，你走来'，通过状语前置于主语'你'之前，突出了状语的内容，使'她'的身世身份蒙上一层神秘的丝纱，让'我'和'她'的爱情更富古典而浪漫的情调，令人联想回味，余韵深长。'从姜白石的词中，有韵地，你走来'，也是让两个状语前置于主语'你'之前，突出了状语，导引接受者自然联想到宋人姜白石清空峭拔、格调高远、意味隽永、韵律和谐的词风，从而强调了'她'的步态的优雅和古典色彩，一个深具古典美韵致的绝妙佳人形象便栩栩如生地呈现在接受者面前，令人情不自禁地心摇神荡，陶醉深深而不可自拔。"[①]可见，睿智的创意造言与高妙的表达技巧也是使作品深具感染力的源泉。

写作需要有创意造言的睿智，有表情达意的技巧，才能激发接受者强烈的思想或情感共鸣，使其建构的文本具有感染力，说话也是如此。下面我们看看美国著名黑人民权运动的领导人马丁·路

---

①　吴礼权：《语言策略秀》（修订版），暨南大学出版社2013年版，第106～107页。

德·金（Martin Luther King, Jr., 1929—1968）1963 年 8 月 28 日在林肯纪念堂前所作的一次演讲的结束语：

朋友们，今天，我要告诉你们，尽管我们面临着今天和明天的困难，我仍然存有一个梦想，这梦想深深扎根于美国之梦。我梦想有朝一日，这个国家会重新崛起，并将按其信条的真正含蕴去生活——"毫无疑问，人生来是平等的，我们坚信这些真理"。

我梦想有一天，乔治亚州的红土地上，奴隶的子孙和奴隶主的子孙会视如手足。

我梦想有一天，甚至在密西西比州——正燃烧着不公正的烈火，燃烧着压迫的烈火——也会转变为自由、公正的绿洲。

我梦想有一天，我的四个孩子生活在这样一个国家里，人们不再按其肤色而是凭着他们的品行相互对待。

我梦想有一天，阿拉巴马的州长、一个刻薄的种族主义者，不再提否决和无效之辞——总有一天，就在阿拉巴马，黑人小男孩和小女孩能同白人的小男孩和小女孩像兄弟姐妹一样携起手来。

我梦想有一天，每一个山谷都将填平，每一座丘陵、高山都将夷为平地，所有的坎坷之地都变成了平原，所有的曲折之处都将平直。上帝的荣光将再次显现，各位都会亲临这一切。

这是我们的愿望，我将带着这愿望回到南方。有了这一愿望，我们就能从绝望的群山中凿出一块希望之石；有了这一愿望，我们就能把喋喋不休的争吵灌制成一曲谐和美妙的交响乐；有了这一愿望，我们就能一起工作，一起娱乐，一起斗争，一起入狱，一起捍卫自由。坚信吧，总有一天我们会自由……①

---

①　刘润清：《英美著名演说选注》，外语教育与研究出版社 1981 年版。

　　这段演讲结束语，之所以历来为人所称道，并深深感染了世界上无数的人，关键就在于演讲者创意造言有独到之处，特别突出的一点是将排比与示现两种修辞策略有机地结合在一起。我们都知道，在演讲中，运用排比策略乃是常规，因为排比文本的建构能造就一种表意酣畅、气势磅礴的效果，配合演讲时的语气语调，能够迅速慑服听众之心，增强感染力，提升演讲的接受效果。上引马丁·路德·金的这段演讲词，以"我梦想有一天"领起的五个结构相似的句子连续铺排，鱼贯而下，就像浩浩汤汤的一江春水一泻千里，将生活于美国的黑人同胞强烈渴望取得与白人平等的权利的愿望表露得淋漓尽致，让广大美国黑人同胞听之深受感染，"心有戚戚焉"。在此基础上，演讲者又以"有了这一愿望"领起的三个结构相似语句的并列，配合末一句内部五个含有"一起"的相同结构成分的铺排，让不同层次的排比文本异乎寻常地集结起来，从而形成一种排山倒海般的气势，让听众深受感染，从心底彻底被慑服。这是从结构形式上看。如果从内容看，上述诸多排比文本同时也是示现文本。因为演讲者所说的情景：乔治亚州的红土地上，奴隶的子孙和奴隶主的子孙视如手足；密西西比州转变为自由、公正的绿洲；人们不再按其肤色，而是凭着他们的品行相互对待；阿拉巴马的州长不再提否决和无效之辞，生活在阿拉巴马的黑人小男孩和小女孩能同白人的小男孩和小女孩像兄弟姐妹一样携起手来；每一个山谷都将填平，每一座丘陵、高山都将夷为平地，所有的坎坷之地都变成了平原，所有的曲折之处都将平直，等等，都不是演讲者演讲时的所见所闻，而只是其想象与期望，属于修辞上的示现。至于"我们就能把喋喋不休的争吵灌制成一曲谐和美妙的交响乐"、"我们就能一起工作，一起娱乐，一起斗争，一起入狱，一起捍卫自由"云云，也不是立即能够实现的目标，而是要通过广大黑人同胞坚持不懈努力争取才有可能在将来实现的愿景，这同样也是修辞上的示现。这些示现文本的建构，将未来之愿景说得如见如闻，目的是要提振广大黑人听众的信心，鼓舞他们的斗志，激励他们为争取与白人平等的人权而不懈努力。事实上，马丁·路德·金的这篇演讲也达到了这个效果。特别是上引这段结束语，更是感染力非凡，它"犹如洪钟大吕，又如出征的战鼓，让听众听得热血沸腾，斗志昂扬，激励着黑人同胞为自由平等而生命不止、奋斗不息，鼓动性极大"①。可见，即使是常用的修辞策略，如果巧妙运用并有所创新，也是能够产生非凡的感染力的。

三、如何创造感染力

如何创造感染力？这个问题很难回答。因为感染力的创造并没有一个现成的模式，当然更不存在一个固定不变而可以反复套用的范本。应该说，创造感染力的表达技巧是存在的，但运用之妙，存乎一心。

比方说，创造感染力有一个众所皆知而且有效的修辞策略，这就是"夸张"。因为夸张有"因夸以成状，沿饰而得奇"、"信可以发蕴而飞滞，披瞽而骇聋"②的效果，感染力极强。但是，并非所有运用夸张修辞策略的人都能建构出具有感染力的文本来。事实上，夸张文本的建构能否产生引发他人思想或情感共鸣的感染力，至少与两个要素有关：一是夸张文本的建构是否出于表达者思想或情感表达的需要，这是至关重要的。二是夸张文本的建构是否符合"夸而有节，饰而不诬"的原则。

我们先来看第一个因素，即"夸张"是否出于表达者的思想或情感表达的需要。如果表达者是心有郁积，有不得不吐的心声，有不得不抒的情感，那么他们选择夸张失实的语言文字将其激情状态下的某种想法或情感宣泄出来，这是刘勰所说的"为情而造文"③，是可取的。反之，则是"为文而造情"④，是不可取的。因为"为情

---

① 吴礼权：《口若悬河：演讲的技巧》（修订版），暨南大学出版社2014年版，第97页。

② （南朝）刘勰：《文心雕龙·夸饰》。

③ （南朝）刘勰：《文心雕龙·情采》。

④ （南朝）刘勰：《文心雕龙·情采》。

而造文"，文因情生，文本有真情实感在其中，就容易感染接受者，扣动其心弦，让其产生思想或情感的共鸣。而"为文而造情"，是"为赋新词强说愁"，没有真情实感，自然，其所建构的文本就不会有感染力，因为虚情假意是人所厌弃的。众所周知，唐代大诗人李白最喜欢运用夸张修辞策略，他的诗中有各种各样的夸张文本。但是，千百年来人们读他那些极具夸张色彩的诗句时都会为之深切感动，而不会产生负面的情感态度。比方说，他写庐山瀑布时有"飞流直下三千尺，疑是银河落九天"（《望庐山瀑布》其二）的诗句，我们读后只会为庐山瀑布的壮观气势所感染，为祖国的大好河山而自豪，绝不会对诗人所说的瀑布高度是否精确斤斤计较。又比方说，李白写登蜀道之难时有"蜀道难，难于上青天"（《蜀道难》）的说法，我们读了都会情不自禁地与诗人达成情感的共鸣，为蜀道之难行而感喟感叹。又比方说，李白最喜欢写忧愁，有诸如"白发三千丈，缘愁似个长"（《秋浦歌》之十五）、"五花马，千金裘，呼儿将出换美酒，与尔同销万古愁"（《将进酒》）等诗句，千百年来无数人读了都为之深切感动，不仅不会批评他夸张失实，反而会被其深切的忧愁之情所感染，对他的忧愁感同身受，仿佛李白的忧愁就是自己的忧愁。再比方说，李白喜欢发怀才不遇的牢骚，曾有诗句说"吟诗作赋北窗里，万言不值一杯水"（《答王十二寒夜独酌有感》）。大家读了这两句诗，都知道他说的不是事实，他不是真的在抱怨其诗赋不值钱，而是感叹仕途不通，大志难展。也就是说，他是在抱怨皇帝不给他官做，使他没有一展治国平天下才干的机会。事实上，大家也都知道诗人的实际能力，可是读了他的诗，却很少有人会去追究事实真相，而是受其强烈的情感情绪感染，对其怀才不遇的苦情抱以深切的同情。

那么，李白的众多夸张失实的诗句为什么会具有如此强烈的感染力，读了让人深受感动，而不会引发人们负面消极的情感情绪呢？这是因为李白的描写无论怎么夸张失实，其所抒发的情感都是真实的，是其郁积于心底的某种激情的喷发，是一种真情流露。因此，读者读他的诗常常为其真切而强烈的情感所感染，不知不觉间便模糊了是非标准、失去了价值判断能力，迅速与诗人达成思想或情感的共鸣，与诗人一起喜怒哀乐。与此相反，如果是"为文而造情"或是"为文而文"，那么即使建构的夸张修辞文本再高妙，也是难以产生感染力的，亦即不能让人产生真挚的感动或强烈的情感共鸣。说到这里，想到明代冯梦龙《笑府》中记载的一则笑话：

> 一杭人有三婿，第三者甚呆。一日，丈人新买一马，命三婿题赞，要形容马之快疾，出口成文，不拘雅俗。长婿曰："水面搁金针，丈人骑马到山阴。骑去又骑来，金针还未沉。"岳丈赞好。次及二婿曰："火上放鹅毛，丈人骑马到余姚。骑去又骑来，鹅毛尚未焦。"再次轮到三婿，呆子沉吟半晌，苦无搜索。忽丈母撒一响屁，呆子曰："有了。丈母撒个屁，丈人骑马到会稽。骑去又骑来，孔门犹未闭。"

这个故事中的三个女婿赞马的打油诗，都是运用了夸张策略的修辞文本，都是极言岳丈新买之马跑得快。但是，他们的赞马诗，既非见马触动情思而创作出来的，亦非惊叹马好因油然而生的感动创作出来的。也就是说，他们创作赞马诗不是发自内心深切的感动，没有赞马的真情实感，只是为了遵从岳父之命，为了完成任务而违心创作出来的。尽管三个女婿的夸张文本在格调意趣上有差别，但都是"为文而文"或曰"为文而造情"，所以读者读来只觉可笑，而不能生发出丝毫感动，当然也就不会与表达者达成情感或思想的共鸣，不会真的认为那个杭人新买的马有多好。

接着，我们再来看第二个影响夸张文本的感染力的因素，即夸张文本的建构是否符合"夸而有节，饰而不诬"的原则。也就是说，表情达意时是否一定要借助夸张失实的语言文字，既要视实际需要，有所为而为，也要有所节制，注意夸张的分寸，不能完全违背逻辑基础，同时也不能混淆夸张与撒谎、欺瞒之间的界限。如果是确实有难以遏制的激情郁积于心中，不吐不快，那么在激情状态下借助"言过其实"的"夸张"言辞来宣泄心理能量，那是正常的语言心理。如果是这种情况，接受者不仅能够深切理解表达者"言过其实"的夸张语言行为，而且会深受表达者强烈的情感情绪的感染，情不自禁对其所宣泄的某种强烈情感或情绪予以同情，对其所强调的某种思想或理念予以认同。也就是说，夸张文本的建构只有坚持"夸而有节"的原则，才会产生感人至深的感染力。比方说，李白有诗句"燕山雪花大如席"（《北风行》），大家读了都知道这是夸张，是为了强调燕山雪大、北方天寒。千百年来人们都觉得这句诗非常有感染力，对于燕山与北方的寒冷有一种与作者感同身受的深刻印象。如果李白说"燕山雪花大如掌"，那就是撒谎，违背了"饰而不诬"的原则，因为"大如掌"与客观事实太过接近，容易混淆"夸张"与"事实"之间的界限；如果李白说"燕山雪花大如天"，那就是神经错乱，违背了"夸而有节"的原则，因为"大如天"完全脱离了逻辑基础，流于荒诞。上面我们列举了李白以夸张修辞策略所写的很多诗句，千古以降没有人对之有异议。相反，大家读了都为之深切感动，认可他的说法，同情他的遭遇。究其原因，就是李白在建构夸张文本时遵从了"夸而有节，饰而不诬"的原则。如果表达者并无郁积于心底的激情，也没有什么不吐不快的情感或思想，只是以游戏为目的故意言过其实，同时又不顾及起码的逻辑常识，或是在客观事实与艺术夸张之间不能划清界限，那么，即使表达者建构的夸张文本有多么高妙的技巧，也是不会产生感人至深的感染力的，而只能成为令人嗤之以鼻的笑料，因为这种夸张文本的建构不符合"夸而有节，饰而不诬"的原则。说到这里，不禁想到曾在网络上看到的这样一个民间笑话：

> 有一个富人喜欢说谎，他的仆人每次都给他圆谎，而且圆得滴水不漏。一天，他与众人闲聊，又说起谎话："我家里有一口井，昨晚一场大风给吹到邻居家去了。"众人都认为自古至今从无这种事，都笑而嗤之。仆人在一边为他开脱了："诸位且慢，刚才我家老爷讲的确有此事。

我家的井，紧贴着邻居家的篱笆，昨天晚上的风特别大，把篱笆吹到井这边来了。因此，看上去就像是我家的井被吹到邻居家去了。"众人听了才不再多言。

还有一次，这个富人又在人前胡编瞎诌："前几天我看到别人射下来一只大雁，大雁头上还顶着一碗粉汤呢。"众人又都惊诧不已，正欲盘问，仆人便又言之凿凿地发话了："这件事也是真的。那天我家主人正在院子里吃粉汤，冷不防从天上落下来一只大雁，它的头正巧栽到粉汤碗里，这不就是俺家主人所说的大雁头上顶着碗粉汤吗？"

又有一天，这个富人又在人前撒了个大谎："我家有一顶摩天帷帐，把整个天地都盖得严严实实的，一点缝隙也没有。"还没等众人嘲笑，仆人就蹙着眉头责怪道："我的主人哟，您说话也太离谱啦！您扯下这样的弥天大谎，叫我怎么遮掩得了呢？"（见 http：//www.xxhh.com/joke/4718627.html。）

在这个民间笑话中，富人讲的"大风吹走井"、"大雁头顶一碗粉汤"、"帷帐盖住天"等三个故事，之所以成为人们传播的笑料，而不是作为人人深受感染的夸张文本，是因为它们严重地违背了夸张文本建构"夸而有节，饰而不诬"的基本原则。

又比方说，我们日常语言生活中使用频率很高的反复修辞策略，也是一种创造感染力非常有效的手段。但是，并非所有人建构的反复修辞文本都能打动人心，产生至深至切的感染力。事实上，只有当表达者心有郁积或在创意造言上睿智而有技巧时，才有可能建构出深切感人的反复文本。如《论语·八佾》记孔子之言曰："人而不仁，如礼何？人而不仁，如乐何？"这里，孔子两次重复"人而不仁"，不是说话啰唆，而是情动于衷，感叹世人只知作行礼、奏乐等表面文章，而不知内修道德，心存仁爱之意。由于孔子说这话时是心有郁积，意有激愤，所以"人而无仁"的两次反复，不仅不会让人嫌啰唆，反而因为巧妙地配合了"如礼何"、"如乐何"两个设问句而大大激发了接受者强烈的思想与情感共鸣，进而体会到孔子感叹世风之日下、人心之不古的忧愤之情，情不自禁对孔子身处乱世而无奈无助的悲情处境予以深切同情。又如《孟子·梁惠王上》有一段孟子游说齐宣王"推恩而王天下"的说辞："挟太山以超北海，语人曰：'我不能'，是诚不能也。为长者折枝，语人曰：'我不能'，是不为也，非不能也。故王之不王，非挟太山以超北海之类也；王之不王，是折枝之类也。"这段话是批评齐宣王"口惠而实不至"，他的所谓仁义之心，只是在口头上说说而已，实际上并没有推恩于民的诚意与具体行动。为了表达对齐宣王言行不一的强烈愤慨之情，孟子两次运用了"王之不王"一语，以此提醒齐宣王实行仁政要付诸实际行动，强调仁政是做出来的，而不是说出来的。由此婉转地表达了对齐宣王说一套做一套的强烈不满之情。如果没有"王之不王"的两次反复与前后配合，那么就不能形成前后两句在语意上的对比，强烈的情感就难以凸显。如此，则不足以深切感动接受者。所以，清人俞樾读到《孟子》中的这一段时，曾由衷地赞道："两'王之不王'，若省其一，读之便索然矣。"① 再如《史记·太史公自序》中有一段文字曰："七年而太史公遭李陵之祸，幽于缧绁。乃喟然而叹曰：'是余之罪也夫。是余之罪也夫！身毁不用矣！'"这说的是汉武帝天汉二年（公元前99年）时，骑都尉李陵（西汉名将，飞将军李广之孙）率军击匈奴，兵寡被围，苦战力竭，迫不得已而降匈奴。汉武帝闻之大怒，乃夷李陵三族。时为汉武帝太史令的司马迁为李陵之事说了几句话，触怒了汉武帝，被处以宫刑后投于监狱。司马迁对于自己含冤受屈之事，终其一生都不能释怀。所以，在《史记》的自序中提及这段屈辱的历史时，情不可遏，喟然而叹曰："是余之罪也夫。是余之罪也夫！"这是运用反复修辞策略，诉心中之郁闷、斥武帝之暴戾，是真情的自然流露。因此，读来使人倍感神伤，深受感染，为作者的冤屈与所受的无妄之灾而愤怒悲伤。可见，反复修辞文本的感染

---

① （清）俞樾：《古书疑义举例》。

力是源自表达者饱满的情感。只有"为情而造文"的反复其辞，才能深切打动接受者的心，引发其强烈的思想或情感共鸣。反之，"为文而造情"，或是"为文而文"的反复其辞便是啰唆，便是无病呻吟，不仅不能产生感染力，而且还会引起接受者的反感与厌弃。

再比方说，我们每个人在说写表达中都不能不运用的比喻，也是创造感染力的一种非常有效的修辞策略。不过，应该指出的是，比喻虽是人人都会运用，也是必须要运用的修辞策略，甚至是刚学会说话的孩子也会运用的，但是并非所有人创造的比喻文本都具有引发他人思想或情感共鸣的感染力。事实上，真正能令人为之惊喜，或让人豁然开朗的比喻文本，只有那些具有创意造言智慧的人才能建构得出来。因为"比喻是天才的艺术"，并非所有会使用"什么像什么"之类句法格式的人都能做得到的。下面，我们不妨来看两例文学大师的比喻文本，相信大家一定能从中领悟到比喻文本的感染力是如何被创造出来的。第一个是中国现代著名学者与作家、幽默大师林语堂的例子：

> 有一次，我参加在台北一个学校的毕业典礼，在我说话之前，有好多长长的讲演。轮到我说话时，已经十一点半了。我站起来说："绅士的讲演，应当是像女人的裙子，越短越好。"大家听了一发愣，随后哄堂大笑。报纸上登了出来，成了我说的第一流的笑话，其实是一时兴之所至脱口而出的。
>
> ——林语堂《八十自叙》

林语堂在台北一个学校毕业典礼上只有一句话的演讲"绅士的讲演，应当是像女人的裙子，越短越好"，为什么会成为大家广泛传诵的"经典"而为人津津乐道呢？原来，他的这句话是一个妙不可言的比喻文本。从修辞结构上分析，"绅士的讲演"是比喻的本体，"女人的裙子"是比喻的喻体，喻词是"像"，喻体与本体之间的相似点是"越短越好"。表面看起来，这个比喻并没有什么了不起，是最普通不过的明喻模式。但是，仔细分析一下，我们就会发现它的妙处并不在于结构形式上有什么新颖独到之处，而是本体与喻体的匹配非常有创意，充满了文学家的哲思睿智。如果我们也用一个比喻来形容林语堂这个比喻文本之妙，那就是"它就像女人穿的超短裙，短得恰到好处，韵味无穷"①。上引林语堂的比喻有三妙。"首先，喻体的选择特别高妙。用'女人的裙子'作喻体来与本体'绅士的讲演'匹配，一般人根本想不到，出人意表，这一点就高人一筹。其次，更仔细地分析，'绅士'对'女人'，自然；'讲演'对'裙子'，新颖。再次，'绅士的讲演'与'女人的裙子'相联系，搭挂合理。因为演讲者的演讲说得简洁，意思点到为止，往往会给人留下回味的空间；女人之所以要穿裙子是要突出其形体之美，如果裙子过长就没有这种效果，所以有西方乃至全世界超短裙（miniskirt，汉语亦译为'迷你裙'）的风行。这种超短裙短得恰到好处，既可以尽现女性特别是青年女性的形体美，又足以让男性想入非非而为之意乱情迷，心摇神荡。"② 除此，这个比喻还有一个一般人不易注意到的妙处，这就是骂人不使人觉，反让人为之拍案叫好。因为林语堂说这句话的本意是要批评在他之前的许多有行政职位头衔的长官演讲啰唆、不简洁，占用了自己的演讲时间。但是，林语堂作为一位文学大师与有涵养的著名学者，他不能这样实话直说。所以，他绕了一个弯，以一个华丽的比喻文本包裹了一个爆炸力十足的炸弹。结果真的炸开了，成了为大家传诵的第一流的笑话。可见，比喻文本的建构并不难，难的是本体与喻体的匹配要新颖，要能在常人看不出相似点处看出其相似之处，从而长距离拉配到一起，既出人意料之外，又落人意料之中，让人又惊又喜，感佩不已。

　　说是如此，写也是如此。下面我们再来看一看台湾诗人余光中的比喻文本建构：

---

① 吴礼权：《语言策略秀》（修订版），暨南大学出版社 2013 年版，第 15 页。
② 吴礼权：《语言策略秀》（修订版），暨南大学出版社 2013 年版，第 15～16 页。

小时候
乡愁是一枚小小的邮票
我在这头
母亲在那头

长大后
乡愁是一张窄窄的船票
我在这头
新娘在那头

后来啊
乡愁是一方矮矮的坟墓
我在外头
母亲在里头

而现在
乡愁是一湾浅浅的海峡
我在这头
大陆在那头

——余光中《乡愁》

大凡读过这首诗的人，特别是那些与亲人分居海峡两岸、有着骨肉分离切肤之痛的中华儿女，相信都会深受感染，情不自禁地涌出无限的感慨，为被分隔于台湾海峡两岸的中国人心灵与情感的苦痛而无限神伤。那么，这首小诗何以会有这样巨大的感染力呢？仔细分析一下，也是缘于比喻文本建构的高妙。上面我们说过，比喻文本的建构并非难事，但是不同表达者所建构的比喻文本，其间是有高下优劣之别的。上面我们提到的林语堂的妙喻，采用的是最寻常不过的"A 像 B"式的明喻模式，而余光中在这里所采用的则是"A 是 B"式的隐喻（或称"暗喻"）模式，也是我们经常会用到的一种。但是，余光中的隐喻亦如林语堂的妙喻一样，有自己的独到之处：这便是本体与喻体的匹配突破了人们正常的思维模式，别出心裁地依游子在外流浪的时间顺序，分别将"乡愁"比作"一枚小小的邮票"、"一张窄窄的船票"、"一方矮矮的坟墓"、"一湾浅浅的海峡"，从而化抽象为具象，将千千万万因政治因素而被区隔于台湾海峡彼岸的骨肉同胞的思乡忧愁淋漓尽致地展露出来，让人情不自禁地产生了强烈的情感共鸣，为少小离家而老不能归的游子的心灵苦痛而悲伤，为两岸骨肉同胞生离死别、无望团圆的悲情而神伤。而且还会让人由此及彼，联想到"一湾浅浅的海峡"竟让两岸同胞形同陌路背后的深层原因。另外，这首诗通篇皆用"隐喻"的形式联章结篇，这也是一种创新。这种形式架构，极易造就一种接受者视听觉上的强烈冲击，易于激发其强烈的情感情绪认同。

在汉语表达中，诸如上述能够创造感染力的修辞策略很多。但是，我们应该清醒地认识到，在表达形式与修辞策略上的创新固然重要，但还有一个更为重要的问题需要注意，这就是表达形式与修辞策略都是外在的东西，表达者所要表达的思想与情感才是内在的东西。如果表达者所表达的观点思想没有真知灼见，所要展露的情感不是发自内心，那么再精巧的表达形式、再高明的修辞策略，都是不能让人深受感染的。也就是说，感染力的创造更多是与表达者的思想深度与情感厚度有密切关系的。

第二章　拨动你的心弦

　　人是情感动物，有喜怒哀乐等各种情感情绪。因此，成功喜悦之时，会眉飞色舞，手舞足蹈；失败忧伤时，会垂头丧气，唉声叹气；受到冒犯或遇不平之事时，会怒发冲冠，怒不可遏；悲哀痛苦时，会捶胸顿足，泣涕涟涟。

　　人的喜怒哀乐等情感情绪，从心理学角度看，是一种心理失衡的表现，应该尽快予以平复，使之达到新的平衡，不然将会有碍身心健康。因此，人有喜怒哀乐等情感情绪时，就要宣泄出来，这样心里的能量才能得以释放，进而实现新的心理平衡，由此保证身心的健康。

　　但是，人是社会的人，每个人都身处某一特定的社会之中。因此，他们在宣泄其喜怒哀乐等情感情绪时，也就必须考虑社会的习俗与规约，考虑接受者的感受。如果一个人独自在自己的屋子里，他的喜怒哀乐，当然可以随心所欲地宣泄。手舞足蹈也好，放声大笑也罢，甚至失声痛哭，或是仰天长叹，等等，都可随意而为。但是，当他走出自己独处的空间，进入社会公共空间时，他的喜怒哀乐等情感情绪就不能随意宣泄了。如果他想以语言为媒介宣泄自己的喜怒哀乐等情感情绪，那么他就必须讲究语言表达的方式方法，注意表达的技巧，绝不能高兴时就像李白那样，高歌"仰天大笑出门去，我辈岂是蓬蒿人"（《南陵别儿童入京》）；失意时就像孟浩然那样，怨天尤人"不才明主弃，多病故人疏"（《岁暮归南山》）；愤怒时就像孔子那样，拍案而起"是可忍，孰不可忍也"（《论语·八佾》）；心有不平时就像屈原那样，放言"举世皆浊我独清，众人皆醉我独醒"（《楚辞·渔父》），一棍子打死所有人。只有注意了语言的表达方式，讲究一定的技巧，他所宣泄的喜怒哀乐等情感情绪才有可能博得接受者的同情，引发他人思想或情感的共鸣。

而要博得接受者的同情，引发他人思想或情感的共鸣，表达者就须拨动接受者的心弦，使其深受感染，从而产生思想或情感的共鸣。

那么，怎样才能拨动接受者的心弦，让其深受感染，进而产生情感或思想的共鸣呢？

下面我们不妨看看一些先贤是如何说的，如何写的。透过他们成功的说写实践，我们也许能够从中悟出点什么，进而学习到必要的表达技巧，使自己的表达能力在今后的说写实践中有所提高。

一、王稽有三"不可奈何"

范雎既相，王稽谓范雎曰："事有不可知者三，有不奈何者亦三：宫车一日晏驾，是事之不可知者一也。君卒然捐馆舍，是事之不可知者二也。使臣卒然填沟壑，是事之不可知者三也。宫车一日晏驾，君虽恨于臣，无可奈何。君卒然捐馆舍，君虽恨于臣，亦无可奈何。使臣卒然填沟壑，君虽恨于臣，亦无可奈何。"范雎不怿，乃入言于王曰："非王稽之忠，莫能内臣于函谷关；非大王之贤，莫能贵臣。今臣官至于相，爵在列侯，王稽之官尚止于谒者，非其内臣之意也。"昭王召王稽，拜为河东守，三岁不上计。

——司马迁《史记·范雎蔡泽列传》

上引这段文字，说的是战国时代的王稽游说秦相范雎，获得秦昭王的信任后，由一个普通的谒者（宫廷负责接待传达的低级官员）一跃成为秦国的封疆大吏河东守（秦国特区河东郡最高行政长官）的故事。

那么，王稽何以有如此的能耐，他的一番话何以能够拨动一人之下、万人之上的秦相范雎的心弦，让范雎深受感染，而要为他向秦昭王极力保荐呢？这首先还得从他们二人的故事说起。

据《史记·范雎蔡泽列传》记载，"范雎乃魏国一介书生，虽
少有凌云壮志，但并非出身豪门，又没有官二代的背景，所以一直
仕进无门，空有治国安邦的理想而无从实现。后来，他学其他读书
人的样子，也去周游列国，希望游说诸侯成功，弄个一官半职干
干，一来可以解决温饱生存问题，二来可以实现自己的理想，同时
也好光宗耀祖。可是，事情并没有想象的那么简单，游说了几年，
也没有一个诸侯王信任他，更没人给他官做。于是，他只好回到魏
国，先到魏都试试看，如果魏王信任他，为自己的国家服务，不是
更好吗？可是，要游说魏昭王，先得打通关节，这是需要很多钱
的，而范雎家贫，无法筹集到足够的资金。最后，没有办法之下，
范雎只得先到魏国中大夫须贾那里当差。一次，须贾奉魏昭王之命
出使东方大国齐，范雎为随从。在齐都临淄逗留了好几个月，齐襄
王也没给须贾一个确定的回话，倒是对须贾的随从范雎产生了兴
趣。因为他听说范雎口才很好，非常赏识他，所以就赐范雎黄金十
斤，还赠予牛肉美酒。范雎推辞不敢接受。须贾知道后，大为恼
怒，以为范雎将魏国的机密泄露给了齐襄公，所以才得到厚赐。于
是，令范雎收下齐襄王馈赠的牛肉与美酒，而退还了黄金。回到魏
国后，须贾对范雎还是很生气，遂将出使齐国时齐襄王馈赠美酒牛
肉与黄金给范雎的事告诉了魏相魏齐。魏齐乃魏国王室成员、魏国
贵公子，他的权力与威风大着呢。魏齐听从须贾一面之词，乃令左
右以荆条板子痛打范雎，直打得范雎肋折齿断。范雎心知是须贾嫉
妒生恨，诬陷自己，所以不想就这样死去。于是，被打了一阵后，
范雎就开始作假死状。魏齐左右不知就里，立即报告魏齐，说范雎
已被打死了。魏齐听了，立即让人用草席将范雎的尸体卷了起来，
扔在厕所里。又让喝醉的宾客往裹范雎的草席上便溺，以此侮辱
他，惩戒其他人。过了很久，范雎从草席里探出头来，对守卫的人
说道：'您要是能让我离开，将来我一定重谢您！'守卫者可怜范
雎，遂请求魏齐将范雎的尸体扔了。正好这时魏齐喝醉了，就糊里

糊涂地答应了。这样，范雎才得以逃脱。"① 但魏齐并非昏庸之辈，作为魏国之相，他也是非常有头脑、有眼光的。没过几天，魏齐突然觉得不对，开始后悔当初不该答应抛弃范雎尸体，如果范雎没死，将来必成魏国的心腹大患，也会成为自己的死对头。于是，"魏齐就派人到处追踪搜查范雎的尸体。当时，魏国人郑安平听说了这件事，找到范雎后，就秘密带着他一起逃亡了。为了躲避魏相的追踪与搜查，他们不仅隐匿起来，而且还让范雎改名换姓为'张禄'"②。也是机缘巧合，范雎命不该绝。就在魏齐派人四下搜查范雎之时，王稽奉秦王之命出使魏国。郑安平听说消息后，立即想到一个主意，想借秦王使者之力帮范雎逃走。于是，他便假扮为魏国士卒，以侍候秦王使者的名义接近王稽。恰好王稽无意中问了他一句话："魏国有没有什么贤能之士愿随我入秦做官？"郑安平立即接过王稽的话头，说道："我有一位同乡，名叫张禄，一直想拜谒您，跟您谈谈天下之事。不过，现在正有仇人追杀他，白天他不敢去见您。"王稽立即回答道："那您晚上带他来见我啊！"于是，"当夜郑安平就带着范雎来见王稽。谈了没多久，话还没说完，王稽就知道眼前这个书生不简单，是个治国安邦的大才。所以，没等范雎把话说完，王稽就打断了他的话，跟他约定了会面接头的时间地点，第二天就带着范雎离开了魏国"③。可是，事情并没有想象的那么顺利。王稽车藏范雎出了魏都大梁城的过程很顺利，但进入秦国之境后却遇到了麻烦，当时秦国权相穰侯正在巡视东部县邑，盘查进出秦境的诸侯各国人员，防止山东诸侯各国的游士说客进入秦都咸阳。秦国历代君主都有重用外才客卿的传统与胸襟，事实上秦国的崛起也确实是与秦国重用客卿有关。但是，穰侯是个专权之人，他不想客卿夺了他的权力。所以，为了一己私利，严控山东各国游士进入秦国。王稽虽是秦王派往魏国的使臣，但王稽入境，穰侯仍然不放心，就怕他私自携带了山东游士入境。于是，前后两次对王

① 吴礼权：《言语交际与人际沟通》，暨南大学出版社 2013 年版，第 201～202 页。
② 吴礼权：《言语交际与人际沟通》，暨南大学出版社 2013 年版，第 202 页。
③ 吴礼权：《言语交际与人际沟通》，暨南大学出版社 2013 年版，第 202～203 页。

稽的使臣之车进行了盘查。"幸亏范雎有智慧,躲过穰侯的搜查,顺利进入了秦都咸阳。可是,当王稽满怀喜悦之情向秦昭王举荐范雎时,却遭到了他的冷遇。因为这时秦昭王在位已三十六年,对山东六国用兵连连获胜,所以他只相信自己的武力,而不相信什么书生谋略。这样,范雎就被秦昭王晾在了一边长达一年之久。"[1] 不过,秦昭王在范雎入秦后没有能立即重用他,客观上还有一个不容忽视的原因,那就是"穰侯等太后派势力对秦昭王施政的掣肘。穰侯与华阳君是秦昭王之母宣太后的亲弟弟,而泾阳君与高陵君则又是秦昭王的同胞兄弟。当穰侯为秦国之相掌握行政权时,华阳君、泾阳君、高陵君则轮流担任秦国之将,掌握军权。他们都各有广袤肥沃的封土,加上有宣太后的庇护,真是富可敌国。到穰侯担任秦国之将,掌握军权时,他又想越韩、魏二国而伐齐之纲寿,以此扩大其陶邑封地。这明显是假公济私,以国家的名义出兵作战,收获的则是自己的私利。范雎看准这是一个很好的进谏机会,遂立即裂帛为书,向秦昭王挑明了穰侯用兵的私心,阐明了其对秦国利益的损害。秦昭王读完范雎的书信,这才知道他果然是奇才。于是,立即向王稽道歉,请他用专车接范雎来见"[2]。范雎应召来见秦昭王,"昭王对他非常恭敬,三次长跪请教,最终以诚意打动了范雎。范雎遂将心中之策一一陈述,让秦昭王大喜过望,立即拜之为客卿,让他专谋兵事。不久,秦昭王听范雎之策,出兵伐魏,取魏国怀地而还。过了两年,又取魏国邢丘之地"[3]。由此,知人善用的秦昭王越发对范雎信任有加。秦昭王四十一年时,范雎被任命为秦国之相,不久还被封为应侯,拥有自己的封地。

可是,就在范雎位极人臣、飞黄腾达之时,当年冒死将范雎带进函谷关并极力向秦昭王推荐的王稽,却一直默默无闻,仍然"做着一个谒者(宫廷中掌管国君命令传达事宜的小官),多少年来一直没有得到提拔重用。看着自己引荐的魏国书生如今成了秦国一人

① 吴礼权:《言语交际与人际沟通》,暨南大学出版社 2013 年版,第 203 页。
② 吴礼权:《言语交际与人际沟通》,暨南大学出版社 2013 年版,第 203 页。
③ 吴礼权:《言语交际与人际沟通》,暨南大学出版社 2013 年版,第 203 页。

之下、万人之上的秦相，还封了侯，王稽内心开始有些不平静，或曰不平衡了。如果说范雎是千里马，那么自己就应该算是发现千里马的伯乐。既然事实证明范雎确是个人才，那么自己能发现他、推荐他，说明自己也是一个人才啊！范雎能被重用，为何独独自己就被冷落闲置呢？越想心里越不是滋味，越想越觉得自己委屈。于是，王稽就想直接找秦昭王去理论。但是，再一想，他又犹豫了，觉得不妥。虽然自己的想法有道理，但这个道理经由自己的嘴巴说出来，效果未必好。要是秦昭王认同自己的想法还好，若是不认同，或是被认为是讨官、要官，那反而显得自己格调不高，不但升不了官，也许还会被羞辱一顿。相反，这层意思，这个道理，若经第三者的嘴巴说出来，就显得非常顺，而且得体恰当"①。正因为王稽想到这一层，所以他决定晋见范雎，与他重温历史，让他忆及昔日之恩，求托他向秦昭王举荐自己。"因为，一来范雎是秦昭王最信用的人，还被封了侯，以他与秦昭王的关系，说起来最为方便；二来范雎是秦国之相，为国荐才，乃是公事，理所当然，说起来合情合理；三来范雎曾受恩于自己，出于报答恩德的考虑，他推荐自己也是应该的，而且会比别人更尽心尽力；四来范雎是说客出身，由他推荐自己，一定会说得很好听，让秦昭王信服"②。

　　虽然于情于理，于公于私，王稽作为范雎入秦的恩人，为国荐才的伯乐，都有理由要求范雎向秦昭王举荐自己。但是，王稽见到范雎后，既未以伯乐自居，也未以恩公身份倚老卖老，而是以下属礼敬上司的态度，用卑者对尊者说话的口气，婉转地游说范雎："世上的事情，有三种情况不可预知，也有三种情况无可奈何。"范雎听王稽这话说得突兀，遂追问其究竟。于是，王稽又接着说道："大王何时会弃群臣而去，这是第一种不可预知的情况；您何时会舍我们而去，这是第二种不可预知的情况；我何时会伸腿闭眼，这是第三种不可预知的情况。一旦大王哪天弃群臣而去，您因没来得

　　① 吴礼权：《言语交际与人际沟通》，暨南大学出版社 2013 年版，第 203～204 页。
　　② 吴礼权：《言语交际与人际沟通》，暨南大学出版社 2013 年版，第 204 页。

及向大王举荐我而感到遗憾，则为时晚矣，此无可奈何一；一旦您哪天舍我而去，因没来得及报答我而感到遗憾，也为时晚矣，此无可奈何二；一旦我哪天死了，您为再无机会报答我而感到遗憾，更为时晚矣，此无可奈何三。"

王稽说到这里时，范雎早已羞愧难当，神色凝重起来。未等王稽继续说下去，范雎已起身离去，找秦昭王去了。

见了秦昭王，范雎并不绕弯，直接进入了话题："臣本为魏国一介书生，无名游士，若非王稽忠心于大王，则臣不能入函谷关；若非大王贤明，臣亦无缘荣华富贵。而今，臣官至秦相，爵封应侯，而荐臣之王稽仍官止于谒者，这恐怕不是他当初冒死带臣入秦之意！"

范雎不愧是说客，话虽说得婉转，但意思却说得非常透彻，推荐王稽的理由也合适，所以秦昭王深受感动，立即传令召见王稽，任命他为秦国新设的河东郡的郡守。河东郡在黄河河套以东，本是魏国的腹地。因秦兵屡屡东出函谷关征战，蚕食魏国的领土，魏国不仅丢失了先前从秦国手中夺得的河西之地，而且丢掉了本土的河东大片土地。河东郡因为是秦国的海外飞地，等于是秦国的一个"特区"，所以秦昭王任命王稽为河东郡守时，给了他一个特殊政策"三岁不上计"，即三年之内可以不向秦国中央政府汇报政治、经济、军事情况。也就是说，在河东地区，王稽军政一把抓，三年内可以自作主张，不受秦国中央政府政策的左右。

那么，屈居人下多年而不得升迁的王稽，为什么能够一日之内平步青云、一步登天呢？很明显，这是因为范雎深得秦昭王信任，而且善于言辞，举荐王稽时理由充分得体，令人信服，让秦昭王觉得他举荐王稽不是徇私情，而是举贤为国，荐能尽忠。因为范雎的三句话就是三个判断，第一句"非王稽之忠，莫能内臣于函谷关"与第二句"非大王之贤，莫能贵臣"，是具并列关系的假设判断，它们共同构成第三句"今臣官至相，爵在列侯，王稽之官尚止于谒者，非其内臣之意也"这一推论性判断的逻辑基础。如果秦昭王认同"非大王之贤，莫能贵臣"的事实，即承认自己是明主，那么就应该认同范雎提出的"非王稽之忠，莫能内臣于函谷关"的观点，即认为王稽是忠臣，王稽冒死藏带范雎入秦是忠心为国。也就是说，只要秦昭王不否认他自己是贤明之主，那么就不会否定王稽是忠君之臣。而只要秦昭王确认了前两句的判断是既成事实，那么就必须承认第三句的推论是合理的，即认为"让慧眼识人的王稽屈才而久居人下，不是明主之所为"。秦昭王是个明君，他有善于用人的宽大胸襟，也有善于识人的长远眼光，当然更有判断是非的能力。所以，他听了范雎的话，立即明白其逻辑推论的"言外之意"，并付诸行动，召见王稽，拜之为河东守。

范雎成功说服秦昭王，靠的是"以理夺人"策略的运用得当。而王稽说服范雎，则靠的是"以情动人"的策略打动了范雎的心。王稽虽是范雎的救命恩人，也是他进入秦国并走上仕途的引路人，但王稽并不以恩公自居，更不倚老卖老，而是以人情世故揣摩人心之变化，直面范雎官拜秦相、爵封应侯的现实，有效地调整了自己的心态，放低了身段，以下属对上司的谦卑态度面对范雎，求托范雎。从心理学的角度看，王稽的这一策略是非常高明的，它从心理上彻底征服了范雎，让范雎在面对王稽时反而不好意思以高高在上的秦相与应侯自居，而是认同王稽昔日恩公的角色，从而勾起旧时的回忆，对比今日的现实，觉得没有报答王稽而羞愧难当。王稽让范雎产生这种愧疚心理后，正式开始游说范雎时，也没有采用一般的策略，即跟范雎回忆昔日自己救他的情形，反而是对昔日加恩于范雎的旧事绝口不提，采用"哀兵"策略，以人之将死的三种"无可奈何"，深深地触动范雎的心弦，击中了范雎作为一个人心灵最柔软的部分。中国自古就有一句老话，叫作"人之将死，其言也善；鸟之将亡，其鸣也哀。"死是人类最恐惧的事，也是不可回避的事。因此，王稽游说范雎，以秦王死、范雎死、自己死三种情况为推论前提，使所推出的"有恩不及时报答将悔之莫及"的结论显得格外坦诚、真诚，而且容易感动人。只是王稽以三"无可奈何"为前提推出的结论："有恩不及时报答将悔之莫及"，并没有明白直接地表达出来，而是以委婉的表达形式呈现。说到秦王和范雎死时，他都没有直言"死"字，而是分别用"晏驾"（上朝的车迟到了）、"捐馆舍"（从官邸搬出不住了）来巧妙地予以回避，这是运用了"讳饰"①修辞策略，既表达了对秦王与作为秦相的范雎的尊敬，也避免了不祥字眼可能引发的接受者范雎心理上的恐惧与不快。同时，王稽求托范雎向秦昭王推荐自己但不明言直说，而是采取迂回曲折的"折绕"②修辞策略表达，既有维护自己面子方面的考虑，更有推崇范雎智慧和解读能力的意思，同时也能减轻接受者接受求托而为之办事的心理压力。这种体贴入微的心路历程，相信范雎这样一个极其睿智的人也是能体会得到的。事实上，正是王稽的体贴与善解人意，让范雎下定了决心，立即晋见秦昭王，替王稽求到了河东守这样一个显赫的封疆大吏的官职，从而彻底改变了王稽的人生走向，开创了他辉煌成功的人生。

二、颜驷"三世不遇"

　　　　上尝辇至郎署，见一老翁，须鬓皓白，衣服不整。上问曰："公何时为郎？何其老也？"对曰："臣姓颜名驷，

---

① 讳饰，是交际者（Communicator）言及可能触犯受交际者（Communicatee）忌讳或社会习俗禁忌的事物时，为了避免或缓解对受交际者的心理刺激，有意"换言易语"予以规避甚或美化的一种修辞文本模式。这种修辞文本模式，一般说来，在表达上虽有闪烁其词的飘忽感，但却不失有一种"可意会而不言传"的婉约美、朦胧美。接受上，语义表述的模糊性与间接性虽让受交际者在解读接受时需费一定心力，但一旦经过努力解读成功，受交际者便会有一种成功的心理快慰，同时能够真切地感受到交际者的善意，从而有效避免双方由于语言上的冲突而可能导致的情感情绪抵触，有利于言语交际的顺利进行。（吴礼权：《现代汉语修辞学》（修订版），复旦大学出版社 2013 年版，第 38 ~ 39 页）

② 折绕，是一种将本该一句话即可直说明白、清楚的，却为着委婉含蓄的目的，故意迂回曲折地从侧面或是用烘托法将本事、本意说出来，让人思而得之的修辞文本模式。这种修辞文本模式，一般说来，表达上有一种婉转深沉、余味曲包的妙趣；接受上，由于表达者在文本语意的表达与接受之间制造了一定的"距离"，增添了接受者文本解读的困难，但是一旦接受者经过努力破除了解读的阻障而洞悉了修辞文本的真意后，便会情不自禁地生发出一种文本破译成功的喜悦心理，从而加深对修辞文本主旨的理解认识。而修辞文本作为一种审美对象，其审美价值也就由此得以大大提升了。（吴礼权：《现代汉语修辞学》（修订版），复旦大学出版社 2013 年版，第 34 ~ 35 页）

江都人也。以文帝时为郎。"上问曰："何其老而不遇也？"
驷曰："文帝好文而臣好武，景帝好老而臣尚少，陛下好
少而臣已老，是以三世不遇，故老于郎署。"上感其言，
擢拜会稽都尉。

——班固《汉武故事》

上引这段文字，说的是这样一个故事：汉武帝有一次视察羽林
军官署（即皇家禁卫军司令部），看见一个老头，胡子鬓角全都白
了，而且军装穿得也不齐整。汉武帝觉得奇怪：在皇家卫队竟然还
有这样老的士兵，那怎么能够保卫自己的安全？看来这羽林军需要
整顿一下军纪了。虽然汉武帝心里这样想，也有些生气，但他还是
忍住了，让人将那个老者召来，他要先了解一下情况再说。那老者
奉命来见汉武帝，汉武帝见他的老态，心中油然生出尊老惜老之
心，遂和蔼地问道："您什么时候做郎官的？怎么这样老了呢？"

老者没想到汉武帝竟然问到这个问题，而这个问题正是最让他
感到心酸的，于是情不自禁地触动了深情，回答道："臣姓颜名驷，
是江都人，在文帝时就是郎官了。"

汉武帝一听，顿时明白了，原来眼前的这位老者在他爷爷汉文
帝在位时就已经是郎官了，怪不得这么老了。于是，汉武帝就动了
恻隐之心，继续问道："为什么年纪这么大了还得不到提拔呢？"

颜驷一听汉武帝问到这个问题，顿时无尽委屈都涌上了心头。
但是，他毕竟是个阅尽沧桑、知情达理的老者，知道面对皇上是不
能由着性子乱说话的。于是，他便稳定了一下情绪，平静地回答
道："文帝喜欢文人，而臣是个好武的军人；景帝喜欢老成持重的
臣子，而那时臣正年少；陛下您喜欢年少英俊之士，而臣现在已
老。所以，三世都错失了机会。"

汉武帝听颜驷说得诚恳，而且说的也是事实，虽然有些抱屈的
意思，但却怨而不怒，所以对他的遭遇非常同情，为其言所感动，
于是立即提拔颜驷为会稽郡都尉（即今之军分区司令）。

历经三朝，几十年得不到提拔的老郎官颜驷为什么没说几句

话，就让一代雄主汉武帝破格提拔他为一郡的最高军事长官呢？

没有别的原因，只因颜驷的一席话感动了汉武帝，让汉武帝生出了恻隐之心而加以怜悯。封建皇帝的权力有多大啊，所有的官职都是他一句话的事，他能心生感动，嘴上自然就能封出官来。

颜驷的一番话之所以有如此感染力，仔细分析一下，我们就能发现这其中有一重要因素，就是颜驷侍对汉武帝时选择了一个非常恰当而有效的修辞策略——折绕。

颜驷在此运用折绕修辞策略，其高妙之处在于，既向接受者汉武帝倒了心中郁积已久的苦水，发了受委屈而三世怀才不遇的牢骚，又赢得了汉武帝的同情。他的本意是说自己之所以三世怀才不遇，是因为文帝、景帝还有武帝本人用人之策都有偏颇。但是，他却不让这层意思出现于辞面上，而是推说是自己运气不好，没有与三朝皇帝用人政策的导向对接上。很明显，颜驷的这种表达是恰当而得体的，也是非常高明的。即使从接受者汉武帝的视角看，颜驷的这种说法也是可被接受的。既然颜驷将三世不遇的责任归于他自己，那么汉武帝就不会觉得自己受到了指责，当然也不会认为他的爷爷汉文帝、父亲汉景帝受到了颜驷的指责。这样，作为言语交际的接受者，汉武帝就能平心静气地倾听表达者颜驷"自怨自艾"的抱怨絮叨，从而对他命运多舛的遭遇予以同情。事实上，汉武帝的心路历程正是如此，所以他在被颜驷的话感染后，立即就破格提拔了他。如果颜驷没有用折绕修辞策略，而是实话实说，直指三朝皇帝的用人政策不对，那么即使汉武帝自己受到指责能够宽宏大量而坦然受之，但也不能对其祖父、父亲受臣下指责的事实坦然面对，肯定会龙颜大怒，立即处死表达者颜驷的。因为在中国古代，作为皇帝，纵使自己的祖先再怎么罪大恶极，从封建伦理的角度出发，他也不愿意让别人指责其祖先，这是出于政治的需要，也是人之常情。颜驷正是因为懂得这一点，巧妙地避开了这种禁忌，将抱怨之意表达得非常婉转，从而让汉武帝思而得之，心平气和地接受了其实际上也是在抱怨的事实，并对他的遭遇予以深切同情，主动给他加了官进了爵，一举改变了他永远做一名下层军官而终老军中的命运，反而让他成为一名有相当权力的地方军事首长。

其实，颜驷侍对汉武帝成功，除了上述折绕修辞策略运用得比较高妙外，从言语交际与人际沟通的视角来分析，还有两点也是可圈可点的。其一是"颜驷对与其交际者汉武帝的'角色'定位非常准确。作为交际者，颜驷身为三朝皇家卫队的郎官，当然知道当今皇上汉武帝雄才大略、心气高傲的个性，了解其好大喜功、听不得批评之言的心理特点，所以他对话汉武帝时就格外小心，并不因为汉武帝对他说话客气有加就忘了汉武帝九五之尊、不可冒犯的身份，这就是他对交际对象'角色'定位准确的表现"①。其二是"颜驷在被动的言语交际中为自己争取到一个'交际者'的身份，掌握了将'言语交际'导入自己预定的'人际沟通'目标的话语权。本来，他只是这场言语交际与人际沟通的交际对象（因为是汉武帝先召他问话），但是在回答汉武帝问题时，他巧妙地将自己'受交际者'的角色转换成了'交际者'。汉武帝问他怎么还是郎官，为什么这么老，他不正面回答，而是说文帝时他已是郎官了。这种答非所问的回答，既是在跟汉武帝暗示自己的资历，又是在故意引汉武帝继续问话，以便在问答的过程中找到一个合适的切入点，为下面进一步申诉老而不遇作铺垫，把话题引到自己预定的沟通目标（我受委屈了，皇上应该升我官）上来。结果，汉武帝真的问到他想回答的问题：'为什么老而不遇'。这样，他便将自己意欲倾诉的委屈（即预定要实现的'人际沟通'目标）自然而然地表达出来。如果汉武帝第一次提问时，颜驷根据其提问回答道：'本来就是郎官，年纪已经六十了，当然老了'，那么，汉武帝就会'哦'一声，说：'朕知道了。'然后，一切结束。因为作为交际者来说，当他预定的'人际沟通'目标实现了，一般就没有将言语交际再继续下去的欲望与动力了。正是由于颜驷回答得巧妙，延长了言语交际的过程，为自己在话轮转换中实现由'受交际者'到'交际者'的身份转换赢得了机会，进而掌握了话语主动权，最终将自己想表

---

① 吴礼权：《言语交际与人际沟通》，暨南大学出版社 2013 年版，第 176 页。

达的意思全部表达出来"①。

应该说，颜驷抱怨发牢骚而能够拨动汉武帝的心弦，是以上三个方面原因所共同助成的。可见，言语交际特别是面对皇帝时，不是一个简单的言语活动，要想成功，就必须具备高度的智慧与语言表达技巧。

三、汉女嫁郎呼"上邪"

> 上邪！我欲与君相知，长命无绝衰。山无陵，江水为竭，冬雷震震，夏雨雪，天地合，乃敢与君绝。
>
> ——汉《乐府诗集·鼓吹曲辞一》

这是一首汉朝的乐府民歌，写的是一位女子面对她所心爱的男子所发出的至死不渝的爱情宣言。如果译成现代的大白话，就是这样一个意思：

> 老天啊，您可以为俺作证！
> 我要与您长相知，
> 爱情长命不绝衰。
> 除非高山变平川，
> 江水枯竭断了流，
> 冬天雷声响不绝，
> 夏天大雪纷纷下，
> 苍天大地合为一，
> 那时才与您绝情。

读了这首两千多年前汉代女子的爱情誓言诗，相信我们每个人都会深受感染，为这位对着苍天盟誓的真情"女汉子"热烈而真挚

---

① 吴礼权：《言语交际与人际沟通》，暨南大学出版社 2013 年版，第 176 页。

的感情所深深打动。

那么，这首诗何以有如此深厚的魅力与深切的感染力呢？这是因为它运用了一种名叫"绝语"的修辞策略，有力地拨动了读者的心弦，让人不能不为之深切感动。

所谓"绝语"，是一种"把假定可能和事实上绝对不可能的甲乙两事物相提并论，互为条件，由于乙事物绝对不可能出现，从而达到否定甲事物的目的"① 的一种修辞策略。这种修辞策略的运用，有一种最直接的效果就是让接受者对表达者在某种激情状态下的心理能够予以深切的理解，最真切地体会到表达者所要表达的真意之所在，从而深受感染，达成与表达者思想或情感的共鸣。

上引汉诗是一个女子的真情告白，大胆热烈，读来让人觉得情真意切，不能不为其爱情誓言而深受感染，让人不能也不忍心怀疑她感情的真实性。之所以有这个效果，关键就是她以"山无陵"、"江水为竭"、"冬雷震震"、"夏雨雪"、"天地合"等五个在当时人们认为不可能出现的自然现象作为自己改变爱情初衷的前提条件，通过逻辑上不可逆转的否定力量，反衬出自己意志的不可动摇性，由此真切地呈现出自己对心爱男子坚贞不渝、至死不变的真情。正因为如此，在中国数千年婚恋不自由、有情人难成眷属的历史情境下，这首诗才显得格外感人至深，让人真正感觉到爱情力量的伟大。也许正是因为这一点，所以这首民歌才会触动无数中国男女的心，才会在中国文学史上具有长久的生命力，并深深植根于千百年来千千万万中国男女的心田，让他们对真正的爱情更加渴望，并鼓起勇气勇敢追求。

这首诗在表情达意上不仅有一种感人至深的力量，而且它事实上还开创了一种男女爱情表达的专用"方程式"（或曰修辞方式）。在这首诗之后，有许多表达男女爱情的诗歌或是民歌，都采用了这种修辞策略。如唐代《敦煌曲子词》中有一首《菩萨蛮》的词，也是表达男女爱情的内容，就套用了汉诗《上邪》的修辞方式。其

---

① 谭永祥：《汉语修辞美学》，北京语言学院出版社 1992 年版，第 101～102 页。

词曰：

　　　　枕前发尽千般愿，要休且待青山烂。水面上秤锤浮，
直待黄河彻底枯。
　　　　白日参辰现，北斗回南面。休即未能休，且待三更见
日头。

　　诗中的主人公也是以六种不可能出现的自然现象作为改变情感的前提条件，即"青山烂"、"水面上秤锤浮"、"黄河彻底枯"、"白日参辰现"、"北斗回南面"、"三更见日头"。通过实现这六种前提条件的不可能性，从而彻底否定了自己改变感情的可能性，由此将其至死不渝的情感向恋人淋漓尽致地表达出来。虽然在修辞方式上明显有模仿汉诗《上邪》的印记，但却同样有感人至深的力量，让人不能怀疑主人公对爱情专一执着的态度。
　　至于唐之后的许多民歌中，这种运用"绝语"来表达男女爱情的作品就更多了。如近代安徽民歌《铁树开花郎才丢》有曰：

　　　　相爱大姐在九州，
　　　　父母要我把她丢。
　　　　若要丢掉九州姐，
　　　　除非改天换日头。

　　　　长江里边长河藕，
　　　　风吹石磙满江游；
　　　　黄鳝长鳞蛇长角，
　　　　铁树开花郎才丢！
　　　　　　　——柳景瑞、廖福招编《民间情歌 500 首》

　　其中，"改天换日头"、"长江里边长河藕"、"风吹石磙满江游"、"黄鳝长鳞蛇长角"、"铁树开花"等，都是作为男主人公

"丢掉九州姐"的前提条件，也是以前提条件成立的不可能性来否定"丢掉九州姐"的可能性，以此表达男主人公对心上人"九州姐"至死不渝的爱情。

又如广西民歌《生不丢来死不丢》有曰：

> 生不丢来死不丢，
> 挖团泥巴捏头牛。
> 泥牛放在田埂上，
> 哪时吃草哪时丢。
>
> ——柳景瑞、廖福招编《民间情歌 500 首》

其中，主人公表达对心上人挚爱之情永不变的情感时，以"泥牛吃草"作为彼此分手的前提条件，以此否定二人分离的可能性，也是运用了绝语修辞策略，明白而坚定地向对方表达至死不渝的情感。

又如青海民歌《如要我俩的婚姻断》有曰：

> 十冬腊月好寒天，
> 雪压山，
> 羊吃了路边的马莲。
>
> 如要我俩的婚姻断，
> 三九天，
> 除非冰滩开出红牡丹。
>
> ——柳景瑞、廖福招编《民间情歌 500 首》

这首民歌与前几首有所不同，它以两个自然段的形式出现，前一段是为后一段作铺垫，类似于《诗经》中的起兴部分，后一段才运用了绝语修辞策略，直接表达男女主人公之间生死不渝的爱情信念。它是以"三九天冰滩开出红牡丹"作为"我俩的婚姻断"的前提条件，通过前提条件实现的不可能性，从而彻底否定"我俩的婚姻断"的假设命题，以此表达出主人公对于爱情的坚定信念。

再如陕南民歌《我跟贤妹手拉手》有曰：

> 太阳落山照河口，
> 我跟贤妹手拉手。
> 啥时要得手丢开，
> 除非海干石头朽。
>
> ——柳景瑞、廖福招编《民间情歌500首》

在这首民歌中，抒情表决心的是男主人公。他也是采用绝语的修辞策略，以"海干石头朽"作为他与心爱女子"手丢开"的前提条件，通过否定前提条件的不现实性来彻底否定他与女子"手丢开"（即分离）的可能性，从而将自己对女主人公真切而至死不渝的爱表达出来。

绝语修辞策略因为特有的感染力，不仅从古至今汉民族男女在表达爱情时喜欢运用，甚至现代的一些少数民族男女在对歌传情时也喜欢这种表达方式，不知道是汉文化影响所致，还是不同民族的人心有灵犀。下面我们就来看一首布依族的民歌《想妹》：

> 想妹真，
> 变个蜜蜂绕妹身。
> 蜜蜂绕妹妹莫撵，
> 是哥魂魄绕妹身。
>
> 想妹娇，
> 绣花枕上想成痨。
> 情妹不信揭开看，
> 眼泪发芽三寸高。

想妹多，

想妹吃饭当吃药。

若要情哥不想妹，

石头开花马生角。①

　　这首民歌，是写一个布依族的男子思念其情人，并表达对其矢志不渝的真情。其中，运用了多种修辞策略，最后一段也是运用了绝语修辞策略，以"石头开花"、"马生角"两个不可能实现的前提条件否定"情哥不想妹"的假设，从而将男主人公对女主人公那种刻骨铭心的思念之情淋漓尽致地表达了出来，令人为之深切感动。

四、李密无祖母"无以至今日"

　　臣密言：臣以险衅，夙遭闵凶，生孩六月，慈父见背，行年四岁，舅夺母志。祖母刘悯臣孤弱，躬亲抚养。臣少多疾病，九岁不行，零丁孤苦，至于成立。既无叔伯，终鲜兄弟，门衰祚薄，晚有儿息。外无期功强近之亲，内无应门五尺之僮，茕茕孑立，形影相吊。而刘夙婴疾病，常在床蓐，臣侍汤药，未尝废离。

　　逮奉圣朝，沐浴清化，前太守臣逵，察臣孝廉；后刺史臣荣，举臣秀才。臣以供养无主，辞不赴命。诏书特下，拜臣郎中。寻蒙国恩，除臣洗马。猥以微贱，当侍东宫，非臣陨首所能上报。臣具以表闻，辞不就职。诏书切峻，责臣逋慢；郡县逼迫，催臣上道。州司临门，急于星火。臣欲奉诏奔驰，则刘病日笃；欲苟顺私情，则告诉不许。臣之进退，实为狼狈。

　　伏惟圣朝以孝治天下，凡在故老，犹蒙矜育；况臣孤苦，特为尤甚。且臣少仕伪朝，历职郎署，本图宦达，不

---

　　① 参见 http：//book. zxx. chaoxing. com/ebook/detail. jhtml？ id = 10885295&page =73。

矜名节。今臣亡国贱俘，至微至陋，过蒙拔擢，宠命优
渥，岂敢盘桓，有所希冀！但以刘日薄西山，气息奄奄，
人命危浅，朝不虑夕。臣无祖母，无以至今日，祖母无
臣，无以终余年。母孙二人，更相为命，是以区区不能废
远。臣密今年四十有四，祖母刘今年九十有六，是臣尽节
于陛下之日长，报养刘之日短也。乌鸟私情，愿乞终养。

臣之辛苦，非独蜀之人士及二州牧伯所见明知，皇天
后土，实所共鉴。愿陛下矜悯愚诚，听臣微志，庶刘侥
幸，保卒余年。臣生当陨首，死当结草。臣不胜犬马怖惧
之情，谨拜表以闻。

——李密《陈情表》

上引这段文字，也许很多人都已读过，它就是"被南朝梁昭明
太子萧统选入《文选》的千古名篇《陈情表》，是三国蜀汉旧臣李
密在蜀亡后写给晋武帝的辞职报告"①。这篇写给皇帝的辞职报告，
今天对于很多人来说，似乎有点佶屈聱牙，难晓其义，当然也就很
难欣赏其妙处所在了。如果将全文译成现代汉语，意思就非常明白
晓畅，它的高妙之处就会为更多的读者所击节叹赏了。笔者曾对此
文作过对译，大致如下：

微臣李密报告皇上：臣因命运不佳，少小即遭遇诸多
不幸。出生后才六个月，家父便离臣而去；年仅四岁，舅
舅又强迫家母改嫁。幸有祖母刘氏怜悯臣孤苦伶仃、弱小
无依，亲自担负起抚养臣的责任。臣自小多病，九岁时尚
不会走路。从出生到长大成人，一直都是孤苦零丁，既无
叔伯，亦无兄弟。门庭衰落而少福泽，年纪很大方得子
嗣。外无一个亲近可靠的亲戚，内无一个看家应门的小
僮。孤独无依，形单影只。而祖母刘氏很早就已沉疴在

---

① 吴礼权：《言语交际与人际沟通》，暨南大学出版社 2013 年版，第 6 页。

身，终年卧床。臣每日侍奉汤药，从未离开过她一步。

等到圣朝一统天下，臣得以沐浴清明教化，深感万幸。刚开始时，犍为太守逵举臣为孝廉，后来益州刺史荣又荐臣为秀才。臣因祖母无人侍奉，均婉谢而不敢从命。没想到，蒙皇上不弃，特下诏拜臣为郎中。未久，再蒙浩荡皇恩，拜臣为太子洗马。以臣如此卑贱之人，而当侍奉太子之大任，实乃臣杀身捐躯亦无以报答于皇上。因此，臣向皇上奏请，辞谢而不就职。然而，诏书言辞急切严厉，责备臣轻慢皇命；郡守县令奉命逼迫甚急，不断催臣速速上路；州衙官员天天登门，促行之命急于星火。臣深荷皇恩，也想奉诏奔赴皇命，然而祖母刘氏病情日益加重，臣欲苟且而徇私情，但报告诉求又得不到批准。现在，臣实在是进退维谷，处境狼狈。

不过，臣又想，圣朝是以孝治天下的。大凡前朝一般旧臣，尚蒙皇上怜悯而供养，何况像臣这样孤苦无依，遭遇坎坷之人呢？再说了，臣年轻无知之时仕蜀汉旧朝，曾在郎署做过小官，本意是想沿着仕途往上走，以求显达的，所以臣原本就不是一个自标名节的清高之人。而今，臣不过区区一个亡国贱俘，地位低微卑贱无以复加。承蒙皇上不弃，过分拔擢，拜为太子洗马，恩荣至极，待遇优厚，臣岂敢再有借口徘徊不进，而另有所图？只不过是因为祖母病笃，奄奄一息，就像行将西落的夕阳，能活着的日子不多了。臣无祖母，不会活到今天；祖母无臣，难以终其天年。臣祖孙二人相依为命，不能相弃。正是基于这种特殊的情感，所以臣此时不能弃祖母而去。臣今四十四岁，而祖母刘氏则已九十六岁高龄。以此观之，臣尽忠于陛下之日尚长，而侍奉祖母之日已经不多。乌鸦尚有反哺其亲的孝心，臣岂能不尽孝于祖母，而请求陛下开恩，准许臣为祖母养老送终呢？

臣的辛酸苦楚，不仅是蜀地人士以及梁、益二州的长

官都非常清楚明白的，就是天地神祇也是能够察知的。希
望陛下能够体察怜悯臣愚昧至诚之心，成全臣这点小小的
愿望，以使臣祖母侥幸而终天年。若蒙陛下成全，臣活着
愿杀身奉献，死后愿结草报答。今臣怀犬马一般戒慎恐惧
之心，将以上心情奉表上达于陛下。①

读完李密上述写给晋武帝司马炎的辞职报告（即奏表），相信
不论谁是接受报告的皇帝，都会被李密情真意切的孝子之情所打
动，即使是铁石心肠，也不能不成全李密孝顺祖母的愿望。

那么，这篇辞职报告好在哪里？妙在何处？为什么有那么大的
感染力，让一代雄主司马炎深受感动而欣然批准呢？

我们都知道，李密是三国蜀汉的旧臣，晋武帝司马炎是灭蜀
汉、东吴而实现中国统一的一代雄主。从二人的身份背景，以及晋
武帝一而再、再而三地要李密到朝廷做官，而李密却一而再、再而
三地百般推托而不肯就职的事实，我们就能看出晋武帝司马炎与李
密各自不同的心态，并洞悉出这二人一召一推的真实用意。

从晋武帝司马炎的角度来说，他是一统天下的皇帝，按照中国
自古以来的说法"溥天之下，莫非王土；率土之滨，莫非王臣"②，
蜀汉既然已经亡国，李密就应该臣服于自己，做大晋帝国的臣民。
既为大晋臣民，理所当然就要为大晋帝国贡献心力，为国分忧，为
君办事。正因为司马炎是这样想的，所以他一而再、再而三地征召
李密出来做官。这倒不是朝廷的官位多，愿意做官的少，事实上，
想到司马炎朝中做官的天下士子有千千万万。"朝为田舍郎，暮登
天子堂"，从来就是中国历代读书人梦寐以求的理想。司马炎殷勤
地征召李密出山做官，而且还任之为太子洗马这样显要的职位，并
非因为李密有什么特别的能耐，司马炎朝中没了他就不行，而是别
有一层"统战"的政治用意。司马炎认为，只要蜀汉的贤臣李密出

---

① 吴礼权：《言语交际与人际沟通》，暨南大学出版社 2013 年版，第 6 ~ 7 页。
② 《诗经·小雅·北山》。

山了，那么天下人就会相信自己真正臣服了天下，蜀汉、东吴的旧臣才能对灭亡的故国忘情，识时务为俊杰，自动投入他司马炎的怀抱。如果李密不愿出山，说明他没有认同司马炎这个一统天下的共主，那么对怀柔蜀汉与东吴的亡国之臣、稳定天下大有不利。

从李密的角度来说，他是蜀汉旧臣，对已经灭亡的故国有着深深的眷念之情，故国刚被人灭亡，他就投入敌人的怀抱，这岂不是"有奶便是娘"的行为？不论是作为蜀汉颇有声望的贤臣，还是作为一个封建士大夫，他都不能这样做。除此之外，还有一个原因，也是李密不愿接受晋武帝司马炎征召入朝的原因，这便是天下做臣子共有的"伴君如伴虎"的忧虑。相比于一般臣子来说，李密的这层忧虑显得更深。因为他并非司马炎的旧臣，而是亡国之君的旧臣，晋武帝司马炎是否对他心存芥蒂，君臣磨合的难度有多大，都是一个未知数。用今天的话来说，就是李密做司马炎之臣"投资风险"非常大，收效则很难预料，甚至可能血本无归，哪天惹得司马炎不高兴，说不定项上人头也得赔上。

正由于以上诸多原因，事实上晋武帝的征召与李密的推托就成了一场心理博弈。但是，这场博弈是一场不平等的博弈，参与博弈的李密处于先天不利的地位。因为李密是臣，而另一博弈者则是君。"君要臣死，臣不得不死"，这是自古以来中国封建社会的铁律。死都不能避之，何况晋武帝司马炎是让李密出来就任太子洗马，是浩荡无涯的皇恩厚德，李密怎么能不从呢？可是，李密却是发自内心地不愿意领受晋武帝司马炎的这一浩荡无涯的皇恩。为了保全自己的人格，求得心灵的安宁，也为了保住一条小命孝顺祖母，李密只能巧妙地与晋武帝周旋，充分发挥聪明才智，寻找一个恰当的理由，将晋武帝的任命推掉。正如我们所知道的结果那样，最终李密找到了合适的办法，通过一篇辞职报告赢得了这场心理博弈的胜利，让晋武帝同意了他的请求，"没有使其离蜀赴京就任太子洗马，而是在家侍奉祖母刘氏。直到刘氏寿终正寝，李密完成了尽孝使命后，晋武帝才让他重新出山，就任太子洗马之职，以践前诺。后来，李密官至汉中太守"①。

　　仔细阅读李密写给晋武帝司马炎的这篇辞职报告，我们会发现它确实结撰得非常精妙，可圈可点之处不少。其中，有几个句子尤其值得我们关注，堪称是全文之"眼"，对表达主旨起到了画龙点睛的效果。李密这篇辞职报告的主旨非常明确，就是一句话：臣要奉养年迈多病的祖母，忠孝不能两全，所以不能接受皇上您的恩德而就任太子洗马之职。这个想法当然没有错，但对于接受者晋武帝司马炎来说，则既可以认同，也可以不认同。尽孝，乃是为人之根本。做皇帝的尚且要标榜"以孝治天下"，那么为臣的当然更要在孝的方面不能有差池。因此，李密说要尽孝于祖母，当然没有什么不对。可是，李密面对的不仅是一个"尽孝"的问题，还有另一个问题，就是晋武帝对他提出的"尽忠"的要求：让他出任太子洗马之职。尽孝与尽忠，哪一个更重要？没有标准答案。如果说有标准答案，那制定标准答案的肯定是至高无上的皇帝。晋武帝司马炎既然提出要李密出山做官，那么在他心目中，标准答案已经有了，就是"尽忠"。很明显，李密的标准答案与司马炎的标准答案产生了矛盾。既然这样，那问题如何解决？按司马炎的标准答案，李密必须立马赴任，前往京师长安出任太子洗马之职；按自己的标准答案，则应该留下来侍奉祖母。从李密的角度考虑，他当然要选择自己的标准答案，留下来侍奉祖母。为此，李密没有退路，只有一个办法：说服晋武帝司马炎放弃自己的"标准"答案，同意选用自己的答案。

　　那么，李密是怎样说服晋武帝，让他放弃他的"标准"答案而选用自己的答案呢？阅读李密奏表全文，我们发现李密的办法非常高妙。他除了以"以情动人"的策略，于行文中处处展露出哀婉凄切之情外，还特意在全文的开头与结束部分各设置了一个"文眼"，前后呼应。由此，最终扣动了晋武帝司马炎的心弦，让他主动放弃了自己的"标准"答案，而同意了李密的"标准"答案，让他留在

---

　　① 吴礼权：《言语交际与人际沟通》，暨南大学出版社2013年版，第7页。

了蜀中尽孝。

　　李密在全文开头设置的"文眼"是"生孩六月，慈父见背，行年四岁，舅夺母志"两句，它的意思是说他出生六个月时死了父亲，年仅四岁时母亲改嫁了。但是，李密没有这样说，说父亲的死叫"见背"，即"离开了我"；说母亲改嫁叫"舅夺母志"，意思是说母亲本有守节不嫁之志，是舅舅硬是改变了母亲立志守节的初衷。这两种说法都非常得体，符合"为死者讳，为尊者讳，为长者讳"的中国文化传统，同时也符合孝道，是讳饰修辞策略（"讳饰"的定义前文我们已经说过）的巧妙运用。由于这一修辞策略运用得巧妙，不仅可以避免说"父死"的不当，回避"母亲改嫁"这一在中国封建时代被认为是极不光彩的尴尬，而且还给晋武帝留下一个极好的印象，既对他巧妙地遮蔽家庭的不幸与不光彩的智慧感到由衷的佩服，又感受到他确有孝子的风范。这样，势必会让晋武帝在读奏章的一开始就先入为主地对李密产生其为孝子贤孙的好印象。接下来，晋武帝再看李密陈述不能赴长安任职的理由时，就能心平气和，理解他的苦衷。等到晋武帝看到奏表末尾部分李密描述祖母奄奄一息的情状时，晋武帝司马炎就是铁打的心肠也应开始软化了。而"臣无祖母，无以至今日；祖母无臣，无以终余年"两句踵继描述之后，则又让奏表的感性"说情"转化为理性"说理"，进一步强化了接受者晋武帝的文本接受印象，让他明白李密与其祖母之间相依为命、须臾不可分离的现实必要性。由此，彻底打消了要李密北上任职"尽忠"的念头，同情李密的境遇，让他在家"尽孝"。这两句"说理"之所以具有如此的感染力，是因为它运用了一种具有说服力的修辞策略：回环。所谓"回环"，是通过汉语字词的特点，以字序或词序的顺读或倒读进行特定的语义组配，从而深刻地揭示出事物之间某种必然的逻辑联系的一种修辞策略。"回环"分为两种情况：一是"严式回环"，二是"宽式回环"。"严式回环"是以字的顺序为顺读倒读的单位，如"人人为我，我为人人"，就是通过各个字的语义顺逆不同的组配，深刻地揭示了人与人之间一种相互帮扶的密切关系。"宽式回环"是以词为单位进行顺读倒读，李密的"臣无祖母"与"祖母无臣"二句，就是以词为单位才能顺读倒读成文，所以是"宽式回环"。它以词序的回环反复，揭示了祖孙二人相依为命的关系，以逻辑的力量说服皇帝，自然具有不可辩驳的力量。晋武帝要李密出山为官虽有自己的政治用意，但他毕竟是一个还算开明的、有良知的皇帝，在位时有这样一个孝子贤孙，也算是为他"以孝治天下"提供了一个范本，所以他不能不接受李密的辞职报告，成全其尽孝祖母的心愿。

五、李白"万言不值一杯水"

昨夜吴中雪，子猷佳兴发。

万里浮云卷碧山，青天中道流孤月。

孤月沧浪河汉清，北斗错落长庚明。

怀余对酒夜霜白，玉床金井冰峥嵘。

人生飘忽百年内，且须酣畅万古情。

君不能狸膏金距学斗鸡，坐令鼻息吹虹霓。

君不能学哥舒，横行青海夜带刀，

西屠石堡取紫袍。

吟诗作赋北窗里，万言不值一杯水。

世人闻此皆掉头，有如东风射马耳。

鱼目亦笑我，谓与明月同。

骅骝拳跼不能食，蹇驴得志鸣春风。

《折杨》《黄华》合流俗，晋君听琴枉《清角》。

巴人谁肯和《阳春》，楚地由来贱奇璞。

黄金散尽交不成，白首为儒身被轻。

一谈一笑失颜色，苍蝇贝锦喧谤声。

曾参岂是杀人者？谗言三及慈母惊。

与君论心握君手，荣辱于余亦何有？

孔圣犹闻伤凤麟，董龙更是何鸡狗！

一生傲岸苦不谐，恩疏媒劳志多乖。

严陵高揖汉天子，何必长剑拄颐事玉阶。

达亦不足贵，穷亦不足悲。

韩信羞将绛灌比，祢衡耻逐屠沽儿。

君不见李北海，英风豪气今何在！

君不见裴尚书，土坟三尺蒿棘居！

少年早欲五湖去，见此弥将钟鼎疏。

　　　　　　——李白《答王十二寒夜独酌有怀》

　　上引李白这首诗，相信读过唐诗的人大都读过，是一首耳熟能详的名篇。整首诗的主旨，如果要概括成为一句话，那就是："才华能有什么用？"这是诗人在抱怨自己才高而不为世用，空有治国安邦的志向而不能实现。很明显，这整首诗就是一通怀才不遇的牢骚话。

　　虽然如此，千百年来，每当人们读到这首诗，却都深受感染，情不自禁地替李白抱屈，为其哀伤的人生遭际掬一把同情泪。

　　那么，这首诗何来这样的感染力呢？

　　其实，这与诗人运用的三种修辞策略有着密切关系。这三种修辞策略分别是示现、夸张和用典。

　　所谓"示现"，就是将并未亲眼所见、亲耳所闻的事象叙写得就像现场所见所闻一样真切的修辞方式。一般说来，"示现"可以区分为三类：一是"追述的示现"，二是"预言的示现"，三是"悬想的示现"。"追述的示现"是"把过去的事迹说得仿佛还在眼前一样"①，"预言的示现"是"把未来的事情说得好像已经摆在眼前一样"②，"悬想的示现"则是"把想象的事情说得真在眼前一般，同时间的过去未来全然没有关系"③。作为一种修辞策略，"示现"虽可以区分为如上三类，但都是建立在同一个心理基础之上的，这个心理基础就是"想象"。所谓"想象"，是"人在某一外界刺激物的

---

① 陈望道：《修辞学发凡》，上海教育出版社 1997 年版，第 124 页。
② 陈望道：《修辞学发凡》，上海教育出版社 1997 年版，第 124 页。
③ 陈望道：《修辞学发凡》，上海教育出版社 1997 年版，第 124 ~ 125 页。

影响下，在大脑中对过去存储的若干表象（即过去感知过的事物的形象）进行加工改造而形成新形象的心理过程。值得指出的是，想象得以加工改造形成新形象的人脑中存储的若干表象都是来源于客观现实世界的，是现实世界和现实生活的反映。然而想象中的事物和境界又毕竟不完全与现实世界和现实生活中的境界相同，它是来源于现实来源于生活而又不同于现实不同于生活，两者之间有一定的距离。正因为如此，基于想象机制而建构起来的示现修辞文本，一般说来在表达上都有一种形象性、生动性、新颖性的特点；在接受上又极易因文本中所建构的新形象和意境而令接受者在解读文本时经由文本的语言文字的刺激而进行再造性或创造性想象，从而建构起与表达者相同又相异的新的形象或境界，以此获取文本解读接受中更多的心理快慰和审美情趣"①。

上引李白诗的开头八句"昨夜吴中雪，子猷佳兴发。万里浮云卷碧山，青天中道流孤月。孤月沧浪河汉清，北斗错落长庚明。怀余对酒夜霜白，玉床金井冰峥嵘"，就是属于"示现"中的"悬想示现"一类，是诗人的一种想象。因为诗人当时并不在吴中，只是因为想念朋友王十二，就在想象中虚构出这样一个场景：昨夜吴中大雪，王十二效仿晋时王子猷（即王徽之，王羲之第五子）夜访戴安道的风雅之举，乘兴出行。只见万里浮云掠过碧山，广袤的天空中明月高悬，星汉灿烂。斗转星移，银河犹若沧浪有声，北斗错落点缀于星空，金星斜挂于树梢。王十二把酒对月，遥想老友。月光映着冰霜，井台成了玉床，井中之冰也显得峥嵘嶙峋，气势不凡。很明显，这种唯美的意境一下子就抓住了读者的心，并让人为之一心向往。

然而，诗人运用示现修辞策略创造出一个唯美的意境，并非是为造境而造境，而是别有所图。这从紧接着的两句转接语"人生飘忽百年内，且须酣畅万古情"，就能看得非常清楚，原来诗人要借

① 吴礼权：《现代汉语修辞学》（修订版），复旦大学出版社2013年版，第105～106页。

乐景而酣畅地宣泄自己的"万古情"。那么，这"万古情"又是由何而来呢？接下来的"君不能狸膏金距学斗鸡，坐令鼻息吹虹霓。君不能学哥舒，横行青海夜带刀，西屠石堡取紫袍"五句，以点带面，说的是现实生活中，胸无点墨的斗鸡小儿得势，"鼻息吹虹霓"；有勇无谋的武夫，带刀杀人而取紫袍的不正常的现象，"酣畅"的是"今之情"。至于"《折杨》《黄华》合流俗，晋君听琴枉《清角》"及以下各句，列举了春秋时代晋平公德薄却强迫盲乐师师旷奏《清角》之乐、楚人卞和忠心献玉而遭刖足、曾参忠厚做人却被诬杀人、孔子以复兴周公礼法和实现"天下大同"为己任却遭遇乱世而无法实现理想等事实。在这"酣畅"的是"古之情"，与上文的"今之情"呼应，意在说明自古及今，都是贤愚不分、是非颠倒，小人得意而贤士受困。这种现象正常吗？当然不正常。所以，诗人在"酣畅万古情"时，于"今之情"与"古之情"中间插入"吟诗作赋北窗里，万言不值一杯水"两句，抒发了自己深深的叹息。由此在抚今追昔中痛下决心，决定今后不再与世沉浮，也不再浪迹江湖，而是远离朝廷与官场，远离世俗的尘世，归隐林下，泛舟五湖，以汉代的严子陵、韩信、祢衡等才士贤能为榜样。这表面上好像是诗人自剖心迹以明志，实际上则是其怀才不遇的愤激之情淋漓尽致的展露。由于诗人运用了"用典"① 修辞策略，表情达意婉约蕴藉，达到了孔子推崇的"怨而不怒"的境界，因此读来格外令人深受感染，为之唏嘘不已。

　　特别值得一提的是，在诗人"酣畅万古情"时，在"今之情"与"古之情"之间插入的两句："吟诗作赋北窗里，万言不值一杯水"，无论从篇章结构功能看，还是从揭示全文主旨的角度看，都

---

　　① 所谓"用典"，是"一种运用古代历史故事或有出处的词语来说写的修辞文本模式。以用典的修辞文本模式来表情达意，在表达上可以使表达者的达意传情显得婉约含蓄；在接受上，由于表达者在文本意义的表达与接受者的接受之间制造了'距离'，使接受者只能通过对表达者所建构的修辞文本中的典故进行咀嚼、消化后才能理解其内在的含义，这虽然给接受者的接受带来一定的阻障，但接受者一旦经过努力破除了接受困阻，便会自然获得一种文本解读成功的心理快慰与欣赏中的美感享受。"（吴礼权：《现代汉语修辞学》（修订版），复旦大学出版社 2013 年版，第 56～57 页）

是最为重要的，堪称"诗眼"。因为这两句在篇章结构上起了勾上连下的衔接功能，使诗人所"酣畅"的"今之情"与"古之情"前后呼应，诗思的逻辑演进有条不紊。在全文主旨的揭示上，这两句是对全诗大量运用的典故作了一个画龙点睛的语义概括，不仅加深了接受者对全诗所要揭示的主旨的理解与印象，同时也因为它本身运用了夸张修辞策略，因此格外具有感染力，让中国千百年来无数不得意的读书人"心有戚戚焉"，产生强烈的思想与情感共鸣，为诗人才高而不为世用的遭遇鸣不平。

此外，为什么运用夸张修辞策略就能产生这样的感染力呢？因为夸张是"一种说写表达时重在主观情意的畅发而故意违背客观事实和逻辑，对所叙说的内容进行张皇夸大的修辞文本模式"[①]。张皇失实的夸张修辞文本，在现实语言生活中之所以常被人们建构出来，"一方面是由于要满足修辞者在激情状态下的某种影响心理平衡的能量的释放以获得心理平衡和情感纾解的需要，另一方面则是要接受者产生思想或情感的共鸣"[②]。关于前者，我们从人的生理与心理上都能找到其成立的学理依据。因为"夸张者在进行违背逻辑与事理的言语表达时是有意以此作精神宣泄来求得心理能量的释放，从而获得心理的自发调整而达到身心的畅快。这就如同人在极度悲哀时的号啕大哭、捶胸顿足，在极度快乐时的放声大笑、手舞足蹈而不介意别人的评价与感受一样，是一种'忘我'的表现，是一种只求本能满足的行为。如果我们用弗洛伊德的'三我'学说来看这个问题，就更易于理解了。弗洛伊德认为'我'有三种，即'本我'（id）、'自我'（ego）和'超我'（superego）。'本我、自我和超我都能对精神宣泄起作用。本我的目的是本能的满足，它的精神宣泄服务于此目的'；'自我的作用在于把精神宣泄作用于认知过程，把推理和判断提到更高的水平，自我还把精神宣泄用于抑制过程，从而形成一种反宣泄作用，以限制那些不被接受的本我的精

---

① 吴礼权：《现代汉语修辞学》（修订版），复旦大学出版社 2013 年版，第 162 页。

② 吴礼权：《修辞心理学》（修订版），暨南大学出版社 2013 年版，第 79 页。

神宣泄'；'超我的作用之一是形成反精神宣泄，以控制和限制本我的精神宣泄'。由此可见，夸张者进行违背逻辑与事理的言语表达时'忘我'的精神宣泄，实际上是人类一种'本我'的返真，因为它把精神宣泄完全作用于想象的或实在的物体上去，对知觉与幻觉不加区分，对是否符合事理与逻辑撇开不管，一切为'本我'的自然需要的满足而活动着"①。关于后者，我们也能从心理学上找到依据。普通心理学告诉我们，对于未知事物与新鲜事物，人类有一种先天的兴趣，这便是我们平常所说的"好奇心"。人类正因为有好奇心，才会有对于真理孜孜不倦的追求、对于科学上未知领域的无穷兴趣。如果人类没有好奇心，人类的思想就会停顿，人类社会的发展就不会演进到今天这样的格局，科学技术就更不可能有今天这样一日千里的突飞猛进。语言表达上出现夸张修辞策略，其实也是与人类的好奇心有关。因为"夸张"是一种有违客观事理与逻辑规约的语言表达形式，因此同样具有"唤醒听、读者好奇心的特殊魔力"②。对于这一点，早在两千多年前汉代思想家王充就作了深刻的揭示："世俗所患，患言事增其实。著文垂辞，辞出溢其真，称美过其善，进恶没其罪。何则？俗人好奇。不奇，言不用也。故誉人不增其美，则闻者不快其意；毁人不益其恶，则听者不惬于心。"③当然，王充是以否定的态度来谈夸张的（是针对汉赋创作中的弊端来说的），但是，他却歪打正着，"确实看到了夸张有唤醒交际者好奇心的特殊魔力这一本质特征"④。事实上，现代心理学研究的结果，早就证实了"好奇心是人类的基本情绪，是唤醒动机的物质基础"⑤，而"夸张因为有悖于事理与逻辑，耸人听闻，因而具有唤醒

①　吴礼权：《论夸张表达的独特效应与夸张建构的心理机制》，《扬州大学学报》1997 年第 4 期。

②　吴礼权：《修辞心理学》（修订版），暨南大学出版社 2013 年版，第 79 页。

③　（汉）王充：《论衡·艺增》。

④　吴礼权：《论夸张表达的独特效应与夸张建构的心理机制》，《扬州大学学报》1997 年第 4 期。

⑤　吴礼权：《论夸张表达的独特效应与夸张建构的心理机制》，《扬州大学学报》1997 年第 4 期。

交际者好奇心的力量"①。夸张修辞文本既然是一种能引发接受者好奇心的言语作品，那么接受者就必然会在文本解读中在好奇心的驱动下唤起根究表达者"言事增其实"、"辞出溢其真"、"称美过其善"、"进恶没其罪"等有违客观事理与逻辑规约的真正原因的情感冲动，从而"自然而然地强化了注意主体（接受者）对当前新异刺激物——夸张修辞文本——的注意，加深了对表达者所建构的夸张修辞文本的理解，从而达成与表达者思想或情感的共鸣和沟通"②。

李白上述诗句"吟诗作赋北窗里，万言不值一杯水"，就像他另外两句诗"白发三千丈，缘愁似个长"③一样，都是不具真实性的张皇失实之言，是一种抒发怀才不遇情绪的愤激之语，但却读之让人不以为怪，反而会唤起深切的同情。这便是李白善用夸张修辞策略的结果，也是李白"诗篇万古传"的原因所在。

六、柳宗元"独钓寒江雪"

千山鸟飞绝，万径人踪灭。

孤舟蓑笠翁，独钓寒江雪。

——柳宗元《江雪》

在中国文学史上，一提起柳宗元，大家首先想到的就是其散文创作的成就。在"唐宋八大家"之中，唐代只有他与韩愈名列其中，可见其成就与地位。

虽然文的成就大于诗，但柳宗元的诗也不乏名篇。上引《江雪》一首，就其影响与知名度而言，恐怕远在他的许多散文名篇之上。千百年来，柳文在中国读书人中传诵不绝的不是一篇两篇。但若论其影响力，堪称妇孺皆知的名篇，恐怕还要数这首《江

---

① 吴礼权：《论夸张表达的独特效应与夸张建构的心理机制》，《扬州大学学报》1997 年第 4 期。

② 吴礼权：《修辞心理学》（修订版），暨南大学出版社 2013 年版，第 79 页。

③ （唐）李白：《秋浦歌十七首》（其十五）。

雪》诗。

《江雪》一诗，大约写于诗人谪居永州期间①。诗人本为一介书生，二十岁即高中进士，可谓春风得意，年少有成。进入仕途后，先任秘书省校书郎，后调为集贤殿书院正字。唐德宗贞元十九年（公元803年），由地方官蓝田尉调任长安，为监察御史里行。从此，开始接触官场上层人物，对政治黑暗的现实有了深刻的认识。正因为如此，贞元二十一年（公元805年），当德宗驾崩，顺宗即位后，诗人就满怀改革政治、重造大唐盛世的雄心参加了王叔文领导的"永贞革新"运动。然而，"永贞革新"前后只持续了146天，就随着顺宗被迫禅位于宪宗而结束。宪宗在永贞元年（唐顺宗年号，即公元805年）八月即位，诗人九月便被贬为邵州刺史。十一月，诗人尚在半路，又被再贬，降为永州司马。《江雪》一诗，就是诗人被贬永州期间写下的，反映的是他政治上失意孤独的心境。

既然是写诗人政治失意的个人心境，而非家国情怀，那么《江雪》一诗千百年来在中国又何来这么大的影响力呢？

这一点，恐怕是与此诗本身的感染力有关。而此诗之所以具有感染力，则又与诗人运用的修辞策略有关。

《江雪》一诗，虽然只有短短四句，寥寥二十字，但却运用了两种有效的修辞策略，分别是夸张与映衬。

所谓"夸张"，前文我们已经说过，它是一种"说写表达时重在主观情意的畅发而故意违背客观事实和逻辑，对所叙说的内容进行张皇夸大的修辞文本模式"②。但是，张皇其词的"夸张"又可分为两大类：一是"直接夸张"，二是"间接夸张"③。其中，"直接夸张"又可分为两小类：一是"扩大式夸张"，二是"缩小式夸张"。④ "扩大式夸张"，就是"将所说写的事象往大的、高的等等

① 据吴小如的说法，见《唐诗鉴赏辞典》，上海辞书出版社2006年版，第937页。
② 吴礼权：《现代汉语修辞学》（修订版），复旦大学出版社2013年版，第162页。
③ 吴礼权：《现代汉语修辞学》（修订版），复旦大学出版社2013年版，第162页。
④ 吴礼权：《现代汉语修辞学》（修订版），复旦大学出版社2013年版，第162页。

方面夸说"① 的一种修辞方式；"缩小式夸张"，就是"将所说写的事象往小的、低的、弱的等等方面描写"② 的一种修辞方式。其中，"'扩大式'夸张，在日常语言生活中最为常见。无论古今，都是如此。虽明明是夸大其词，不符合生活的逻辑，却往往能给人留下深刻的印象，甚至能让人为之深切感动。如李白写自己的忧愁，有'白发三千丈，缘愁似个长'（《秋浦歌》之十五）、'横江欲渡风波恶，一水牵愁万里长'（《涉江词六首》）、'五花马，千金裘，呼儿将出换美酒，与尔同销万古愁'（《将进酒》）等句；写蜀道之难有'蜀道之难，难于上青天'（《蜀道难》）的说法，写天姥山之高有'天台四万八千丈，对此欲倒东南倾'（《梦游天姥吟留别》）之笔，写庐山瀑布之雄伟则有'飞流直下三千尺，疑是银河落九天'（《望庐山瀑布》）之辞。又如杜甫写公孙大娘弟子舞剑有'一舞剑器动四方，观者如山色沮丧，天地为之久低昂'（《观公孙大娘弟子舞剑器行》）之句，写成都武侯祠前古柏有'霜皮溜雨四十围，黛色参天二千尺'（《古柏行》）之语，也都是夸张其词。中国古典诗词中的篇什之所以能够流传甚广，不少都因有'扩大式'夸张的妙笔从中起了作用。其实，不仅在诗词中，古代的其他作品中也有这类夸张。如《尚书·武成》记商周牧野之战，就有'前徒倒戈，攻于后以北，血流漂杵'之语，亦是'扩大式'夸张，乃极言战争的惨烈与死人之多，非实有其事"③。

上引《江雪》一诗中的前两句"千山鸟飞绝，万径人踪灭"，运用的就是"扩大式夸张"。"千山"、"万径"，都非实指，而是夸大其词，代称所有的山、所有的道路。因此，"千山鸟飞绝，万径人踪灭"二句实际要表达的，就是这样一个意思：苍茫的天地，偌大的天下，人鸟俱无。诗人这样极言雪野的寂寥，无疑会让接受者心灵受到极大的震撼。因为这样的夸张其词，尽管并不符合逻辑事理，也没有客观反映现实生活的真实，却有夺人意魄的心理力量，

---

① 吴礼权：《现代汉语修辞学》（修订版），复旦大学出版社 2013 年版，第 162 页。
② 吴礼权：《现代汉语修辞学》（修订版），复旦大学出版社 2013 年版，第 163 页。
③ 吴礼权：《现代汉语修辞学》（修订版），复旦大学出版社 2013 年版，第 163 页。

收获一种先声夺人的效果。南朝梁文论家刘勰在论夸张时有"因夸以成状,沿饰而得奇"、"发蕴而飞滞,披瞽而骇聋"之说①,说的正是这个道理。

《江雪》诗之所以有感人至深的力量,除了夸张修辞策略运用的功劳外,还有映衬修辞策略的功效。所谓"映衬",是"一种说写中将相反、相对的两种事象组合于一处,从而互相映照、互相衬托的修辞文本模式"②。一般说来,映衬修辞文本的建构,"多是基于对比联想的心理机制的。修辞者(表达者)在表情达意或叙事写景时之所以会将相反、相对的两种事象组合到一处,是因为修辞者在经验中和观念上把握了以往经验过的事物和当前事物的差异性、对立性而产生了联想的缘故"③。正因为如此,映衬修辞文本一般说来"在表达上都有形象性、鲜明性、深邃性的特点和效果;在接受上都能使接受者有更多的回味、思索的空间,从而获得最大限度的解读快慰与审美认识情趣"④。《江雪》第一句中的"千山"与第三句中的"孤舟",第二句中的"万径"与第四句中的"独钓",表面看来是字句上的对仗,实际上是意象上的对比与映衬,是诗人有意让"千山"与"万径"这样辽阔苍茫的雪野作为寒江独钓翁独钓的背景。由此,雪野之大与钓翁之小形成了强烈的对比,偌大的天地之中只有渺小的一位钓翁,则钓翁内心的孤独可见矣。这是以景写情的写法,也是意境映衬的手法,对于凸显独钓者内心的孤独感有一种化抽象为具象的效果,因而给读者的印象也是具体有形的。正因为如此,千百年来它对读者的感染力也就特别大。

七、崔护"人面不知何处去"

去年今日此门中,人面桃花相映红。

---

① (南朝)刘勰:《文心雕龙·夸饰》。
② 吴礼权:《现代汉语修辞学》(修订版),复旦大学出版社2013年版,第255页。
③ 吴礼权:《现代汉语修辞学》(修订版),复旦大学出版社2013年版,第255页。
④ 吴礼权:《现代汉语修辞学》(修订版),复旦大学出版社2013年版,第255页。

　　人面不知何处去，桃花依旧笑春风。

——崔护《题都城南庄》

　　《全唐诗》中存录的崔护诗作并不是很多，在中国文学史与唐代诗歌史上，崔护的地位都不是很高。但是，上引这首崔护的诗作，在中国文学史上却声名远扬、家喻户晓，并被千百年来无数的中国读书人传为佳话。

　　那么，这首诗何以有如此深厚的魅力而被千古传诵呢？凡对中国文学史略有涉猎者，相信都能洞悉其中的因由，明白这首诗与唐代一桩传奇爱情故事之间的密切关系。

　　这则爱情传奇，见载于唐人孟棨《本事诗》中。其原文如下：

　　　　博陵崔护，资质甚美，而孤洁寡合，举进士第。清明日，独游都城南，得居人庄。一亩之宫，花木丛萃，寂若无人。扣门久之，有女子自门隙窥之，问曰："谁耶？"护以姓字对，曰："寻春独行，酒渴求饮。"女入，以杯水至。开门设床，命坐。独倚小桃斜柯伫立，而意属殊厚，妖姿媚态，绰有余妍。崔以言挑之，不对，目注者久之。崔辞去，送至门，如不胜情而入。崔亦睠盼而归，尔后绝不复至。及来岁清明日，忽思之，情不可抑，径往寻之。门墙如故，而以锁扃之。因题诗于左扉曰："去年今日此门中，人面桃花相映红。人面不知何处去，桃花依旧笑春风。"

　　　　后数日，偶至都城南，复往寻之。闻其中有哭声，扣门问之。有老父出曰："君非崔护耶？"曰："是也。"又哭曰："君杀吾女！"崔惊怛，莫知所答。父曰："吾女笄年知书，未适人。自去年以来，常恍惚若有所失。比日与之出，及归，见左扉有字。读之，入门而病，遂绝食数日而死。吾老矣，惟此一女，所以不嫁者，将求君子，以托吾身。今不幸而殒，得非君杀之耶？"又持崔大哭。崔亦感

恸，请入哭之，尚俨然在床。崔举其首枕其股，哭而祝，
曰："某在斯！"须臾，开目。半日，复活。老父大喜，遂
以女归之。

——孟棨《本事诗》

这则历史记载，说的是这样一个故事：

博陵人崔护，是个各方面素质都很好的青年，但是性格内向，
还有点清高孤傲。与其他读书人一样，为了求取功名，崔护早早就
到了唐都长安，为参加进士科考试作准备。

"独在异乡为异客，每逢佳节倍思亲"，乃是人之常情。崔护也
是一样。远离家人，在长安长期逗留，其内心的孤独是可以想见
的。这种孤独感，平时也许还不怎么觉得，但一到节日，这种孤独
之情就显得特别深切了。有一年的清明节，崔护实在耐不住身在长
安的孤寂，于是就独自一人出了城，到长安城南踏青散心。

在郊野信步观望时，崔护偶然间发现有一户人家，庭院有一亩
之大，周围花木扶疏，小草青青，环境非常优美，可是却寂静无人。

崔护觉得有点遗憾，心有不甘，遂走上前去敲门。敲了很久，
终于有一个女子来应门了。可是，女子并没有开门，只是从门缝里
向外偷看了一眼崔护，问道："是谁呀？"

崔护见问，连忙告诉了女子自己的姓名字号，并说道："出来
踏青，独自一人行路，酒喝多了，口有些渴，想讨盏水喝。"

女子一听，连忙转身进了里屋，端了一杯水出来。然后，打开
大门，让崔护进了屋，并摆好坐具，让崔护坐下。在崔护坐下饮水
时，女子背倚院中一棵小桃树的斜枝站着，似乎颇是属意崔护的样
子，并在不自觉间显出媚态丰姿，很是美丽动人。

崔护见了，心有所动，遂用言语挑逗试探女子。可是，女子却
不答话。二人脉脉含情地对视了很久后，崔护起身告辞。

崔护离开时，女子送到了大门口。望着崔护远去的背影，女子
好像情有不忍。直到完全看不到崔护的背影，女子才转身进了屋。
而崔护也不住地回头，依依不舍地回去了。之后，崔护就再也没有

来过。

到了第二年的清明节，崔护突然想起前情，情不可遏，立即动身，直接前往女子所住的村庄。可是，找到村庄后，门墙小院依旧，但大门却上了锁。崔护一见，知道家中肯定无人了。于是，带着满腹的惆怅与忧伤之情，在大门的左扉题写了一首诗："去年今日此门中，人面桃花相映红。人面不知何处去，桃花依旧笑春风。"

过了几天，崔护因为有事，偶尔又到了城南。于是，一时情感冲动，又前往女子所住的村庄找她。可是，还没走近院门，就听里面传出哭声。崔护不知发生了什么事，连忙上前敲门相问。

不一会儿，有一个老丈出来了，问崔护道："您莫非就是崔护？"

崔护不假思索地回答道："正是。"

老丈又大哭起来，说道："是您杀了我的女儿！"

崔护听了老丈的话，不禁又惊又怕，一时愣在那里，不知道说什么好。

老丈又说道："我女儿刚刚成年，知书达理，有修养，还没嫁人。自从去年以来，经常神情恍惚，若有所失。前几天，我跟她一起出门，等到回家时，看见我家大门左侧有人写了字。我女儿读了门上的字，进门后就病倒了。随后就不吃不喝，绝食而死了。我老了，只有这么一个女儿，之所以还没有嫁出去，是想访求一个道德高尚的才士，让老身晚年也有个依靠。而今却不幸死去了，您这不是杀了她吗？"

说完，老丈抓住崔护大哭。崔护既为女子的痴情而非常感动，又为女子的死而非常痛心。于是，请求老丈让他进去哭一场，以表达心中之情。老丈同意后，崔护就进了屋，看见女子还躺在床上。

崔护一见女子，不胜其悲。于是，抱起女子的头，枕在自己的大腿上，一边哭，一边不断地祷告，并说："我在这里！"

没想到，过了一会儿，女子竟然睁开了眼睛。又过了半晌，女子又活了过来。

老丈非常高兴，于是就将女儿嫁给了崔护。

只要读过这则故事，相信所有人都会为之感慨，既为世上竟有这样痴情的女子而感慨，又为爱情所具有的起死回生、感天动地的力量而惊叹，更为崔护诗的巨大魅力所感叹。

也许很多人都不明白，崔护的诗只不过短短四句，共二十八字，是诗人寻人不着，一时感慨系之，信笔写在门扉之上的心声，怎么就有如此巨大的魅力，而让那个痴情女子差点香消玉殒呢？

仔细品读一下这首诗，我们就不难发现，这四句诗的前两句"去年今日此门中，人面桃花相映红"，其叙事忆旧的画面，固然有让读者引发联想，触动情绪而遐思万千的魅力；而后两句"人面不知何处去，桃花依旧笑春风"，其对比写实的提点，更有一种让人睹物思人，顿生无限忧伤的感染力。

那么，这感染力何来？究其原因，是诗人所运用的两种修辞策略从中发挥了特殊的作用，从而使诗句产生了独特的接受效果。这两种产生独特效果的修辞策略，一是映衬，二是比拟。

崔诗第三句"人面不知何处去"，是承第二句"人面桃花相映红"而来，与第四句"桃花依旧笑春风"构成了对比映衬。去年是"人面"与"桃花"相映，红艳娇妍，让人不胜其情；今年是"人面"不再，"桃花"依旧。眼前情景与过去影像形成了鲜明的反衬效果，不禁让人睹物思人，顿生无限的忧伤之情。女子读了崔护题于门扉上的这首诗，之所以"入门而病"，就是因为崔护的诗句运用映衬修辞策略真切生动地再现了往昔与今日不同的心境。往昔是"人面桃花相映红"，让他"眷盼而归"，留下的是美好的记忆；今日是"人面不知何处去，桃花依旧笑春风"，让他顿生物是人非之感，抑郁而归。将心比心，换位思考，女子产生了强烈的情感共鸣，遂抑郁而病，差点香消玉殒。

所谓"比拟"，是"语言活动中将人之生命情状移注于物或将物之情状移植于人以达到物我情趣的往复回流，从而彰显表达者特定情境下物我同一的情感状态，使语言表达更具生动性和形象性，以之感染受交际者（接受者）来达成与之共鸣的思想情感状态的修辞文本模式"①。根据比拟与被比拟的关系，"比拟"可以分为两类，其中，"将物拟作人的，称为拟人"②；"将人拟作物的，称为拟物"③。但不管是"拟人"还是"拟物"，"比拟"修辞文本的建构，一般说来"都是建立在物我同一的移情作用的心理机制之上的"④。也就是说，这种文本的建构乃是人"在聚精会神的观照中，我的情趣和物的情趣往复回流"，"有时物的情趣随我的情趣而定"，"有时我的情趣也随物的姿态而定"⑤ 的结果。因此，这种修辞文本的建构，一般说来，"在表达上因表达者以移情作用将物我贯通交隔为一体，使无生命之物具有生命之人的情状或使有生命之人具无生命之物的特质，从而使修辞文本别添了几多的生动性和形象性，语言顿然灵动飞扬起来；在接受上，由于修辞文本的建构是将物我打通，文本所具有的生动性和形象性的特质以及语言的灵动性，就自然使接受者深受感染，并在表达者所给定的修辞文本的导引下，经由修辞文本的语言文字产生联想想象，从而在修辞文本的解构接受中进入与表达者修辞文本建构时凝神观照、物我同一的相同情感状态，达到了与表达者思想情感的同向共鸣，由此在修辞文本解构接受中获取一种审美享受"⑥。

崔诗第四句"桃花依旧笑春风"，运用的就是比拟中的拟人手法。"桃花"是植物，而非有情感有思想的人类。但是，由于诗人沉浸于去年"人面桃花相映红"的影像之中，因此在凝神观照今年的桃花时，神情恍惚中发生了移情作用，"我"的情趣与"桃花"的情趣出现了往复回流现象，"桃花"的形象随着"我"（诗人）的情趣而发生了转换。于是，盛开的"桃花"与含笑的"美女"贯通交融为一体，人花合而为一。很明显，这是"物我同一"情感状态

---

① 吴礼权：《现代汉语修辞学》（修订版），复旦大学出版社 2013 年版，第 97~98 页。
② 陈望道：《修辞学发凡》，上海教育出版社 1997 年版，第 117 页。
③ 陈望道：《修辞学发凡》，上海教育出版社 1997 年版，第 117 页。
④ 吴礼权：《现代汉语修辞学》（修订版），复旦大学出版社 2013 年版，第 98 页。
⑤ 朱光潜：《朱光潜美学文集》，上海文艺出版社 1982 年版，第 41 页。
⑥ 吴礼权：《现代汉语修辞学》（修订版），复旦大学出版社 2013 年版，第 98 页。

下的错觉，再现了"我"沉浸于"人面桃花相映红"的往昔美好记忆的沉醉状态，强烈地凸显了"我"（诗人）的痴情程度。虽然"我"是如此痴情，可是"桃花"却"笑"我多情，这是何等残酷？读诗的女子读懂了"我"的心，于是将心比心，化身为"我"，不禁悲从中来，代"我"抑郁，代"我"伤感，以致"入门而病"，差点为爱而殉身。这便是诗的第四句运用比拟（拟人）修辞策略的独特效应。

八、唐女子"水流无限似侬愁"

> 山桃红花满上头，蜀江春水拍山流。
> 花红易衰似郎意，水流无限似侬愁。
>
> ——刘禹锡《竹枝词》

读了这首诗，我们从心底自然涌出的第一个感觉就是同情，为唐代可怜女人的悲惨遭遇而悲伤。

其实，并非只有唐代的女子命运是悲惨的，事实上古代的女子命运都是悲惨的。从有文字记载以来，在中国作为女子命运从来就是悲惨的，因为中国的文化决定了女人就是被压迫的。

众所周知，在中国人的哲学观中，乾为天，坤为地；乾是男，坤是女。乾天坤地的隐喻，天高地低的意象，就体现了男尊女卑观念在中国自古以来就是天经地义的。关于这一点，其实早在先秦时的《诗经·小雅·斯干》所记载的先民日常生活经验中就有表现：

> 乃生男子，载寝之床。载衣之裳，载弄之璋。其泣喤喤，朱芾斯皇，室家君王。

> 乃生女子，载寝之地。载衣之裼，载弄之瓦。无非无仪，唯酒食是议，无父母诒罹。

　　读读这首诗，我们就知道先民是多么尊崇男人，多么鄙视女人。生了个男孩，就让他睡在床上，给他穿衣着裳，还给他玉器当玩具。他只要一哭，就给他盖上朱红的兽皮蔽膝，生怕冻坏了他。他还没有长大成人，就认定他将来一定是诸侯、是王。而生了个女孩，则将她扔在地上，身上简单地裹个褴褓，给她的玩具也只是不值钱的陶瓦纺锤棒。女孩长大，即使是个端庄无邪的好姑娘，也只能在家烧水做饭。只有小心翼翼，不出一点差错，才算是没给爹娘丢脸。

　　男人从小就这样被宠着惯着，女人从小就这样被打之压之。男女如此先天不平等的待遇，如何能让男人养成尊重女人的观念？既然男人没有尊重女人的观念，那么如何让他平等对待女人？没有尊重女人的观念，也无平等对待女人的意识，那么男人怎么可能不喜新厌旧，将女人视为玩物？对于这一客观现实，中国文学作品中并不乏具体描写的篇章。如东汉辛延年的《羽林郎》诗有曰：

昔有霍家奴，姓冯名子都。
依倚将军势，调笑酒家胡。
胡姬年十五，春日独当垆。
长裾连理带，广袖合欢襦。
头上蓝田玉，耳后大秦珠。
两鬟何窈窕，一世良所无。
一鬟五百万，两鬟千万余。
不意金吾子，娉婷过我庐。
银鞍何煜爚，翠盖空踟蹰。
就我求清酒，丝绳提玉壶。
就我求珍肴，金盘脍鲤鱼。
贻我青铜镜，结我红罗裾。
不惜红罗裂，何论轻贱躯！
男儿爱后妇，女子重前夫。
人生有新故，贵贱不相逾。
多谢金吾子，私爱徒区区。

　　将军家的一个奴仆，就因为有依仗，就敢调戏良家妇女，见到长得漂亮的胡姬就想用金钱买来玩弄。他凭什么？不就是因为他是个男人吗？胡姬为什么不见钱眼开而是严词拒绝？那是因为她是女子，她不像男人那样见异思迁。"女子重前夫"，是女人的心性特点，也是女人信守爱情誓约的表现。那么，为什么男人就不能信守爱情誓约，"执子之手，与子偕老"呢？因为男人从小就被惯坏了，观念中从来就没有男女平等的观念，所以他们才会见异思迁、喜新厌旧，觉得"男儿爱后妇"乃是天经地义。当他看见一个花容月貌的女子时，他会不顾一切地热烈追求，就像《诗经·国风·关雎》中所描写的那个男子一样，"求之不得，寤寐思服"，并费尽心机地"琴瑟友之"、"钟鼓乐之"。而当女子青春不再、人老珠黄之时，他就会像《诗经·卫风·氓》中的那个负心汉氓一样，"女也不爽，士贰其行"，"二三其德"，另结新欢。正因为历史的现实本来就是如此残酷，所以自古以来，中国文学中就从未缺过描写弃妇、怨妇的作品。而这正是男女不平等，女人从来就被男人视为玩物而最终成为受害者的真实写照。唐代大诗人杜甫的诗篇《佳人》，写的正是弃妇、怨妇心中滴血的精神苦痛：

> 绝代有佳人，幽居在空谷。
> 自云良家子，零落依草木。
> 关中昔丧乱，兄弟遭杀戮。
> 官高何足论，不得收骨肉。
> 世情恶衰歇，万事随转烛。
> 夫婿轻薄儿，新人美如玉。
> 合昏尚知时，鸳鸯不独宿。
> 但见新人笑，那闻旧人哭。
> 在山泉水清，出山泉水浊。
> 侍婢卖珠回，牵萝补茅屋。
> 摘花不插发，采柏动盈掬。
> 天寒翠袖薄，日暮倚修竹。

在中国文学史上，写弃妇、怨妇的作品非常多，那么为什么刘禹锡这首诗在中国文学史上具有崇高的地位，并被传诵千年呢？这无疑与它所具有的感染力有关。因为诗的三、四句各是一个比喻文本，生动形象地道出了女子对婚姻前途不确定性的无限忧虑，深深扣动了千百年来无数读者的心弦，让他们从心底产生了情感的共鸣。

众所周知，比喻是一种非常平常的修辞策略，"是一种通过联想将两个在本质上根本不同的事物由某一相似性特点而直接联系在一起的修辞文本模式。这种修辞文本的建构，在表达上有增强所叙写对象内容的生动性和形象性的效果；在接受上，有利于调动接受者的接受兴趣，使其可以准确地解读出文本的意蕴，而且可以经由接受者的再造性想象，扩添文本所叙写对象内容的内涵意象，从而获得大于文本形象内容的解读快慰与审美享受"①。比喻作为修辞手法或曰修辞策略，其所能臻至的表达效果实际上是很多的。其中，最原始的、最本色的表达效果就是"化抽象为具象"②。

上引刘禹锡《竹枝词》的三、四两句，各是一个比喻修辞文本，它们所要企及的目标都是"化抽象为具象"。

那么，这两个比喻修辞文本有没有达到这个目标呢？回答是肯定的。"花红易衰似郎意"一句，比喻的本体是"郎意"，即"男子对女子的爱恋之情"；喻体则是"花红易衰"，意即"花开红艳虽美，但难以长久，很快就要凋谢"。男人容易见异思迁，对于爱情难以做到坚贞不渝，这是客观事实；花开花红便会凋谢，这也是客观现实。前者说的是男人的一种情感心理状态，是抽象的；后者说的是植物生长的规律，是一种即目可见的自然现象，是具体的。本来，男人与花是没有什么必然联系的，当然男人的感情与花开花谢也没有什么关系。诗人之所以会将两个完全不相干的事象联系到了一起，建构出"花红易衰似郎意"这一修辞文本，这是诗人由即目

---

① 吴礼权：《现代汉语修辞学》（修订版），复旦大学出版社2013年版，第74页。
② 吴礼权：《现代汉语修辞学》（修订版），复旦大学出版社2013年版，第91页。

所见的自然现象"山桃红花满上头"所触发，通过由此及彼的联想，从而将"花红满山惹人爱"这一自然现象与"姑娘美丽招人喜"的人类心理共相联系起来，进而进一步展开联想，由"花红易衰"的自然现象联想到人类"青春易逝"的生理现象，通过两者共具的相似点"美色难驻"，将两者巧妙自然地牵连到了一起，由此化抽象为具象，将男人对于爱情的态度不能持久坚定的特点形象生动地呈现出来，让人印象非常深刻。如果这句诗以"男人情感容易变"或"男人心性不稳定"等理性的语言来表达，虽然意思表达得非常清楚明白，但是在接受上却难有让人印象深刻的效果。"水流无限似侬愁"一句，情况也是一样。它是由全诗第二句"蜀江春水拍山流"这一即目所见的自然现象联想产生的，也是"化抽象为具象"的比喻文本。它的本体是"侬愁"（我的忧愁），即女子对于情郎情感易变、见异思迁，未来婚姻前途难料的忧虑；喻体则是"水流无限"的眼前景象。忧愁是一种心理现象，是抽象的，看不见，摸不着；水流是一种自然现象，是具体的，看得见，摸得着。本来，对婚姻前途忧虑的心理与水流无限的自然现象没有必然联系。但是女主人公在看到满山花开红艳、春水拍江、山水相恋的情景后，乐而生悲，由花红易谢想到了郎情易逝，进而在面对满江春水奔流而去时，情不自禁地进入了凝神观照的忘情状态，从而将眼前无限的水流与自己无尽的忧愁联系到了一起，建构出"水流无限似侬愁"这一修辞文本，化抽象为具象，形象生动地再现了女子心中无限的忧愁，让人对其忧愁仿佛有一种触手可及的切身感受，一种同情、悲悯的情感从心底油然生发出来，不禁为她也为天下苦命的女人掬一把辛酸的眼泪。

前文我们已经说过，中国文学史上自古以来就不乏鞭挞男人见异思迁、同情女子被弃的作品，但是像上引刘禹锡《竹枝词》一样能扣动千百年来无数读者心弦，引发人们情感共鸣并予以深切同情的，并不是很多。比方说，现代网络文学中就有很多批评男人见异思迁、爱情不忠贞的段子，可谓入木三分，但却不能扣动读者心弦，引发人们对受害女子的同情之心。如：

老婆是电视，情人是手机。在家看电视，出门带手机。破产卖电视，发财换手机。偶尔看电视，整天玩手机。电视终生不收费，手机欠费就停机。

三十岁的男人正在学坏，抱着同一代唱着同样的爱；四十岁的男人已经学坏，抱着下一代唱着迟来的爱；五十岁的男人最坏，抱着第三代唱着糊涂的爱。

读此两个段子，我们都会觉得它们对当代普遍存在的男人对爱情不忠的社会现象概括得非常精当，也富于表达技巧，情不自禁地会莞尔一笑，佩服表达者的智慧。但是，我们对段子中所涉及的所有受害者（为人之妻）却不能自然引发出同情悲悯之情。这就说明，这两个段子揭示现象有余，但还未能扣动读者的心弦，在感染力上有所欠缺。

九、李煜"问君能有几多愁"

春花秋月何时了，往事知多少？小楼昨夜又东风，故国不堪回首月明中。

雕栏玉砌应犹在，只是朱颜改。问君能有几多愁？恰似一江春水向东流。

——李煜《虞美人》

在中国，自古以来，无论是政治家，还是文人学士，或是普通百姓，一说到南唐后主李煜，大家都会为他摇头叹气，怒其不争。事实上，也不能怪大家有这种情绪。作为一国之君，李煜确实是非常不争气。他占着皇帝的位置，却置军国大事不管、朝纲不修，整天与文人学士搅在一起吟诗填词，与宫女爱妃歌舞风流。结果不仅将锦绣一般的江山给断送了，还做了人家的俘虏与囚徒。按理说，做了俘虏与囚徒，也该改改旧时的做派，别吟什么诗了，别填什么词了，好好反省一下自己执政以来的过失，写点回忆录什么的，也好给后代君主提供一些借鉴与教训。可是，江山易改，本性难移。做了俘虏与囚徒后，李煜仍然还在吟诗填词。上引这首《虞美人》词，就是他在大宋首都汴梁做俘虏与囚徒时所填。

应该说，填词是李煜所擅长的。无论是做皇帝时所填的词，还是做囚徒时所填的词，李煜的词都极具文学水平。他的词整体风格以缠绵悱恻、婉约蕴藉见长，读来都别有一种凄切悲凉的感人力量。不过，就其感人的程度而言，做囚徒时的创作明显优于做皇帝时的创作。因为真正感人的作品，一定是带有作者从心灵流淌出来的真情实感的。李煜做皇帝时所填的词虽然很多，但多是"为赋新词强说愁"，真正感人至深的作品并不多。但是，亡国之后做了囚徒所填的词，情况就完全不同了。这时的词人已经不是养尊处优的皇帝，不是"朕即天下"的九五之尊，而是一个亡国之君，一个被拘禁而没有人身自由的阶下囚。强烈的境遇反差，让他情不自禁地从胸腔中发出了这样的感叹：

> 帘外雨潺潺，春意阑珊。罗衾不耐五更寒。梦里不知身是客，一晌贪欢。
>
> 独自莫凭栏，无限江山。别时容易见时难。流水落花春去也，天上人间。
>
> ——李煜《浪淘沙令·帘外雨潺潺》

说得真是准确，今昔的境遇确是"天上人间"之别。从前做皇帝时，白天是"红日已高三丈透，金炉次第添香兽"，"佳人舞点金钗溜"，"别殿遥闻箫鼓奏"（《浣溪沙》）；晚上是"晚妆初了明肌雪，春殿嫔娥鱼贯列"，"笙箫吹断水云间，重按霓裳歌遍彻"（《玉楼春》），有时还会"无奈夜长人不寐，数声和月到帘栊"（《捣练子令》）。而今做囚徒，白天不敢独自凭栏，怕"无限江山"触动故国情思，徒然感叹"别时容易见时难"；晚上"罗衾不耐五更寒"，冻醒后听"帘外雨潺潺"，一任"春意阑珊"。虽然"梦里不知身是客"，但睁开眼来，却是"流水落花春去也"。所以，只能徒然感叹今昔"天上人间"。

　　正因为境遇的改变，遂使李煜词所抒发的哀愁显得特别真切。无论是哀怨，还是悲叹，都不再是装出来的，而是从胸腔中自然流淌出来的。上引《虞美人》词之所以读来令人无限感伤，让千古以降的无数读者都忘了责备词人，反而与词人达成了思想情感的共鸣，并为其凄凉的境遇而深感同情，就是因为词人在词中所抒发的都是真情实感，是亡国之后"痛定思痛"的真实情感流露，所以读来就格外能扣动读者的心弦。尤其是词末两句，尤其给人以无限的感染力。

　　那么，最末二句的感染力究竟何来呢？这是因为词人把设问与比喻两种修辞策略并用了，犹如中医的药石并攻，所以功能自然不一般。

　　所谓"设问"，是一种"胸中早有定见，话中故意设问"[①] 的修辞文本模式。这种修辞文本模式，一般可分为"提问"与"激问"两类。[②]"提问"是"为提醒下文而问的"，"这种设问必定有答案在它的下文"[③]。"激问"是"为激发本意而问的"，"这种设问必定有答案在它的反面"[④]。设问作为一种修辞策略，无论是"提问"或是"激问"，它们的建构"都是表达者在某种激情状态下意欲凸显自己的某种情意并进而希望接受者与自己达成情感上的共鸣，是表达者有意识地强化接受者注意的产物。正因为如此，设问修辞文本在表达上多有突出强调的效果，易于淋漓尽致地显现表达者文本建构的情意或意图；在接受上多因表达者所设定的'明知故问'文本模式而易于引发接受者的'不随意注意'，进而能深刻理解表达者的文本建构的意图，达成与表达者之间的情感思想

---

① 陈望道：《修辞学发凡》，上海教育出版社 1997 年版，第 140 页。
② 陈望道：《修辞学发凡》，上海教育出版社 1997 年版，第 140 页。
③ 陈望道：《修辞学发凡》，上海教育出版社 1997 年版，第 140 页。
④ 陈望道：《修辞学发凡》，上海教育出版社 1997 年版，第 140 页。

的共鸣"①。

李煜之所以写这首词，就是要抒发亡国思乡的无限忧愁之情，纾解释放心中因乡国之念而郁积的能量（抑郁的情愫）。正因为这个目的，所以词人在全词结束时选择了设问修辞策略中的"提问"方式，通过自问自答，淋漓尽致地倒尽了心中的抑郁之情，抒发了深切的乡国之思与无限的悔恨之意。因为一问一答的形式，从心理学上看有引发接受者注意的效果，加强语势，提升感染接受者的力度。因为设问句除了语调上的抑扬顿挫容易引发接受者注意，加深接受者印象外，还有提取"语义焦点"的作用，有助于接受者迅速抓住表达者意欲表达的重点，从而有效理解表达者所欲传达的情或意，达成与表达者思想或情感的共鸣。上引《虞美人》词表达的"语义焦点"是怀国思乡之愁，所以词人将"愁"字作为提问的"语义焦点"，以问句的形式提取这个"愁"字，并用"几多"修饰配合提问，遂使接受者对其表达的"语义焦点"一目了然。然后，再针对这个被提取的"语义焦点"关键词"愁"予以回答，给接受者的印象自然就更深刻了，感染力也就随之而升高了。

比喻，前文我们已经说过，它最大的表达功能就是能够"化抽象为具象"②，增强情意表达的新颖性与形象性，引发接受者的注意，从而提升文本的接受效果，让接受者深受感染，从而产生情感或思想的共鸣。上引李煜词的末一句"恰似一江春水向东流"，用的就是比喻修辞策略。这个比喻的本体是"愁"（承前句提问"问君能有几多愁"而省略），喻体是"春水"，喻词是"恰似"。将抽象的，看不见、摸不着的人类抑郁的情感"愁"与即目所见的"春水"相联系，这是基于词人的日常生活经验，有其合理性，比得自然，比得贴切。如果仅仅如此，那么李煜的这个比喻在中国文学史和汉语修辞史上也就不可能那么有名。仔细琢磨，我们便能发现，这个比喻之所以高妙，玄机在于两个细节：其一是词人在喻体"春

---

① 吴礼权：《修辞心理学》（修订版），暨南大学出版社 2013 年版，第 83 页。
② 吴礼权：《现代汉语修辞学》（修订版），复旦大学出版社 2013 年版，第 91 页。

水"之前加了一个表示数量关系的修饰语"一江"，其二是在喻体"春水"之后加了一个表示"春水"去向的补语"向东流"。这两个小细节，自古以来都是被人所疏忽的，大家着眼的都是比喻本体与喻体的匹配关系。其实，这两个小细节才是这个比喻句具有巨大感染力的源泉。因为喻体"春水"之前加了表示数量关系的定语"一江"，在不露声色中就凸显出词人忧愁之深；喻体"春水"之后加了表示"春水"去向的补语"向东流"，在不事声张中就表明了词人身在汴梁而心在江南的思乡怀国的深情，因为江水东流，水流千里归大海，江南正在江东，正是词人的故国故乡。虽然李煜亡国被囚于异国他乡是自作自受，怨不得天，恨不得地，更怪不得人，但是千百年来无数人读到他的这句比喻时，仍然情不自禁地深受感染，不知不觉中产生了情感的共鸣，为其深切的乡国之思而动容。

十、曹衍"自恨无媒出嫁迟"

> 曹衍，衡阳人。太平兴国初，石熙载尚书出守长沙，以衍所著《野史》缴荐之，因得召对。
>
> 袖诗三十章上进，首篇乃《鹭鸶》、《贫女》两绝句，盖托意也。……《贫女》云："自恨无媒出嫁迟，老来方始遇佳期。满头白发为新妇，笑杀豪家年少儿。"
>
> 太宗大喜，召试学士院，除东宫洗马、监泌阳酒税。
>
> ——吴曾《能改斋漫录》卷十一

上引这段文字记载，说的是这样一个故事：北宋初期的衡阳士子曹衍，因为科举考试不顺利，仕途前程无望，人生陷入了困顿之中。不过，相比天下千千万万科场失意的读书人来，曹衍要幸运得多。因为他还有一个好朋友叫石熙载，当时正在朝中做部长（尚书），而且还深得宋太宗信任。太平兴国初年，宋太宗派石熙载出守长沙。虽然做地方大员比较自由，权力很大，好处还很多，但毕竟不在朝廷，远离皇帝，以后要托皇上说点人情什么的，就不得其便了。所以，石熙载临行前下定决心，决定要为朋友曹衍的事努力一下。如果这次不说，以后是否有机会都说不定。因为外放长沙，何时回到朝中，那由不得自己，得看皇上什么时候心里想到了，而且非他不可时，自己才有可能重回朝中执掌大权。

石熙载毕竟是在朝中当过尚书的，对宋太宗的为人也非常了解。他知道，大宋王朝建立不久，朝廷政治清明，靠的就是一切都有成法与制度。读书人要"朝为田舍郎，暮登天子堂"，脱布袍而换朝服，实现民与官的身份转换，最直接的途径是通过科举考试，考中进士就一切都解决了。除此，要想别开门径进入朝堂，也就只能通过朝廷重臣向皇上直荐。不过，直荐是为国举才，不是徇私情。宋太宗也算得上是开国帝君，脑子清楚得很，因此他绝不会让自己的臣下拿他赵家的官爵徇私情，拿他赵家的江山社稷当儿戏。石熙载正是因为了解宋太宗，所以一直不敢将自己科场失意的朋友推荐给宋太宗。而今要离京外放，只得硬着头皮向宋太宗开口了。但是，怎么开口呢？怎样才能说得得体合适呢？他想来想去，曹衍既没有什么特别的事功，也没有什么过人的特长，唯一可以拿来说事的，也就是曹衍读书还算勤奋，做学问还算有点成就，著有《野史》一书。按照先贤"三不朽"的说法，曹衍在"立德"、"立功"方面固然是没有什么可以拿出来说事的，但在"立言"方面则还是有话可说的。于是，石熙载就将曹衍所著《野史》呈给了宋太宗，并以此为据将曹衍作为特殊人才推荐给了宋太宗。大概是宋太宗觉得《野史》写得还比较有趣，一高兴就答应了石熙载，决定召见曹衍。

曹衍一听皇上要召见，真是大喜过望。为了抓住朋友石熙载好不容易争取来的机会，让宋太宗能够赏识自己，他又从自己历年来写的诗作中精心挑选出三十首，托石熙载先行呈给宋太宗。其中，首篇是《鹭鸶》、《贫女》两首绝句，是托物言志的作品。《贫女》诗这样写道：

自恨无媒出嫁迟，老来方始遇佳期。

满头白发为新妇，笑杀豪家年少儿。

宋太宗看了这首诗，非常高兴，就在学士院召见并面试了曹衍。考核满意，宋太宗就拜曹衍为东宫洗马，同时监管泌阳酒税事务。

由上述故事，我们可以清楚地看出，宋太宗之所以答应召见并在学士院面试曹衍，关键是曹衍的那首《贫女》诗。

那么，这首《贫女》诗何以有如此大的魅力，会让宋太宗读后"大喜"呢？仔细思考一下，应该是与曹衍所运用的双关表达技巧有关。

所谓"双关"，是一种"利用语音相同或相近的条件，或是利用词语的多义性、叙说对象在特定语境中语义的多解性来营构一语而有表里双层语义的修辞文本模式。这种修辞文本模式，由于一语而具表层和深层双重语义，所以在表达上显得内涵丰富而又婉转蕴藉，别有一种秘响旁通的独特效果；在接受上，由于文本的一语双关，文本语义的深层与表层有一定的'距离'，给接受者的接受留足了回味咀嚼的空间，从而大大提高了接受者文本接受的兴味和文本的审美价值"[1]。作为一种修辞文本模式，大致说来，双关可以分为三类："第一类是利用语音的相同或相近的条件构成的，一般称之为'谐音双关'"[2]；"第二类是利用词语的多义性以及在特定语境下语义的多解性的条件构成的，我们一般称之为'语义双关'"；[3]"第三类是利用叙说对象在特定语境中的多解性来构成的，我们一般称之为'对象双关'"[4]。

上面说到曹衍的《贫女》，其所运用的双关，属于第三类"对象双关"。它表面说的是贫女晚嫁而惹他人嘲笑的情景，实则是在

---

① 吴礼权：《现代汉语修辞学》（修订版），复旦大学出版社 2013 年版，第 29 页。
② 吴礼权：《现代汉语修辞学》（修订版），复旦大学出版社 2013 年版，第 29 页。
③ 吴礼权：《现代汉语修辞学》（修订版），复旦大学出版社 2013 年版，第 31 页。
④ 吴礼权：《现代汉语修辞学》（修订版），复旦大学出版社 2013 年版，第 32 页。

抒发怀才不遇之情，抱怨自己才高而未被早些重用。但是，曹衍的聪明之处在于认识到此次交际的对象是皇上，所以他"没有直通通地将真意直白地说出来，而是以贫女自喻，委婉地将自己久不得意的原因与满腹的牢骚'怨而不怒'地表达了出来。这样，就给受交际者宋太宗的解读（接受）留下了充足的回味空间，使其思而得之。很明显，这是表达者故意在制造'距离'。事实上，表达者曹衍的这个'距离'留得相当妙，一来臣下与皇帝之间有一个身份地位的'距离'，臣下对皇上说话直白而锋芒毕露，特别是直接抱怨，是不礼貌的；二来表达者借贫女晚嫁来委婉地表达心意的主要目的是要在皇上面前露一手，使皇上知道自己确是有才，不是在凭空发怀才不遇的牢骚；三来表达者委婉其词而不直白本意，也是表明他相信接受者宋太宗是有才的英主，能够意会到其话外之音的。这实际上是对宋太宗才能的肯定。由于这个'距离'留得恰到好处，接受者心领神会，意会到了表达者的'言外之意'、'弦外之音'，从而在内心深处感受到一种'余味曲包'的含蓄美"①。这样，就能在情感愉悦的状态下欣然领受表达者曹衍的牢骚，同情他老而不遇的境遇。另外，值得一说的是，诗的三、四两句"满头白发为新妇，笑杀豪家年少儿"，将"白发新妇"与"豪家少年"对比，带有一种自嘲和自我打趣的意味，很好地化解了前两句抱屈的情绪，让人觉得他只是在自怨自艾，说自己太差了，让年少新进见笑了。这样，就彻底化解了宋太宗可能觉得他是在发牢骚的嫌疑，反而认为他有读书人的谦谦之德。正因为如此，宋太宗才能欣然破格录用他。

十一、范仲淹"酒未到，先成泪"

纷纷堕叶飘香砌。夜寂静，寒声碎。真珠帘卷玉楼空，天淡银河垂地。年年今夜，月华如练，长是人千里。

愁肠已断无由醉，酒未到，先成泪。残灯明灭枕头

---

① 吴礼权：《委婉修辞研究》，山东文艺出版社 2008 年版，第 207 页。

敧，谙尽孤眠滋味。都来此事，眉间心上，无计相回避。

　　　　　　　　　　　　——范仲淹《御街行》

　　上引这首词，是北宋著名政治家、文学家范仲淹所作，内容是抒发久羁异乡的旅人秋夜思乡的孤寂之情。上阕写景，下阕抒情。上阕的景语既为下阕的抒情作铺垫，同时也是直接以景语抒情。下阕虽主要是抒情，但也有写景之笔"残灯明灭枕头敧"。这一句景语在众多情语中恰似万绿丛中一点红，将下阕诸多情语坐实，不仅使整首词上下两阕形成情景交融的格局，同时也使下阕内部臻至情景交融的境界。由此，淋漓尽致地再现了旅人"独在异乡为异客"、"年年今夜人千里"的孤寂之情。特别是全词的末三句"都来此事，眉间心上，无计相回避"，更是直抒胸臆，情深意切，别具无限的感染力，直击千百年来无数读者心胸。南宋著名女词人李清照《一剪梅》词中的千古名句："此情无计可消除，才下眉头，却上心头"，正是脱胎于此，再次扣动了无数人的心弦。因此，明代著名文学家杨慎曾极力推崇范仲淹的这首词，认为它是"极情致"① 之作。明代另一个文学大家李攀龙则评价此词说："月光如画，泪深于酒，情景两到。"②虽仅三句十二个字，却搔到了范词感人至深、别具魅力的痒处。现代学者唐圭璋在一书中更是说得透彻："此首从夜静叶落写起，因夜之愈静，故愈觉寒声之碎。'真珠'五句，极写远空皓月澄澈之境。'年年今夜'与'夜夜除非'之语，并可见久羁之苦。'长是人千里'一句，说出因景怀人之情。下片即从此生发，步步深婉。酒未到已先成泪，情更凄切。"③

　　自古以来，写羁旅离乡之恨、怀人之愁的作品非常多，何以范仲淹的这首词却如此备受古今学者与文人推崇呢？

　　关于这一点，我们认为，究其原因，恐怕与两个因素有关。其一，悲秋、思乡、怀人的忧愁，乃人类情感的共相，范词情景交

　　① （明）杨慎：《词品》。
　　② （明）杨慎：《草堂诗余隽》。
　　③ 唐圭璋：《唐宋词简释》，上海古籍出版社1981年版。

融，将此三者有机地融合为一体，所以能扣动千百年来无数读者的心弦，让人产生深切的情感共鸣。其二，"酒未到，先成泪"一句，运用夸张修辞策略，极尽铺张扬厉之能事，强烈地凸显了主人公愁到极致的心绪，所以不仅加深了读者的记忆印象，而且也足以让读者产生强烈的情感共鸣。这也就是现代词学大家唐圭璋先生为什么特别强调这一句的抒情效果的原因。

前文我们曾经说过，"夸张"是表达者在心理失衡的激情状态下，为了情感宣泄的需要，只注重主观情意的畅发，在表达某种情意时"故意违背客观事实和逻辑，对所叙说的内容进行张皇夸大"。[①] 作为一种修辞文本模式，"夸张"可以分为"直接夸张"与"间接夸张"两类。[②] 其中，"间接夸张"又包括"折绕式"、"比喻式"、"排比式"、"用典式"、"超前式"等几小类。[③] 上面说到的范词"酒未到，先成泪"，则是属于"间接夸张"中的"超前式"。所谓"超前式"夸张，一般都是"通过某种句际（或词际）关系来暗示出其所欲表达的意旨，而不直接将意思写在词面上"[④]的"间接夸张"。"酒未到，先成泪"一句，其语意是说：酒还没有喝到嘴里，眼泪已经流出来了。很明显，这种说法是不符合生活逻辑的。我们都知道，汉民族人的性格是比较内敛的，不喜欢将内心的真情一览无余地展露给别人看。文人相比于一般大众，则更倾向于喜怒不形于色，他们认为这是一种修养与涵养。中国人自古便有一句话，叫作"酒后吐真言"。意谓只有喝醉了，中国人才会将内心的情愫展露一二，将内心世界展露给他人看。词中所写的那位浪迹天涯、羁困客途的主人公肯定是个文人，当然他也是个情感不愿外露的人，他的忧愁之情、内心之苦也是不会轻易示人的。因此，他只有在喝醉了的情况下才会展露内心的愁苦。可是，他不仅没喝醉，而且还没喝上酒，就已经泪落满面了，内心的真情已经一览无余

① 吴礼权：《现代汉语修辞学》（修订版），复旦大学出版社2013年版，第162页。
② 吴礼权：《现代汉语修辞学》（修订版），复旦大学出版社2013年版，第162页。
③ 吴礼权：《现代汉语修辞学》（修订版），复旦大学出版社2013年版，第164页。
④ 吴礼权：《现代汉语修辞学》（修订版），复旦大学出版社2013年版，第167页。

76

了。试想，这又是何等悲苦之情才会让他如此。这句词的感染力，事实上就是通过上述颠倒逻辑关系的"超前夸张"来实现的。

十二、管道升与赵孟頫"我泥中有你，你泥中有我"

你侬我侬，忒煞情多。情多处，热如火。

把一块泥，捻一个你，塑一个我。将咱两个，一齐打破，用水调和。

再捻一个你，再塑一个我。我泥中有你，你泥中有我。与你生同一个衾，死同一个椁。

——管道升《我侬词》

上引这首词，是元朝著名女书画家管道升所作。如果说到管道升，大家还不了解的话，那么我们一提起她的丈夫，可能差不多全中国人民都知道，他就是赵孟頫。

赵孟頫（1254—1322），乃宋朝赵氏皇室成员。蒙古人灭南宋后，元世祖忽必烈为了笼络人心，使入主中原的元朝获得汉民族人民的认同，积极开展"统战"工作。他们看中赵孟頫是赵宋宗室成员的背景，又是知名度极高的书画家，所以就以访求"遗逸"的名义，经人举荐，授以刑部主事之职。

按道理来说，赵孟頫应该拒绝，蒙古人夺了他赵家的江山社稷，即使可以大度宽仁，但作为有家国情仇的汉族士大夫，他也不应该没有风骨而与蒙古人合作。然而，赵孟頫就是这样没有风骨，不仅接受了蒙古人的官职，而且还觉得很风光，活得很滋润。由于"听话"，在蒙古人看来还有点用处，所以后来竟官至翰林学士承旨，并被封为魏国公。

其实，赵孟頫不仅没有风骨，而且还很无耻。他做了蒙古人的学士后，自以为风光无限，于是就将家国情仇抛之九霄云外，饱暖思淫欲，就想学昔日苏轼的风流轶事，要纳小妾。可是，他又没有一般男人的霸气与匪气，是个惧内的主儿，怕夫人管道升不同意。

于是，他便玩弄起文人的小聪明，写了一首词试探太太管道升。词曰：

> 我为学士，你做夫人；岂不闻陶学士有桃叶、桃根，苏学士有朝云、暮云？
>
> 我便多娶几个美姬、越女无过分。你年纪已过四旬，只管占住玉堂春。

意思是说，我是大学士，你妻凭夫贵，做了大学士夫人，应该满足了。你看，晋代王献之做学士，就有桃叶、桃根二小妾，文坛传为佳话；你再看，我们前朝的苏轼也是学士，他有朝云、暮云两个红颜知己，也被人传为佳话。所以，就算我再娶几个越女与美女，以我的身份来说，也不算过分。你反正是年过四十了，人老珠黄，有个正室夫人的头衔也就可以了。

赵孟頫虽然文人无行，但为人还算老实，对夫人管道升说的都是大实话。如果管道升是一般女人，那也无话可说。可是，偏偏管道升不是个普通女人，而是一位杰出的女性。撇开道德品行不论，就以赵孟頫最擅长的书画而言，她也不输给丈夫多少。赵孟頫在书法方面于正书、行书与小楷颇精，其书法被誉为"赵体"。管道升在书法方面也有杰出成就，她所写的行楷与丈夫赵孟頫不相上下。她手书《金刚经》数十卷，还有著名的《璇玑图诗》，笔法工绝，都是享誉千古的。赵孟頫在绘画方面颇有成就，被认为是开创了元代绘画的新风气，存世作品也很多。但夫人管道升也很了不得，她的绘画也是自成一家的，尤其擅长墨竹梅兰，更被时人与后人誉为一绝。"晴竹新篁"，就是她的首创。现今仍在海峡两岸流传的《水竹图》、《竹石图》等作品，都被后人视为瑰宝。

管道升不仅在书法、绘画方面卓有成就，而且还是诗词大家。她的诗词创作水平，远在丈夫赵孟頫之上。以上引赵词与管词相比，就能立见分晓。赵词表意浅露，与中国传统诗词所推崇的"不著一字，尽得风流"，或曰"含不尽之意，见于言外"的境界相去甚远，所以并无值得夸耀的艺术水平，当然更无深切的感染力，不能说服夫人管道升。相反，管词则含蓄蕴藉，情真意切，读之荡气回肠，具有深切动人的感染力，让赵孟頫连灵魂深处都被深刻触及，所以立时就打消了纳妾的想法。结果既是如此，管词优于赵词的事实也就昭然可见。

那么，管道升的这首词何以有如此深厚的魅力，而让官拜大学士的丈夫赵孟頫深受感动而羞愧难当，立即打消纳妾的想法呢？

究其原因，除了管道升将夫妻关系比作泥水富有创意外，还有一点就是巧妙地运用了中国传统的修辞策略——回环，由此升华了立意，形象地再现了夫妻之间的特殊关系。

所谓"回环"，是一种"通过字或词的特定组配以字序或词序的顺读倒读，在表达特定情意的同时着重展现一种回环往复的形式美的修辞文本模式"①。作为一种古已有之的修辞文本模式，"回环"大体上可从结构上将之区分为两类，一曰"严式回环"，二曰"宽式回环"。② "严式回环"，即古代所说的"回文"。它是指两个句子或是两段文字"刻意追求字序的回绕，使同一语句或同一段文字既可以顺读，又可以倒读"③。而"严式回环"又可分为两种情况："一种是以字为单位，顺读倒读都能成文有意；一种是以词为单位，顺读倒读都能成文有意。"④ 以字为单位的"严式回环"最难，只有以单音节的字词为对象才能营构，所以主要存在于古代的诗词之中。以词为单位的"严式回环"比较容易，在现代汉语中还能经常见到。如"读书不忘救国，救国不忘读书"（蔡元培）。所谓"宽式回环"，是指两个句子或两段文字"上句的末尾，用作下句的开头，下句的末尾又叠用上句的开头"⑤。这种结构类型的"回环"，在

① 吴礼权：《现代汉语修辞学》（修订版），复旦大学出版社 2013 年版，第 140 ~ 141 页。
② 台湾学者沈谦分为"严式回文"与"宽式回文"两类。参见沈谦：《修辞学》，台湾空中大学印行 1996 年版，第 560 页。
③ 沈谦：《修辞学》，台湾空中大学印行 1996 年版，第 560 页。
④ 吴礼权：《现代汉语修辞学》（修订版），复旦大学出版社 2013 年版，第 141 页。
⑤ 沈谦：《修辞学》，台湾空中大学印行 1996 年版，第 581 页。

"古今汉语中都非常习见，因为它较'严式回环'在结构上的限制要宽松得多。如《老子》第八十一章：'美言不信，信言不美'、'善者不辩，辩者不善'、'知者不博，博者不知'，即是古代汉语中较早出现的'宽式回环'"①。至于上引管道升《我侬词》中的："我泥中有你，你泥中有我"，也是这类"回环"类型。

管道升创造的回环修辞文本"我泥中有你，你泥中有我"，因为属于"宽式回环"，在文字技巧上算不得是古代文人推崇的最高水平，但在表意上却深切感人。它将夫妻之间的关系比作混合后的泥，然后以"我泥"与"你泥"为序进行语句重组，从而以"可逆式"语义表达，形象、深刻而婉转地揭示出"夫妻本为一体"的道德伦理观念，让接受者赵孟頫思而得之，从而体认到自己意欲纳妾的非分之想的荒谬。对比夫人"与你生同一个衾，死同一个椁"的真挚情感，赵孟頫如何不羞愧难当。

正因为管道升的这个回环修辞文本创得好，所以千百年后仍有人在化用其文本。如现代著名学者兼诗人刘大白《心里的相思》一诗，内有两句曰："各筑起一座相思宝殿，设起一个相思宝座。我宝座上坐着你，你宝座上坐着我。"大家读了，都觉得表意非常形象而富创意，其实是脱胎于管夫人的回环文本。又如现代著名诗人李季的成名诗《王贵与李香香》，也有两个脍炙人口的名句："摔碎了泥人再重和，再捏一个你来再捏一个我；哥哥身上有妹妹，妹妹身上有哥哥"，读之令人感动不已，其实同样是源于管夫人的回环文本。

十三、李敖最喜欢丈母娘的"名言"

这位女子，就是人称胡星妈者。东北同乡"立委"如程烈等，都说她是做下女（老妈子）出身，但我不信，因

① 吴礼权：《现代汉语修辞学》（修订版），复旦大学出版社 2013 年版，第 142～143 页。

　　为她虽然面目狰狞，却颇有文采，她曾拿出旧《畅流》杂
志一册，指着其中一篇文章，自称是她写的，写文章在
《畅流》发表，固女作家也。她有一句名言，我最喜欢。
名言是："国民党太宽大了！怎么把李敖给放出来
了？"——能有这样好的造句的人，不像是在《畅流》上
冒充女作家的。

——《李敖回忆录》

　　上引这段文字，是台湾著名作家李敖述说他与前岳母之间矛盾
的往事。众所周知，岳母与女婿的矛盾，一般情况下并不怎么突出，
不像婆媳、姑嫂之间容易引起冲突。中国民间有句话："丈母娘看
女婿，越看越欢喜。"这说明岳母与女婿的关系应该不至于太紧张，
因为岳母在将女儿的终身托付给女婿时，事先一般都经过了严格的
考察。因此，选定的女婿一定都是岳母最喜欢的，不会有什么大的
矛盾。可是，李敖与其岳母的矛盾却到了不可调和的地步。这是为
什么呢？如果看过《李敖回忆录》相关章节，便知个中原委了。原
来李敖与台湾第一美人、著名影星胡茵梦恋爱时，胡星妈就坚决反
对。反对的缘由无非是基于现实的考虑，一来李敖年纪太大了，与
她女儿不配；二来李敖作为政治犯刚刚从大牢中出来，是个没有前
途的人。因为当时还是国民党一统天下的时代，李敖既然是因为与
国民党的矛盾而坐牢，当然前程不会太顺利。天下的父母都为子女
考虑，此乃人之常情，一点没错，也无可指责。但是，胡茵梦是个
性格反叛的女子，最终不听母亲之言，执意嫁给了李敖。女儿嫁给
李敖已成事实，如果胡星妈明理，就应该理性考虑这一问题，修补
与女婿李敖关系的裂缝。然而，胡星妈很任性，继续坚决反对。最
终在多重因素作用下，李敖与胡茵梦的婚姻关系只延续了三个月就
宣布破裂了。因此，站在李敖的立场上看问题，李敖对前岳母耿耿
于怀，也是可以理解的。但是，在中国的传统文化中，自古便有
"天下无不是的父母"的说法，"为长者讳，为尊者讳，为死者讳"
是自古及今中国人约定俗成的社会伦理规范，因此李敖要发泄其对

前岳母的不满甚至恨怨之情，明显是不明智的。李敖虽然表面上是极力反传统的，但骨子里却是相当传统的一个知识分子，所以他在表达对其前岳母的恨怨之情时并未直陈其恶，而是在温情脉脉的面纱遮掩之下曲尽其衷地表达了自己的不满之意。上引这段文字只是他指责岳母文字中的一部分，每个读者都能读得出其中恨恨不平之意，但并不对李敖的抱怨反感而觉得他大逆不道。相反，倒是同情李敖的境遇，觉得他受了委屈仍然不失厚道，易于引发情感共鸣，认为是胡星妈不好。

那么，李敖上述文字何以有如此深厚感人的魅力呢？原来他是运用了适当的倒反修辞策略。

所谓"倒反"，是一种"正意而用反话来表现的修辞文本模式"①。一般说来，"倒反"可以区分为两类：一是"因情深难言，或因嫌忌怕说，便将正意用了倒头的语言来表现，但又别无嘲弄讽刺等意思包含在内的"②，这可以叫作"亲昵话反说"；二是"不止语意相反，而且含有嘲弄讥刺等意思的"③，这可以称作为"心里话反说"。作为一种修辞文本，倒反策略"由于所要表达的意思在其所言说语义的反面，所以在表达上显得特别婉转含蓄；接受上，尽管表达者在语意表达与接受之间所制造的'距离'给接受者的文本解读带来一些阻障，但接受者根据特定的语境提示而参透其正意所在之后，便会油然生发出一种文本解读成功的心理快慰，从而加深对文本的印象与对文本内涵的深刻理解和认识"④。

上引李敖的一段文字中有三个倒反修辞文本，分别是"写文章在《畅流》发表，固女作家也"，"她有一句名言，我最喜欢。名言是：'国民党太宽大了！怎么把李敖给放出来了？'"，"能有这样好的造句的人，不像是在《畅流》上冒充女作家的"。它们都是属于"倒反"中的第二类，即"心里话反说"。因此，这三个文本的真意

---

① 吴礼权：《现代汉语修辞学》（修订版），复旦大学出版社 2013 年版，第 53 页。
② 陈望道：《修辞学发凡》，上海教育出版社 1997 年版，第 132 页。
③ 陈望道：《修辞学发凡》，上海教育出版社 1997 年版，第 133 页。
④ 吴礼权：《现代汉语修辞学》（修订版），复旦大学出版社 2013 年版，第 53 页。

都在它们表面语义的背面。第一个文本的真实语义是："《畅流》是名不见经传的野鸡刊物，因此即使真在此刊物上发表过文章，也算不得是女作家。"第二个文本的真实语义是："她有一句话简直不是人话，我实在是切齿痛恨。她的这句话是：'国民党太宽大了！怎么把李敖给放出来了?'"第三个文本的真实语义是："一个女人能说出这种不近人情的话，谁能相信她会是在《畅流》杂志上发表文章的女作家呢?"如果李敖真的这样把意思说白，相信很多人不仅不会同情李敖，相反觉得作为晚辈的李敖不厚道，甚至还会由此怀疑他的人品，不相信他所指陈的胡星妈的一切是否实有其事。因为在中国传统文化中，厚道不厚道，是评价一个人最重要的标准。儒家倡导"中庸之道"，主张人们说话、做事都不要走极端，凡事要留有余地。因此，批评一个人特别是批评长辈，最好言语不要过于刻薄，要展现温文尔雅的风范。这倒不是虚伪，而是礼貌，是一种社会人伦规范。李敖批评岳母的文辞之所以令人认同，并由此产生情感共鸣，对他的境遇表示同情，原因就在于他的文本建构是采取了倒反修辞策略，表意婉转，在温情脉脉面纱遮掩下对岳母的不近人情进行了淋漓尽致的批评，让读者首先在心理上予以认同，从而产生情感共鸣，为他的遭遇鸣不平。

十四、张晓风"我是一切的人，一切的人是我"

作者是风，微凉的或微熏的风，他是存在的，但他即因读者的觉察而加倍存在。

有一次，有个大陆读者写信给我，问我是不是他失散的妹妹，因为同名同姓。我当然不是，但想到信中所说的那个从小因贫穷而送给别人的也叫张晓风的女孩，心中不免一懔，仿佛她一生的苦难我也有份。后来得知胡风的女儿也叫张晓风（她还为父亲整理了传记），我也觉得亲切，仿佛遭批挨斗的胡风也是我家亲人。

我是一切的人，一切的人是我，不管身在海峡的哪一边。

——张晓风《常常，我想起那座山》自序

上引一段文字是台湾著名作家张晓风谈为人之道的由衷之言，主张做人要有博爱的心胸，要有推己及人的胸襟。其中，"我是一切的人，一切的人是我，不管身在海峡的哪一边"，便是这层意思的点睛之笔，读来令人印象深刻，且具深切动人的感染力。

推己及人与博爱为怀，并非是张晓风所提出的人生理念，而是早在两千多年前的战国时代就由孟子作为一种社会政治主张明确提出。事见《孟子·梁惠王上》：

齐宣王问曰："齐桓、晋文之事，可得闻乎？"

孟子对曰："仲尼之徒，无道桓、文之事者，是以后世无传焉，臣未之闻也。无以，则王乎？"

曰："德何如，则可以王矣？"

曰："保民而王，莫之能御也。"

曰："若寡人者，可以保民乎哉？"

曰："可。"

曰："何由知吾可也？"

曰："臣闻之胡龁曰：王坐于堂上，有牵牛而过堂下者，王见之，曰：'牛何之？'对曰：'将以衅钟。'王曰：'舍之！吾不忍其觳觫，若无罪而就死地。'对曰：'然则废衅钟与？'曰：'何可废也，以羊易之。'不识有诸？"

曰："有之。"

曰："是心足以王矣。百姓皆以王为爱也，臣固知王之不忍也。"

王曰："然。诚有百姓者。齐国虽褊小，吾何爱一牛！即不忍其觳觫，若无罪而就死地，故以羊易之也。"

曰："王无异于百姓之以王为爱也。以小易大，彼恶知之！王若隐其无罪而就死地，则牛羊何择焉？"

王笑曰："是诚何心哉！我非爱其财而易之以羊也，宜乎百姓之谓我爱也。"

曰："无伤也，是乃仁术也！见牛未见羊也。君子之于禽兽也，见其生，不忍见其死；闻其声，不忍食其肉，是以君子远庖厨也。"

王说，曰："《诗》云：'他人有心，予忖度之。'夫子之谓也。夫我乃行之，反而求之，不得吾心；夫子言之，于我心有戚戚焉。此心之所以合于王者，何也？"

曰："有复于王者曰：'吾力足以举百钧，而不足以举一羽'；'明足以察秋毫之末，而不见舆薪。'则王许之乎？"

曰："否！"

"今恩足以及禽兽，而功不至于百姓者，独何与？然则一羽之不举，为不用力焉；舆薪之不见，为不用明焉；百姓之不见保，为不用恩焉。故王之不王，不为也，非不能也。"

曰："不为者与不能者之形，何以异？"

曰："挟太山以超北海，语人曰：'我不能。'是诚不能也。为长者折枝，语人曰：'我不能。'是不为也，非不能也。故王之不王，非挟太山以超北海之类也；王之不王，是折枝之类也。"

"老吾老，以及人之老；幼吾幼，以及人之幼，天下可运于掌。《诗》云：'刑于寡妻，至于兄弟，以御于家邦。'言举斯心加诸彼而已。故推恩足以保四海，不推恩无以保妻子。古之人所以大过人者，无他焉，善推其所为而已矣！今恩足以及禽兽，而功不至于百姓者，独何与？权，然后知轻重；度，然后知长短。物皆然，心为甚。王请度之。抑王兴甲兵，危士臣，构怨于诸侯，然后快于心与？"

王曰："否，吾何快于是！将以求吾所大欲也。"

……

　　孟子与齐宣王的这番对话，其中心意思是劝齐宣王实行"王道"，摒弃"霸道"，以仁政治天下，保民而王。为了说服齐宣王，孟子以齐宣王因为不忍心见牛被杀时恐惧颤抖而易之以羊的小事为例，表扬他有不忍之心的可贵精神，鼓励他从小事做起，以推己及人、博爱天下苍生的阔大胸襟，将仁政思想逐渐落实到治国平天下的方方面面，从而实现"推恩保四海"的远大目标。

　　虽然孟子上述社会政治理想是美好的，但是齐宣王最终没有实行，而且中国封建社会数千年来所有王朝的统治者也都没有人真正具备推己及人、博爱天下苍生的胸襟，真心实行过"保民而王"的政策，但是孟子提出的这一社会政治理想却一直激励着无数仁人志士为之不懈奋斗，不仅在政治上努力尝试，还在个人人格提升上予以追求。上引张晓风所说的"我是一切的人，一切的人是我"，便是孟子社会政治理想转型为个人道德修养与人格提升的理想，表现了一个带有浓厚中国传统知识分子良知与理想追求的文人情怀，因此在世风日下、人心不古的今天，读来格外让人感动、深受感染。

　　孟子在表达推己及人、博爱天下的人文关怀理念时，创造了一个经典文本："老吾老，以及人之老，幼吾幼，以及人之幼"。这个文本运用了转品与反复两种修辞策略，通过两个形容词"老"、"幼"词性的转换（"老吾老"的第一个"老"转换为动词"以……为老"，"幼吾幼"的第一个"幼"转换为"以……为幼"），彰显出精神境界的转换，从而形象地表现出作者"天下一家"、"你我不分"的人文关怀理念。同时，两个"老"与两个"幼"的前后重复出现，又属于反复修辞策略的运用，在表达上有强调强化"尊老爱幼"意念的效果。正因为如此，当我们一提到孟子推己及人、博爱天下的社会政治理念时，都会情不自禁地想起他所创造的这个经典文本。同样，当我们说起台湾女作家张晓风悲天悯人的博爱情怀时，也会想到她所创造的一个经典文本，这便是上面我们提到的"我是一切的人，一切的人是我"。这句话的意思与所体现的精神境界与孟子上述文本相同，但运用的修辞策略却有所不同，它是运用了回环修辞手法。前文我们已经说过，"回环"是一种利用汉语字词顺序的排列组合而进行顺读倒读，从而展现字词所代表事物之间的某种关系，同时展现一种回环往复的形式美的修辞文本模式。它可以区分为两种形式：一是"严式回环"，二是"宽式回环"。我们今天在上海的车身广告上还能看到"我为人人，人人为我"的宣传语，就是属于"严式回环"，讲的是现代社会人与人密切的社会依赖关系。而张晓风的"我是一切的人，一切的人是我"，则属于"宽式回环"，把"一切的人"当作一个单位，从而构成顺读倒读的回环文本。虽然表现形式上不及"我为人人，人人为我"整齐严密，但同样以形式上的回环往复彰显出"我"与"一切的人"之间不可分割的关系，从而形象地再现了作者博爱天下、推己及人的阔大胸襟。因此，我们读到作者这个文本时就特别感动，为她的精神境界，也为她的表达智慧。

十五、台湾老师"想学乌江自刎前的楚霸王"

星期三，我用精心设计好的演讲稿，自信满满地上台试教。全程不看讲稿，刻意强调音调的抑扬顿挫，以配合生动风趣的内容。讲完自己都陶醉了。试教由公司的董事长、总经理、副总评分，看他们的表情，似乎被我精彩的演说所深深吸引。"A级讲师到手了。"我心中这么想。

三人试教结束，时间已近中午，副总请我们三位到附近一家餐厅吃饭，并和我们闲话家常，好不亲切。其间，他对那位甫自大学毕业的女讲师称赞有加，直夸她的演讲手势动作精彩，有大将之风。怎么会这样？我大惑不解。依我的观察，试教三人，就数女孩台风、内容最生涩，难道只因手势丰富就盖过一切？想到这儿，我心知不妙，手势动作少而单调一向是我讲课教学最弱的一环。当初服预官役时，参加全师军官演讲比赛，得了个第二名，据评审官赛后讲评，我其他项目表现与第一名不相上下，就是败在手势太少。现在看副总如此重视手势，看来我是成了滑铁卢之役的拿破仑……下午公布试教评定结果，果不其然，我排名第三。不禁想学乌江自刎前的楚霸王项羽仰天长啸，哭一声"天败我也，非战之罪！"……

——骆宾生《谋职记》

上引这段文字，是载于 1995 年 1 月 28 日台湾《青年日报》上题名"谋职记"的一篇文章中的一部分。作者骆宾生，是台湾一位中学语文教师。这篇文章的内容，主要是"写作者'在一所私立中学任职十年之后，由于受不了校长霸道的领导方式，以及无所不用其极的榨取学生金钱的学店作风'而愤然辞职，另谋他职的经历"①。

从上引的这两段文字，我们可以清楚地看出，作者的主要意思是抒发怀才不遇的牢骚，"抱怨那家卖'宝塔'（实际是'骨灰盒'）的 Kingsbury International Co.（国际帝王埋葬公司）的评审人只重手势不重内容的偏见和对自己演讲名次评定的不公"②。在他看来，这次讲师等级评定的演讲比赛结果令人匪夷所思。他这个才华横溢的才子，却在演讲中输给了一个刚从大学毕业、乳臭未干的小丫头，这让他感到非常不解，也感到空前的抑郁。客观地说，这件事情并不大，况且与作者竞争的对手是个小姑娘。按照中国传统的观念，"好男不与女斗"。一个大男人败在一个女人手下，而且还是个没有社会经验的女大学生手下，好面子的男人都不好意思拿出来说。因为即便说出来了，在中国这样一种文化传统背景下，一般是难以得到别人同情的。不仅如此，而且还会被人认为是格调不高，没有男子汉大丈夫的做人风范。

但事实上，作者却是将这件事大张旗鼓地说了，而且还形诸文字发表在台湾有影响力的报纸上，将自己认为所受的委屈苦水淋漓尽致地倒了出来。可是，我们在读了这篇文章，特别是上引这两段文字后，却没有感到他的絮絮叨叨有多讨厌，反而是情不自禁地对

---

① 吴礼权：《传情达意：修辞的策略》，吉林教育出版社 2004 年版，第 28 页。
② 吴礼权：《传情达意：修辞的策略》，吉林教育出版社 2004 年版，第 28 页。

他的遭际予以同情，对他的感受予以理解，对他怀才不遇的牢骚产生了深切的情感共鸣，觉得他确是受了委屈。

那么，何以如此呢？究其原因，便是上引这段文字运用了用典修辞策略，确实具有引人产生情感共鸣的感染力。

所谓"用典"，是一种"运用古代历史故事或有出处的词语来说写的修辞文本模式"①。作为一种修辞文本模式，用典文本"在表达上可以使表达者的达意传情显得婉约含蓄；在接受上，由于表达者在文本意义的表达与接受者的接受之间制造了'距离'，使接受者只有通过对表达者所建构的修辞文本中的典故进行咀嚼、消化后才能理解其内在的含义，这虽然给接受者的接受带来一定的阻障，但接受者一旦经过努力破除了接受困阻，便会自然获得一种文本解读成功的心理快慰与欣赏中的美感享受"②。

上引两段文字中，作者抱怨公司副总的话中有两个用典修辞文本。这两个用典修辞文本，一是"现在看副总如此重视手势，看来我是成了滑铁卢之役的拿破仑"，二是"不禁想学乌江自刎前的楚霸王项羽仰天长啸，哭一声'天败我也，非战之罪！'"

前一个文本用的是法兰西第一共和国的执政者与创建法兰西第一帝国的皇帝拿破仑·波拿巴（Napoléon Bonaparte，1769—1821年）在1815年复辟后，遭遇滑铁卢之败的历史典故。"史载，1815年3月20日，法国的拿破仑一世（Napoléon Bonaparte，1769—1821）占领巴黎重掌政权之后，英、奥、普、俄等国结成第七次同盟，进攻法国。6月18日，英、普联军在比利时南部的滑铁卢（Waterloo）附近，大败拿破仑的军队。22日，拿破仑宣布退位，被流放于圣赫勒拿岛，后病死于此岛。"③稍微了解一点世界历史者都知道，拿破仑堪称是世界历史上最杰出的军事家之一，一生创造的军事奇迹不计其数，从未吃过败仗。滑铁卢之战之所以败北，究其原因，并不是他的军事谋略不高明，而是因为反法的英国与普鲁士（即后来的德国）联

---

① 吴礼权：《现代汉语修辞学》（修订版），复旦大学出版社2013年版，第56页。
② 吴礼权：《现代汉语修辞学》（修订版），复旦大学出版社2013年版，第56~57页。
③ 吴礼权：《传情达意：修辞的策略》，吉林教育出版社2004年版，第28页。

军势力太过于强大，法军寡不敌众，孤掌难鸣，即使是天神到来，也是必败无疑。作者之所以要用拿破仑滑铁卢之役吃败仗的典故，一是有自比拿破仑的意思，说自己才华高；二是强调自己讲师等级没有被评优，就跟拿破仑滑铁卢之役败北一样，有其特定的客观原因，与自己的才华高低无关。由此，便在"不著一字"、不露痕迹中强调了自己的才华，同时也在对比反衬中强调了自己受屈的程度。正因为作者的抱怨是如此婉转其词，臻至了中国传统诗词所推崇的"怨而不怒"的境界，所以就格外能够打动人心，引发他人的情感共鸣，产生同情之心。

后一个文本用的是中国历史上楚霸王项羽兵败垓下、自刎于乌江的典故。众所周知，楚霸王项羽最终败在地痞流氓刘邦手下既是让人不可思议的事，又是具有必然性的事。项羽虽然力能扛鼎，打仗能够身先士卒，在战场上是叱咤风云的人物，但是他有个最大的毛病，就是刚愎自用，不听忠言，不善用人才。杰出的军事奇才韩信本是他的部下，他闲置不用，韩信最后投靠刘邦了，成为他的劲敌；他有一个谋士范增，他尊之为"亚父"，却屡屡不听他的忠言，就这样唯一的一个谋士最后也气得离他而去了。最后，他真的成了孤家寡人。相比项羽，刘邦虽然出身低微，既不能跃马征战，也不能运筹帷幄，但他有一个最大的优点，就是会听信谋士的忠言良策。虽然嘴上不干不净，骂骂咧咧，又经常没礼貌没教养地踞坐，但是胸襟阔大，有从善如流的雅量，所以"天下三杰"张良、萧何、韩信都心甘情愿地任由他驱使。应该说，楚霸王项羽的失败乃是咎由自取，怨不得天，也怨不得地，更怪不得他人。所以，站在历史学家的立场上客观地看，项羽乌江自刎乃是他必然而合理的结果。他临死前所发出的抱怨"天败我也，非战之罪"，实在是一种至死都不知醒悟的固执与糊涂，是一种怨天尤人、强词夺理的狡辩。所以，项羽的话是不能得到人们认同的，他悲惨的人生结局也是不值得人们同情的。然而，由于人们都有同情弱者的心理，同时基于项羽的出身背景与卓越的军事才能，对比刘邦的为人，事实上，自古以来中国人都是同情项羽的，并为他鸣不平。正因为如此，上引文字的作者在讲到自己讲师等级被低评的冤屈时就引用了项羽乌江边自叹命苦的典故，目的是让读者由此及彼产生联想，由同情项羽的遭遇而理解到自己的委屈，婉转地将满腹的牢骚尽情地宣泄出来。事实上，正是由于作者将牢骚埋怨表达得婉转深沉，反而激起了读者的同情。如果他不通过用典的修辞策略，而是直道本意，说"这次讲师等级评定标准不合理，让我屈居末位更没道理"，那么"读者读来便觉索然无味了，且不易引发接受者情感上的共鸣，为作者抱不平"①。由于事实上作者"没有直白表意，而是以'用典'的修辞策略曲折传情，故在表达上显得婉转深沉，达到'怨而不怒'之境界；在接受上，由于两个典故的运用，虽然接受者了知表达者的真意所在要费些思量的脑力，但破除解读阻障之后，一种文本解读成功的心理快慰便会油然生发，文本的审美价值也在接受者的阅读接受中得以大大提升了"②。

① 吴礼权：《现代汉语修辞学》（修订版），复旦大学出版社 2013 年版，第 60 页。
② 吴礼权：《传情达意：修辞的策略》（修订版），暨南大学出版社 2014 年版，第 26 页。

第三章　让记忆永存你的心房

　　表情达意，也就是将自己内心的情感，所欲布达的思想，或是想传达的信息，明白清楚地说出来或写下来。这对于一个具有正常思维与语言能力的人来说，也许并非难事。然而，事情并非如我们想象的那么简单。我们每个人都是生活在一定的社会群体之中的，我们的说写活动事实上都是人际交流的过程。因此，我们任何的语言活动，一般说来，都不是无目的、无意识的自说自话，而是有所为而为。正因为如此，我们说话或写文章，就总想在展露情感、布达思想或传达信息时，努力追求尽可能好的接受效果。

　　那么，什么叫"尽可能好的接受效果"？毫无疑问，就是说出的话，或写出的文章，让人听了或读了之后除了能当场明白是什么意思外，还能被长久留在记忆中，甚至终生难忘，回味无穷。我们说一个人的说话或文章具有感染力，指的正是这种境界，而绝非是听过明白，读过理解，之后就再也没有印象了。

　　我们说语言表达的感染力体现在接受者的印象中，只有能长久留在接受者记忆中的话语，才算是具有感染力的。那么，如何才能让自己的说写表达能够长久刻在接受者记忆之中而不会磨灭呢？在此，我们虽不能提供一定的公式，概括并分条列出具体规律，但是可以经由我们下文所剖析的先哲或时贤的修辞文本，从中得到启发，由此思接千古，神交万物，幡然顿悟其中的奥妙与秘辛。

　　下面我们就来具体看看先哲与时贤的修辞文本创造，亲炙其深厚的语言文字感染力。

一、李白"千里江陵一日还"

朝辞白帝彩云间，千里江陵一日还。

两岸猿声啼不住，轻舟已过万重山。

——李白《早发白帝城》

上引这首诗称得上是李白平生一大"快诗"之一，写于唐肃宗乾元二年（公元 759 年）春。当时，李白因为参加永王李璘的政治集团而被流放到夜郎。行经四川白帝城时，忽闻唐肃宗的大赦之令，于是立即乘舟东返。诗中所写的景象即是诗人由白帝城顺流东下的所见所闻，诗中所展露的喜悦轻快之情即是其顺水返回江陵时的心情写照。

众所周知，李白，从本质上说只是一个书生，并不适合混迹复杂的官场。但是，他自己"当局者迷"，看不到这一点。他自以为是旷世奇才，曾在《代寿山答孟少府移文书》中明确祖露心志说，希望能够"申管晏之谈，谋帝王之术，奋其智能，愿为辅弼，使寰区大定，海县清一"。可见，他与盛唐时代的许多士子一样，都有一种急切求取功名、一展政治抱负、建功立业、青史垂名的想法。可是，偏偏幸运之神并不眷顾于他，致使他在进入仕途的道路上走得异常艰难不顺。唐玄宗天宝元年（公元 742 年），年逾不惑的李白终于盼来了一次入朝为官的机会。当时，他接到唐玄宗召见的诏命时，高兴得手舞足蹈，高歌"仰天大笑出门去，我辈岂是蓬蒿人"（《南陵别儿童入京》），得意得就像个小孩儿似的。可是，到了长安后，他并未得到唐玄宗的重用，最终失意地离开了长安，并赌气似的宣称："安能摧眉折腰事权贵，使我不得开心颜"（《梦游天姥吟留别》），好像从此再也不想做官了，往全国各地漫游行吟去了。离开庙堂，重回民间后十多年，他的日子过得非常艰难，但深藏在内心的那种建功立业、治国平天下的大志并没有泯灭。所以，当"安史之乱"发生后，面对国家的灾难与天下的纷乱，李白又重燃起了昔日"奋其智能，愿为辅弼，使寰区大定，海县清一"的豪情壮志，应永王李璘征召，随永王大军东下寻阳（即浔阳）。然而，这次却上了贼船——原来，永王起兵并非为了国家，而是为了与唐肃宗李亨争夺皇位。

　　据《新唐书·永王璘传》记载，永王李璘，为唐玄宗之子。为人聪敏好学，才华横溢，文武双全。长大后，玄宗封之为永王，并让他兼任荆州大都督。安禄山举兵造反，一路势如破竹，占领东都洛阳后，兵锋直逼京师长安。唐玄宗被迫从长安出逃，行至扶风时，诏命永王李璘即日前往荆州镇所赴任。不久，玄宗又让李璘兼任山南、江西、岭南、黔中四道节度使，让少府监窦昭为副节度使，辅佐李璘。李璘到江陵后，迅速招募了数万兵员，并补署了郎官、御史等职。唐玄宗在国家危难之时委永王李璘以重责大任，其意是为了巩固大唐的后方，为长久与安禄山、史思明的叛军作战储备足够的战略资源。但是，永王见"江淮租赋巨亿万"，堆积如山，遂见财起意，顿起占领江左之心。于是，便以薛镠、李台卿、韦子春、刘巨麟、蔡駉等人为谋主，筹划起兵之事。唐肃宗李亨闻听密报后，立诏永王李璘赴蜀中成都觐见上皇玄宗，李璘不奉李亨之诏。再加上李璘之子、襄城王李偒刚烈少谋，不断怂恿永王李璘兵取金陵。于是，永王李璘乃决意起兵，"引舟东下，甲士五千趋广陵"。永王李璘起兵东进，由于是包藏祸心，所以当时并未对外宣布起兵意图。正好当时李白身在庐山，永王想借重李白之名望，遂征召他为僚佐，随大军出征。李白不知就里，以为是为了平定"安史之乱"的国家大计，遂欣然从之，而且异常兴奋，觉得自己得以治国平天下的机会终于来了。唐肃宗至德二年（公元757年）正月，李白满怀激情地随永王李璘的水师东下寻阳（即浔阳），并在激情状态下，写下了《永王东巡歌》一组共十一首热情洋溢、豪情万丈的诗歌，歌颂永王李璘之功，抒发自己渴望展露的远大抱负。诗曰：

其一
永王正月东出师，天子遥分龙虎旗。
楼船一举风波静，江汉翻为雁鹜池。

其二
三川北虏乱如麻，四海南奔似永嘉。
但用东山谢安石，为君谈笑静胡沙。

其三
雷鼓嘈嘈喧武昌，云旗猎猎过寻阳。
秋毫不犯三吴悦，春日遥看五色光。

其四
龙盘虎踞帝王州，帝子金陵访故丘。
春风试暖昭阳殿，明月还过鳷鹊楼。

其五
二帝巡游俱未回，五陵松柏使人哀。
诸侯不救河南地，更喜贤王远道来。

其六
丹阳北固是吴关，画出楼台云水间。
千岩烽火连沧海，两岸旌旗绕碧山。

其七
王出三江按五湖，楼船跨海次扬都。
战舰森森罗虎士，征帆一一引龙驹。

其八
长风挂席势难回，海动山倾古月摧。

君看帝子浮江日，何似龙骧出峡来。

其九

祖龙浮海不成桥，汉武寻阳空射蛟。
我王楼舰轻秦汉，却似文皇欲渡辽。

其十

帝宠贤王入楚关，扫清江汉始应还。
初从云梦开朱邸，更取金陵作小山。

其十一

试借君王玉马鞭，指挥戎虏坐琼筵。
南风一扫胡尘静，西入长安到日边。

　　特别是第十一首，写得一派天真烂漫，以"玉马"、"琼筵"入诗，展现其谈笑间就可"一扫胡尘"的旷古未有的儒将风范。同时，还以"试借"二字表现自己平视永王、不卑不亢的傲气。大有"欲治国家平天下，舍我其谁"的豪迈气势。然而，没等他的豪迈气势持续多久，永王事败，他也因此而被连累，流放夜郎。

　　应该说，永王事败，李白被连累而成了流放夜郎的犯人，可谓让李白从充满期望的顶点跌落到了万劫不复的深渊，人生彻底没了希望。如果说当年他西进长安，被唐玄宗"放还"民间，让他心灰意冷的话，那么这次被唐肃宗流放夜郎就是心如死灰了。因为他从此不可能再有一丝实现心中理想、一展远大抱负的机会，而且还失去了他天性中最热爱的东西，那就是自由。这两样都彻底没了，李白的心境如何，就可想而知了。然而，万万想不到的是，就在他前往流放目的地夜郎途中，而且是道经家乡四川白帝城时，却意外传来了唐肃宗大赦的诏令，这让李白如何不感到万分意外、万分喜悦？这样，便有了上引李白这首传诵千古的快意之作《早发白帝城》。

　　这首诗所写内容虽然主要是表现诗人在极度绝望之中突然听到大赦消息后喜出望外的极度兴奋之情，纯粹是诗人的一种个人情感体验，但却让千古以降的无数读者产生了深切的情感共鸣，受他的喜悦之情所感染，为他遇赦重获自由感到欢欣鼓舞。

　　那么，这首诗何以有如此浓厚的魅力，有如此深切动人的感染力呢？细究起来，主要是作者所运用的夸张修辞策略起了关键性作用。

　　众所周知，李白抒发感情时最常用也是最擅长的就是夸张修辞策略。而这也正是他的很多诗篇都深具感染力，让人读之产生深切的情感共鸣的原因所在。前文我们说过，"夸张"是一种张皇夸大而有违客观事理逻辑的修辞手法，它重在展现表达者说写表达当时的主观感受。上引李白《早发白帝城》一诗，重在表现诗人接到大赦令后乘舟东下的极度喜悦之情，所以就自然而然地在激情的驱动下，情不自禁地运用了他最擅长也是最喜欢的夸张修辞策略，将仿佛死里逃生般的那种发自内心深处难以名状的喜悦之情在顺水快舟的景物描写中表露得一览无余，令人读之也深受感染，产生与之相同的情感共鸣，为他重获新生而欣喜若狂。值得一提的是，这首诗虽与诗人的很多诗一样运用了夸张修辞策略，但却独具特色，短短四句诗，竟然全是夸张文本，这与他的其他作品是完全不同的。第一句"朝辞白帝彩云间"，点明上船的时间与地点。虽然仅仅七个字，但不仅内含深意，而且为全诗做足了铺垫的功夫。"朝"与"彩云"二词，表面只是交代开船时间是在早上，但内里却另含一层深意，这便是隐喻自己人生的黑暗期已经过去，而现在迎来了希望的晨光，前面是一片云彩灿烂。而"白帝"与"彩云间"的匹配，则既交代了上船的地点是四川白帝城，同时也清楚地点明了白帝城地理位置之高，说它是在高与天齐的彩云之间。这是明显的夸张，属于前文我们说到的"直接夸张"。有了这句夸张，就为后句"千里江陵一日还"蓄足了势能。因为唯有地势高，落差大，船只顺水而下，才能如御风而行，一日千里。很明显，第二句也是"直接夸张"，强调船行速度之快的意思都写在了字面上。由于有第一句为之蓄势张本，所以这第二句便好像不是夸张，让人联想到船行三峡、逆流而上的艰难，从而感知顺水而下的畅快。第三句"两岸猿声啼不住"，仍然是夸张，强调三峡两岸猿声悲鸣不绝于耳，让人不禁想起郦道元《水经注·江水》引北魏渔歌"巴东三峡巫峡长，猿鸣三声泪沾裳"，从而由此及彼，联想到三峡两岸山高崖陡，险滩密布，猿猴亦愁。通过猿声之悲，反衬两岸环境之险恶。这句表面好像是写景，实则是通过写景为第四句张本，以哀景而反衬第四句"轻舟已过万重山"所写船只飞快出峡的无比畅快之情。第四句也是明显的"直接夸张"，"万重山"便是夸张的"标的"。我们都知道，夸张本来就有"因夸而成状，沿饰而得奇"的作用，更有"可以发蕴而飞滞，披瞽而骇聋"的效果，一般最容易产生让人震撼的感染力。而李白此诗全篇皆用"夸张"，四个"夸张"连续铺排而下，犹如他所乘之船从白帝城顺水而下一般，别具浩荡磅礴的气势。因此，它所表达的轻快的心情也就特别具有感染力，像春风一样弥散开来，让千古无数读者产生深切的情感共鸣，顿时也神清气爽，心情畅快起来。明人杨慎称此诗"惊风雨而泣鬼神矣"①，虽说得有些夸张，但此诗具有强大的感染力则是不争的事实。

二、武侯祠古松"黛色参天二千尺"

> 孔明庙前有老柏，柯如青铜根如石。
> 霜皮溜雨四十围，黛色参天二千尺。
> 君臣已与时际会，树木犹为人爱惜。
> 云来气接巫峡长，月出寒通雪山白。
> 忆昨路绕锦亭东，先主武侯同閟宫。
> 崔嵬枝干郊原古，窈窕丹青户牖空。
> 落落盘踞虽得地，冥冥孤高多烈风。
> 扶持自是神明力，正直原因造化功。

---

① （明）杨慎：《升庵诗话》。

大厦如倾要梁栋，万牛回首丘山重。

不露文章世已惊，未辞剪伐谁能送。

苦心岂免容蝼蚁，香叶终经宿鸾凤。

志士幽人莫怨嗟，古来材大难为用。

——杜甫《古柏行》

上引这首诗，是杜甫借吟咏成都武侯祠古柏伟岸遒劲的形象，托物寄兴，缅怀诸葛亮的丰功伟绩，感慨诸葛亮与刘备君臣鱼水般的亲密关系，抒发自己不遇明君、"材大难为用"的怀才不遇之情，颇具苍凉凄切的情调，所以千古以降无数文人特别是那些不得意的文人读之都不禁涌起强烈的情感共鸣，将诗人引为知己。

那么，这首诗何以有如此深厚的魅力呢？它的感染力又是从何而来呢？

如果我们仔细寻绎，就不难发现全诗主旨与其关键句的对应关系。找到了这个对应关系，就能明白这首诗的感染力何来。这个关键句，就是三、四两句"霜皮溜雨四十围，黛色参天二千尺"，它是破译全诗主旨的密码。这一点，宋代王嗣奭早就看破："公生平极赞孔明，盖窃比之意。孔明才大而不尽其用，公尝自比稷契，而人莫之用，故篇终结出材大难用，此作诗本旨发兴于古柏者。不然，庙树岂真梁栋之需哉？"[1] 可见，诗人咏诵武侯祠前的古柏，乃是言此意彼，借诸葛亮之事表达自己的心曲。也就是说，三、四两句极力张皇夸大古柏之高大，实是全诗主旨表达的关键。因为没有这两句，诗人说"材大难为用"，抒发其怀才不遇之情就没有着力点。

那么，这两句好在哪里呢？我们认为，它的好处也是高妙处就在于同时运用到两种修辞策略，而且这两种修辞策略是分层次的。从表层看，它运用的是夸张修辞策略，突出强调武侯祠前古柏高大的形象，意在给人以强烈的视觉冲击，让人对古柏有深刻的印象。

---

① （宋）王嗣奭：《杜臆》。

因为运用夸张手法建构的修辞文本"都是一种有违客观事理或逻辑的言语作品"①，突破了人们理性思维的常规模式，必然让接受者"在解读、接受修辞文本时，必然因文本的不合客观事理或正常逻辑而生发困惑，从而唤醒好奇心，产生一种探究根由底蕴的情感冲动"②。关于这一点，早在两千多年前东汉思想家王充就认识到了。在《论衡·艺增篇》中，王充曾这样指出过："世俗所患，患言事增其实。著文垂辞，辞出溢其真，称美过其善，进恶没其罪。何则？俗人好奇。不奇，言不用也。故誉人不增其美，则闻者不快其意；毁人不益其恶，则听者不惬于心。"王充有感于汉大赋铺张扬厉的作风太过，从针砭时弊的角度对夸张提出了批评，但是在对夸张的否定中，却明确指出了"夸张有唤醒交际者好奇心的特殊魔力这一本质特征"③。因为"现代心理学研究也证实，好奇心是人类的基本情绪，是唤醒动机的物质基础。夸张因为有悖于事理与逻辑，耸人听闻，因而具有唤醒交际者好奇心的力量。由此可见，好奇心也是夸张产生的心理机制的一个方面"④。根据心理学关于"注意"的原理，我们知道，"刺激物的新异性是引起'不随意注意'的重要原因。有违客观事理或正常逻辑的夸张修辞文本，对于注意主体（修辞文本接受者）来说是一个较之符合客观事理或正常逻辑的普通言语文本有着较大新异性的刺激物，也易于引起注意主体（修辞接受者）的'不随意注意'，因此在好奇心的驱使下唤起对当前的新异刺激物进行深入探究的情感冲动。这样，就自然而然地强化了注意主体（接受者）对当前新异刺激物——夸张修辞文本——的注意，加深了对表达者所建构的夸张修辞文本的理解，从而达成与表达者思想或情感的共鸣和沟通"⑤。

---

① 吴礼权：《修辞心理学》（修订版），暨南大学出版社 2013 年版，第 79 页。
② 吴礼权：《修辞心理学》（修订版），暨南大学出版社 2013 年版，第 79 页。
③ 吴礼权：《论夸张表达的独特效应与夸张建构的心理机制》，《扬州大学学报》1997 年第 4 期。
④ 吴礼权：《论夸张表达的独特效应与夸张建构的心理机制》，《扬州大学学报》1997 年第 4 期。
⑤ 吴礼权：《修辞心理学》（修订版），暨南大学出版社 2013 年版，第 79 页。

　　诗人杜甫之所以在诗歌一开首就以夸张手法极力夸说武侯祠古柏之苍遒高大，究其用意，就是要凌空起势，引发先声夺人的心理效应，让读者在第一时间就产生深刻印象，在感动感叹之中认同自己心目中视之如神的古柏形象，由此从内心深处掀起一种震撼。关于这一点，宋代范温也已经意识到了。他在所著《潜溪诗眼》中就曾论述到这一点："诗有形似之语，若诗人赋'萧萧马鸣，悠悠旆旌'是也。有激昂之语，若诗人兴'周余黎民，靡有孑遗'是也。古人形似之语，如镜取形，灯取影。激昂之语，孟子所谓'不以文害辞，不以辞害意'者。今游武侯庙，然后知《古柏》诗所谓'柯如青铜根如石'，信然，决不可改，此乃形似之语。'霜皮溜雨四十围，黛色参天二千尺。云来气接巫峡长，月出寒通雪山白'，此乃激昂之语。不如此，则不见柏之高大也。文章固多端，然警策处往往在此两体。"这里，范温所说的"激昂之语"，就是我们今天所说的"夸张"的概念。他认为，杜甫写武侯祠古柏不用夸张手法就难以呈现其高大的形象。可见，宋代人已经懂得了修辞心理学，了解到夸张修辞文本建构的心理机制。不过，应该指出的是，当时并非所有人都明白这个心理机制，如宋代著名学者、科学家沈括在所著《梦溪笔谈》中谈到杜甫的这两句诗时不仅没有赞赏之言，反而提出了批评，指出"杜甫《武侯庙柏》诗云：'霜皮溜雨四十围，黛色参天二千尺'，四十围乃是径七尺，无乃太细长乎？防风氏身广九亩，长三丈，姬室亩广六尺，九亩乃五丈四尺，如此防风之身，乃一馂耳。此亦文章之病也"[1]。大概因为沈括是科学家而非文学家，所以才会有此说法，没有看到"夸张"的本意不是写实，而是为了宣泄表达者说写当时那种激昂的情绪，以此感染受交际者，让他们产生情感或思想共鸣。

　　以上我们是从表层来说的，若是从深层看，这两句诗实际上又是一种隐喻。它是以古柏隐喻诸葛亮，通过写树的形象，让人由此及彼，由眼前武侯祠前的古柏而睹物思人，进而产生联想想象，认

---

① （宋）沈括：《梦溪笔谈》卷二十三《讥谑》。

识到诸葛亮的杰出才能与丰功伟绩，并在此基础上进一步了解诗人潜在的真实用意，即自比诸葛亮，抒发其不遇明君、"材大难为用"的怀才不遇的愤懑之情。虽然诗人的这种用意自古以来的读诗人都看得出来，但是由于诗人表达得婉转含蓄，达到了中国传统诗歌所推崇的"不著一字，尽得风流"①的境界，所以让千古以降无数读书人特别是那些不得志的文人产生了强烈的情感共鸣，不仅无人认为诗人杜甫自比诸葛亮是狂妄自大，或是认为他"材大难为用"的牢骚不恰当，反而对他一生颠沛流离的遭遇与郁郁不得志的人生境况予以深切的同情。这便是这两句诗也是全诗具有深切感染力的原因所在。

三、孟浩然"气蒸云梦泽"

八月湖水平，涵虚混太清。气蒸云梦泽，波撼岳阳城。

欲济无舟楫，端居耻圣明。坐观垂钓者，徒有羡鱼情。

——孟浩然《望洞庭湖赠张丞相》

上引这首诗是孟浩然的得意之作，也是一首颇为耐人寻味之作。

说起孟浩然其人，在唐代诗坛上也算是风云人物，是与王维齐名的，人称"王孟"。就是才高气盛的诗仙李白，对他也刮目相看，非常推重。李白曾专门为孟浩然写过一首诗，名曰《赠孟浩然》。诗云：

吾爱孟夫子，风流天下闻。

红颜弃轩冕，白首卧松云。

醉月频中圣，迷花不事君。

高山安可仰，徒此揖清芬。

---

① （唐）司空图：《诗品·含蓄》。

李白之所以如此推重孟浩然，当然与孟浩然的诗确实写得好有关。但是，深层次的原因恐怕与二人同是求仕道路上的失意人的境况有关。也就是说，李白推重孟浩然，实则是在推重自己，大有一种惺惺相惜的意思。李白在这首诗中将孟浩然写得如此看淡尘俗，说他"红颜弃轩冕，白首卧松云"，对功名利禄如此不屑，其实是不符合事实的。事实的真相是，孟浩然与李白一样，都是非常热衷于功名利禄的，只是二人都没有通过科举考试的正规途径考取进士，而是通过朋友的引荐，希望以特例破格的形式被皇帝录用。上引孟浩然的这首诗，虽然表面上是在写洞庭湖的景象，实际上是干谒宰相张九龄，希望他向皇帝引荐自己，好让自己弄个一官半职。除了这首诗明显是为求官而写外，据正史记载，他还通过好友王维当面向唐玄宗求过官职。《新唐书·孟浩然传》记其事曰：

> 孟浩然，字浩然，襄州襄阳人。少好节义，喜振人患难，隐鹿门山。年四十，乃游京师。尝于太学赋诗，一座嗟伏，无敢抗。张九龄、王维雅称道之。维私邀入内署，俄而玄宗至，浩然匿床下，维以实对，帝喜曰："朕闻其人而未见也，何惧而匿？"诏浩然出。帝问其诗，浩然再拜，自诵所为。至"不才明主弃"之句，帝曰："卿不求仕，而朕未尝弃卿，奈何诬我？"因放还。

由此可见，孟浩然年四十而游京师长安，并非是要会朋友王维，而是早有预谋，希望通过好友王维将自己推荐给唐玄宗。可惜，王维的精心策划功亏一篑。如果当时唐玄宗问孟浩然时，他吟诵的不是他的旧作《岁暮归南山》，而是上引《望洞庭湖赠张丞相》，那么他的命运就完全不同了。因为《岁暮归南山》中的"不才明主弃，多病故人疏"二句，如果在背后说说也就罢了，在唐玄宗与王维面前说，实在是不得体。虽然"明主"是对唐玄宗的当面恭维，但是唐玄宗认为"不才明主弃"的句义则是在抱怨、批评他不重视人才。作为开创了一代盛世的帝王，唐玄宗当然不认同孟浩然的说法，不认为自己不重视人才。因此，他对孟浩然这句诗的解读是"奈何诬我"。因此，孟浩然只能落得个被"放还"的结局。如果他当时吟出《望洞庭湖赠张丞相》中"欲渡无舟楫，端居耻圣明"二句，说不定唐玄宗就会当场对他封官加爵。因为这两句虽是赤裸裸的求官之义，但表意婉转，而且表达要做官的理由无可厚非。它以渡河没有舟楫，徒然羡慕别人百舸争流为喻，含蓄婉转地表达出这样一层妙不可言的意思：天下英才都在为国家出力，我若不出来做官，为皇上尽忠做点事，那就有辱了皇上的圣明。唐玄宗是个好大喜功之人，听了这种高妙的奉承话，岂能不立即飘飘然？可惜，孟浩然侍对唐玄宗时没有摸清唐玄宗的心理，出言不当，致使好友王维精心为他策划的进荐计划化为泡影。如果不是王维了解孟浩然，理解他的心情，那么他恐怕失去的不仅是唾手可得的官职，而且还有一位真诚的朋友。因为"多病故人疏"一句，极易引发好友王维的误解。两句诗一句得罪了皇帝，一句得罪了好友，这是何等不会说话！可见，孟浩然"情商"真的很低，书生气太足，不适合在官场上混。事实证明，他确实是不适合在官场混。因为《新唐书·孟浩然传》还记载了一件事，开元二十二年（公元734年），韩朝宗为襄州刺史，曾约孟浩然一起到长安觐见唐玄宗，为他引荐延誉。约定的时间到了，正好有一个朋友来拜访孟浩然。孟浩然就招待朋友喝酒，喝得非常尽兴时，有人提醒他说："君与韩公有期。"没想到孟浩然却大声斥责提醒的朋友说："业已饮，遑恤他！"竟然为了喝酒，既不计功名前程，也不践韩朝宗之约，实在是只有十足任性的书生才能做得出来。而这样的书生气，当然是不适合进入官场，担负治国平天下的重任。还好，孟浩然后来也觉悟了，知道自己不是当官的料，所以就安心过他"白首卧松云"的隐居生活，悠游自在地作诗当隐士。

其实，不做官而做诗人，也未必就不好。从着眼长远、青史垂名的角度看，孟浩然选择放弃做官，而过隐居的生活，实在是明智的。如果他真的做官了，居庙堂之高，也许就写不出那么多、那么好的山水田园诗了，在中国文学史上的地位就不会那么高。

在中国文学史上，大家都公认孟浩然继晋代陶渊明、南朝谢灵运、谢朓之后，开创了盛唐山水田园诗派的先声。其实，孟浩然不仅描写山水田园的诗写得好，就是写被传统士大夫与普通读书人所不齿的干谒诗，他的水平也是一流的。上引这首《望洞庭湖赠张丞相》诗，虽是赤裸裸的乞求功名利禄的作品，但却写得气势磅礴而又表意婉转，无论是写景还是抒情都具有强烈的艺术感染力，读后让人印象深刻，感慨良深。

那么，这首干谒诗何以有如此大的感染力呢？这里既有双关、隐喻修辞策略产生的效应，更有夸张修辞策略的功劳。

这首诗共八句，可以分为两个部分：前四句是写景，描写洞庭湖壮阔浩荡的气势；后四句则是抒情，表达希望得到当朝宰相张九龄的接引出来做官的强烈愿望。前四句写景，从表达意图来看，主要是为后四句抒情作铺垫，因此必须紧扣诗题"望洞庭湖"，写出洞庭湖的磅礴气势。为此，诗人运用了"发蕴而飞滞，披瞽而骇聋"①，最能先声夺人，给人以深刻印象的夸张修辞策略。除了开头一句"八月湖水平"是白描式的叙写外，其余三句都用了夸张修辞手法。第二句"涵虚混太清"，意谓洞庭湖湖面浩荡无涯，涵容了天宇；天水相接，湖面与天空混而为一。这明显是张皇夸大之辞，是夸张手法的运用，目的是要凌空起势，让人对洞庭湖湖面的广阔有一个深刻的印象。第三句"气蒸云梦泽"，仍然是"夸张"，是说洞庭湖水蓄积量之大，以致湖的广大周边地区都在它的水汽笼罩之下，受其润泽。第四句"波撼岳阳城"，还是"夸张"，是专从波涛着力而夸说洞庭湖湖水浩荡、不可阻挡的壮阔气势。刘勰说夸张有"因夸以成状，沿饰而得奇"②的奇特效果，诗人以三个夸张文本一并铺排，鱼贯而下，自然其震撼人心的力量也就更加明显了。正因为有了这三个夸张修辞文本对洞庭湖壮阔气势的铺垫，才使后四句

① （南朝）刘勰：《文心雕龙·夸饰》。
② （南朝）刘勰：《文心雕龙·夸饰》。

诗的抒情显得水到渠成，自然而然。既然洞庭湖是如此壮阔无涯，那么无论是要到达彼岸，还是水中取鱼，就都得借助一定的工具。然而，远望湖中百舸争流的情景，诗人感到很无奈，因为自己没有舟楫，无以在湖中扬帆远航，更无缘到达心向往之的彼岸。再近观湖边垂钓者，他们手中都有垂钓的鱼竿与丝线，可是诗人却两手空空，只能徒然生出艳羡之情。这样的抒情，没有人工斧凿的痕迹，读来让人觉得自然而然。也正因为如此，在此基础上诗人所寄予的深意也就自然而然地展露出来了：官场就如这眼前浩瀚无际的洞庭湖，朝中无人接引，自己纵然有天大的能耐，也不能一展才干，为国家为社会发挥作用。这种深层语意，如果一语道破，那么诗人作为一个读书人的颜面就完全没有了。但是，由于有前四句写景的铺垫，有洞庭湖阔大气象的呈现，让人在感叹大自然力量的同时，淡化了对诗人后四句深层语义的聚焦，从而在平和的心态下理解诗人迫切希望得到接引的心情。干谒功名的诗写得如此浑然天成，如此具有感染力，实在不是一件容易的事。

四、汉将"一剑曾当百万师"

少年十五二十时，步行夺得胡马骑。
射杀山中白额虎，肯数邺下黄须儿。
一身转战三千里，一剑曾当百万师。
汉兵奋迅如霹雳，虏骑崩腾畏蒺藜。
卫青不败由天幸，李广无功缘数奇。
自从弃置便衰朽，世事蹉跎成白首。
昔时飞箭无全目，今日垂杨生左肘。
路旁时卖故侯瓜，门前学种先生柳。
苍茫古木连穷巷，寥落寒山对虚牖。
誓令疏勒出飞泉，不似颍川空使酒。
贺兰山下阵如云，羽檄交驰日夕闻。
节使三河募年少，诏书五道出将军。

试拂铁衣如雪色，聊持宝剑动星文。

愿得燕弓射大将，耻令越甲鸣吾君。

莫嫌旧日云中守，犹堪一战取功勋。

——王维《老将行》

上引这首诗，内容是描写一位老将年轻时南征北战，为国立下赫赫战功，但年老时却被遗弃，只得躬耕于垄亩，落得种瓜叫卖的凄惨结局。但是，当他听说边关告急，国家有难时，他却不计前嫌，不顾年高，请缨为国再立战功。千古以降，凡是读过这首诗的，都会为老将赤诚的爱国之情所深深感动，为他所遭遇的不公而鸣不平，为朝廷赏罚不公与帝王"飞鸟尽，良弓藏；狡兔死，走狗烹"的冷酷无情而切齿痛恨。

那么，这首诗何以有如此强烈的感染力呢？其实，这与诗中大量建构的夸张修辞文本有着密切关系。

前文我们说过，"夸张"可以分为"直接夸张"与"间接夸张"两类。所谓"直接夸张"，就是"交际者所欲表达的思想或感情，受交际者经由辞面一览便知，不必思而得之"[1]。其中，又可以区分为两小类，分别是"扩大式"和"缩小式"。[2]所谓"间接夸张"，就是"交际者所欲表达的思想或感情，受交际者一般情况下不能从辞面上直接看出，而是必须寻思一番，然后方可知交际者的真意之所在"[3]。其中，又可分为"折绕式"、"比喻式"、"排比式"、"用典式"、"超前式"五小类[4]。上引这首描写汉代老将的诗，既用到"直接夸张"，也用到"间接夸张"。如"一身转战三千里，一剑曾当百万师"，就是典型的"直接夸张"，属于"扩大式"。它将老将年轻时转战南北的艰辛与锐不可当的威风等都写在了字面上，一看便知道这是在张皇夸大，意在凸显老将的才能与战功，与

---

① 童山东、吴礼权：《阐释修辞论》，首都师范大学出版社 1998 年版，第 169 页。

② 吴礼权：《现代汉语修辞学》（修订版），复旦大学出版社 2013 年版，第 162 页。

③ 童山东、吴礼权：《阐释修辞论》，首都师范大学出版社 1998 年版，第 170 页。

④ 吴礼权：《现代汉语修辞学》（修订版），复旦大学出版社 2013 年版，第 164 页。

后文写到老将的凄凉晚景形成强烈的对比，从而表达出对朝廷赏罚不公的黑暗与帝王"鸟尽弓藏"的冷酷无情的强烈愤慨之情，以此引发千古读者情感的共鸣，替老将鸣冤抱不平。至于"少年十五二十时，步行夺得胡马骑"、"射杀山中白额虎，肯数邺下黄须儿"、"昔时飞箭无全目，今日垂杨生左肘"三个文本，则是"间接夸张"，都属于"用典式"。所谓"用典式"，是指"通过用典的修辞手段来极写某种事象或情意"①。如"少年十五二十时，步行夺得胡马骑"句，是用西汉著名将领李广的典故来曲尽其妙地夸说老将少年时代的英勇与机智。李广夺胡骑的典故见于《史记·李将军列传》："广以卫尉为将军，出雁门击匈奴。匈奴兵多，破败广军，生得广。……胡骑得广，广时伤病，置广两马间，络而盛卧广。行十余里，广佯死，睨其旁有一胡儿骑善马，广暂腾而上胡儿马，因推坠儿，取其弓，鞭马南驰数十里，复得其余军，因引而入塞。"众所周知，像李广这样的将领，历史上并不多，相信诗人笔下所写的那位老将也不会有李广这样的英勇经历。但是，诗人为了强调老将年少时的英勇与智慧，就以大家都熟知的李广故事来引类作比，这明显是张皇夸大、言过其实的"夸张"。虽然老将未必有李广那样的经历与能耐，但一经诗人写入诗中，就跟后文所写的老将凄凉的晚景形成了强烈的对比反衬效果，使人忘记了追究事件的真实性，只从感性出发而情不自禁地生发出强烈的情感共鸣，对老将的遭遇感到不平。"射杀山中白额虎，肯数邺下黄须儿"句，也是"用典式"夸张，而且两句用了三个典故。"射杀山中白额虎"一句，既是用西汉将领李广为右北平太守时射虎之典，也是用晋人周处南山射虎之典。前者见于《史记·李将军列传》，后者见于《晋书·周处传》。而"肯数邺下黄须儿"一句，则是用东汉末年曹操之子曹彰之典。"《三国志·魏志·任城王彰传》记载，曹彰性刚猛，胡须色黄，征代郡乌桓，建立大功，曹操喜曰：'我黄须儿竟大奇

---

① 吴礼权：《现代汉语修辞学》（修订版），复旦大学出版社2013年版，第166页。

也．'"① 客观地说，诗人王维所要歌颂的老将未必就有李广、周处、曹彰的能耐，但是为了感动读者，替晚景凄凉、报国之心不泯的老将抱不平，诗人就借用了历史上这三个最有名的武将。可见，诗人这里的"用典"不是"为用典而用典"，而是通过"用典"强调老将少年时代的英勇无敌，给人以强烈的印象，以此与后文所写老将耕地卖瓜的凄凉人生结局对比映衬，从而不露痕迹地对朝廷与皇帝的冷酷无情予以谴责。至于"昔时飞箭无全目，今日垂杨生左肘"，则是两句两个典故，形成了前后对比与映衬，"极言老将昔日的英雄风采与今日的寂寞无奈两种迥然不同的情形"②。前句用上古神射手后羿的典故，其事见于《帝王世纪》："帝羿有穷氏与吴贺北游，贺使羿射雀。羿曰：'生之乎？杀之乎？'贺曰：'射其左目．'羿引弓射之，误中右目。羿抑首而愧，终身不忘。故羿之善射，至今称之。"诗人用后羿之典，意在夸说老将弓射技巧之高。后句用支离叔与滑介叔之典，事见于《庄子·至乐》篇："支离叔与滑介叔观于冥伯之丘，昆仑之虚，黄帝之所休。俄而柳生其左肘，其意蹶蹶然恶之。"这里所说的"柳生左肘"，即"瘤生左肘"。清代王先谦《庄子集解》云："瘤作柳声，转借字．"③ 诗人王维这里用支离叔与滑介叔"柳生左肘"之典，其意不在卖弄学问，而是以此强调说明老将被闲置后，弓射神臂几乎废了。

由以上的解析，我们可以清楚地看出，上引这首写老将的诗之所以具有强大的感染力，事实上是与诗人运用夸张修辞策略，建构了上述四个夸张修辞文本分不开的。因为这四个夸张修辞文本，"从客观上看，它们都是夸张失实或有违事理逻辑的'言过其实之辞'或'无理之辞'。但从表达艺术上看，它们都是具有极强表现力和感染力的修辞文本范式。因为从表达上看，它们突出强调了老将少年时代的英勇机智和显赫的战功，并和文中描写老将被弃不用后的凄凉晚景形成对比，从而有力地凸显了表达者（诗人）为诗中

① 吴礼权：《修辞心理学》（修订版），暨南大学出版社 2013 年版，第 82 页。
② 吴礼权：《修辞心理学》（修订版），暨南大学出版社 2013 年版，第 82 页。
③ 吴礼权：《修辞心理学》（修订版），暨南大学出版社 2013 年版，第 82 页。

所描写的具有卓越战功和过人机智的老将所受到的不公待遇而强烈不平的情绪以及表达者（诗人）惜才爱才的心态，满足了表达者激情状态下不平情绪宣泄和情感纾解的需要；从接受上看，由于表达者在写老将的英勇机智时用了诸如'步行夺得胡马骑'、'射杀山中白额虎'、'一身转战三千里，一剑曾当百万师'、'昔时飞箭无全目'等夸张语句，而写他被弃置不用时则用了'今日垂杨生左肘'的夸张之辞，这种明显的言过其实之辞很容易引起接受者阅读时的'不随意注意'，并进而对表达者之所以要如此'言过其实'、违背事理逻辑地表情达意的原因进行根究。一旦接受者洞悉了表达者建构上述几个夸张修辞文本的深层原因——诗人为老将的不公遭遇而不平的激愤之情难以排解而不得不借违背事理逻辑的语言来宣泄，以求心理能量的释放，获得暂时的心理平衡和情感纾解——之后，就不能不接受表达者所建构的夸张修辞文本，并在其文本的影响下产生与表达者相同的情绪情感，从而达成与表达者思想情感的共鸣，为老将的身世而感慨，为老将所受的不公遭遇而叫屈，为老将以身许国而终不得遂愿的悲苦之情而哭泣"[1]。理解到这一层，我们便不难破解诗人王维要铺排许多夸张修辞文本来写老将的深层原因，自然也就不难理解上引这首诗千百年来为人广为传诵并具有深切感人的力量的原因了。

五、琵琶女"千呼万唤始出来"

浔阳江头夜送客，枫叶荻花秋瑟瑟。
主人下马客在船，举酒欲饮无管弦。
醉不成欢惨将别，别时茫茫江浸月。
忽闻水上琵琶声，主人忘归客不发。
寻声暗问弹者谁？琵琶声停欲语迟。
移船相近邀相见，添酒回灯重开宴。

---

[1] 吴礼权：《修辞心理学》（修订版），暨南大学出版社2013年版，第82页。

千呼万唤始出来，犹抱琵琶半遮面。
转轴拨弦三两声，未成曲调先有情。
弦弦掩抑声声思，似诉平生不得志。
低眉信手续续弹，说尽心中无限事。
轻拢慢捻抹复挑，初为霓裳后六幺。
大弦嘈嘈如急雨，小弦切切如私语。
嘈嘈切切错杂弹，大珠小珠落玉盘。
间关莺语花底滑，幽咽泉流冰下难。
冰泉冷涩弦凝绝，凝绝不通声暂歇。
别有幽愁暗恨生，此时无声胜有声。
银瓶乍破水浆迸，铁骑突出刀枪鸣。
曲终收拨当心画，四弦一声如裂帛。
东船西舫悄无言，唯见江心秋月白。
沉吟放拨插弦中，整顿衣裳起敛容。
自言本是京城女，家在虾蟆陵下住。
十三学得琵琶成，名属教坊第一部。
曲罢常教善才伏，妆成每被秋娘妒。
五陵年少争缠头，一曲红绡不知数。
钿头云篦击节碎，血色罗裙翻酒污。
今年欢笑复明年，秋月春风等闲度。
弟走从军阿姨死，暮去朝来颜色故。
门前冷落车马稀，老大嫁作商人妇。
商人重利轻别离，前月浮梁买茶去。
去来江口守空船，绕船明月江水寒。
夜深忽梦少年事，梦啼妆泪红阑干。
我闻琵琶已叹息，又闻此语重唧唧。
同是天涯沦落人，相逢何必曾相识。
我从去年辞帝京，谪居卧病浔阳城。
浔阳地僻无音乐，终岁不闻丝竹声。
住近湓江地低湿，黄芦苦竹绕宅生。

其间旦暮闻何物？杜鹃啼血猿哀鸣。

春江花朝秋月夜，往往取酒还独倾。

岂无山歌与村笛？呕哑嘲哳难为听。

今夜闻君琵琶语，如听仙乐耳暂明。

莫辞更坐弹一曲，为君翻作琵琶行。

感我此言良久立，却坐促弦弦转急。

凄凄不似向前声，满座重闻皆掩泣。

座中泣下谁最多？江州司马青衫湿。

——白居易《琵琶行》

上引这首诗，是白居易诗作中最有名的篇章之一。唐宣宗李忱在《吊白居易》一诗中就曾高度赞颂过这首诗。诗曰：

缀玉联珠六十年，谁教冥路作诗仙。

浮云不系名居易，造化无为字乐天。

童子解吟《长恨》曲，胡儿能唱《琵琶》篇。

文章已满行人耳，一度思卿一怆然。

这首《琵琶行》，连当朝的九五之尊唐宣宗都对之如此赞赏，其在当时能够广泛流播传诵的原因也就不言自明了。

那么，这首《琵琶行》的感染力究竟何来？它怎么就有那么大的艺术魅力而让唐宣宗与古今中外其他读者都为之感动、感佩而倾倒呢？

关于这一点，从文学方面分析与从修辞学上分析，可能会有仁者见仁、智者见智的地方。从文学方面予以观照分析，前贤论述备矣，兹不赘言。从修辞学方面观察，似乎还可以说一说。我们认为，这首诗之所以能够深切打动人心，让人读之历久难忘，事实上是与它所运用到的许多修辞策略有关的。其中，最为突出的是夸张、反复、摹状、映衬等修辞手法，为功实在是不可小觑。

全诗所要描写的主要人物是琵琶女，但是在写她的出场时，诗人并没有直接让她很随意地出来，而是作了相当充足的铺垫。正如霍松林所分析的那样："首句'浔阳江头夜送客'，只七个字，就把人物（主人和客人）、地点（浔阳江头）、事件（主人送客人）和时间（夜晚）一一作概括的介绍；再用'枫叶荻花秋瑟瑟'一句作环境的烘染，而秋夜送客的萧瑟落寞之感，已曲曲传出。惟其萧瑟落寞，因而反跌出'举酒欲饮无管弦'。'无管弦'三字，既与后面的'终岁不闻丝竹声'相呼应，又为琵琶女的出场和弹奏作铺垫。因'无管弦'而'醉不成欢惨将别'，铺垫已十分有力，再用'别时茫茫江浸月'作进一层的环境烘染，就使得'忽闻水上琵琶声'具有浓烈的空谷足音之感，无怪乎'主人忘归客不发'，要'寻声暗问弹者谁'、'移船相近邀相见'了。"① 虽然诗歌写"从'夜送客'之时的'秋萧瑟'、'无管弦'、'惨将别'一转而为'忽闻'、'寻声'、'暗问'、'移船'，直到'邀相见'，这对于琵琶女的出场来说，已可以说是'千呼万唤'了。但'邀相见'还不那么容易，又要经历一个'千呼万唤'的过程，她才肯'出来'。这并不是她在拿身份，正像'我'渴望听仙乐一般的琵琶声，是'直欲摅写天涯沦落之恨'一样，她'千呼万唤始出来'，也是由于有一肚子'天涯沦落之恨'，不便明说，也不愿见人。诗人正是抓住这一点，用'琵琶声停欲语迟'、'犹抱琵琶半遮面'的肖像描写来表现她的难言之痛的"②。了解到这一层，我们便可以洞悉诗人为何既然是要写琵琶女，却又迟迟不让她出场的原因所在了。其实，有了第一句至第十二句的铺垫，足以表现琵琶女心有难言之隐而不愿与诗人相见的心态了。但是，诗人为了强化这一意涵，紧接其后便在第十三句建构了一个夸张修辞文本"千呼万唤始出来"，然后配合第十四句"犹抱琵琶半遮面"的意象描写，以形意结合的方式强化了琵琶女羞于见人的逼真心理状态。如果说《琵琶行》篇幅太长，不易记住或背诵，那么我们肯定会记得其中的一句，这便是"千呼万唤

---

① 俞平伯等：《唐诗鉴赏辞典》，上海辞书出版社 2004 年版，第 880～881 页。
② 俞平伯等：《唐诗鉴赏辞典》，上海辞书出版社 2004 年版，第 881 页。

始出来"。我们今天说到某事难办、某人难见时，常常会引用到这一句。可见，这句在全诗中是具有独特魅力的，是画龙点睛之笔。"千呼万唤始出来"之所以能够成为全诗的"秀句"而让人深刻难忘，原因就是它运用了夸张修辞手法。前文我们说过，"夸张"有"因夸以成状，沿饰而得奇"、"发蕴而飞滞，披瞽而骇聋"①的效果，能够产生强烈的视觉或听觉冲击效应，引发接受者注意，加深接受者的印象。事实上，诗人邀请琵琶女出来不可能是千次万次，而只能是几次。但是，若实写成"三五次"，就不足以表现出琵琶女羞于见人与内心深藏的"天涯沦落之恨"。正因为是"千呼万唤始出来"，所以后一句"犹抱琵琶半遮面"的意象描写才显得自然而耐人寻味。

上面我们说过，《琵琶行》全诗所描写的主要人物是琵琶女。而事实上，在描写琵琶女时，诗人的笔触又主要集中于表现她所弹奏的琵琶曲带来的美妙感受。我们都知道，音乐是抽象的东西，它给人的感受也是抽象的，是一种"只能意会而不可言传"的心灵感受。因此，要写出音乐之美给人的感受是非常困难的事。但是，读《琵琶行》时我们却有一种身临其境、如闻其声的感受，仿佛我们是与诗人白居易一起亲眼看着琵琶女"转轴拨弦"、"轻拢慢捻抹复挑"、"低眉信手续续弹"的情景，亲耳聆听她"未成曲调先有情"的琵琶曲声。那么，这是为什么呢？这与诗人创造性地运用了反复、摹状、比喻、映衬四种修辞策略有关。其中，"弦弦掩抑声声思"、"低眉信手续续弹"二句，运用的是反复修辞手法。前句"弦"、"声"二字反复，后句"续"字反复。前句通过"弦"、"声"二字的反复，突出强调了琵琶女每拨一根琴弦、每唱一声，都凝聚了她内心深藏的"天涯沦落"的忧苦之情，强化了读者的印象。后句通过"续"字的反复，突出强调了演奏的连续不断，让人有一种水流不断的感觉，意在与前句配合，表现琵琶女内心压抑无以倾诉的悲苦，形象地再现其绵绵无尽的"天涯沦落之恨"。这两

① （南朝）刘勰：《文心雕龙·夸饰》。

句诗之所以有如此强烈的感染力，究其原因，实在是与其运用了反复修辞策略有关。因为反复修辞文本"从表达上看，可以凸现表达者的某种较为强烈的情思，满足表达者在激情状态下心理失衡时的心理能量的释放和情感情绪的纾解的需要；从接受上看，文本中同一语句的反复出现，使接受者易于在同一刺激物的反复刺激下形成大脑皮层最适宜兴奋灶，产生对接受文本的'不随意注意'，从而加深对表达者所建构的修辞文本的印象和理解，达成与表达者之间的情感思想共鸣"①。我们读《琵琶行》中这两句，之所以会产生强烈的情感共鸣，仿佛沉浸到琵琶女相同的情感状态之中，正是因为反复修辞策略发生作用的结果。

至于"大弦嘈嘈如急雨"句中的"嘈嘈"，"小弦切切如私语"句中的"切切"，"嘈嘈切切错杂弹"句中的"嘈嘈切切"，则都是摹状修辞策略的运用，属于"摹声"一类。因为音乐之声是抽象的，是一种听觉上的感受，很难用语言具体地描写出来。但是，诗人想将自己听到的琵琶之声传达给更多的接受者，让他们也跟自己一起喜怒哀乐，产生相同的情感共鸣，所以他就以自然界的"急雨"之声"嘈嘈"来描摹琵琶弹奏时大弦发出的声响，用人类窃窃私语时的"切切"之声来状拟琵琶弹奏时小弦发出的声响，从而让接受者由此及彼，产生联想，利用自己的日常生活经验复原琵琶女弹奏的乐曲之声，以此获得一种审美享受。因为摹状修辞文本，特别是摹声文本的建构，"在表达上有凸显所叙写内容对象的形象性和真实性；在接受上，使接受者经由文本的摹写而产生联想想象，从而通过再造性想象复现表达者修辞文本所叙写的情境，使接受者有如临其境、如闻其声的亲历感，进而大大增加文本接受的兴味，同时使文本更具审美价值"②。

除了反复、摹状两种修辞策略的运用，对描写抽象的琵琶之声起到了重要作用外，比喻修辞策略的运用，其作用更是关键。如

① 吴礼权：《修辞心理学》（修订版），暨南大学出版社2013年版，第91页。
② 吴礼权：《现代汉语修辞学》（修订版），复旦大学出版社2013年版，第101页。

"大珠小珠落玉盘"、"间关莺语花底滑"、"幽咽泉流冰下难"、"冰泉冷涩弦凝绝"、"银瓶乍破水浆迸"、"铁骑突出刀枪鸣"、"四弦一声如裂帛"等，以及上面已经提及的"大弦嘈嘈如急雨"、"小弦切切如私语"，都是典型的比喻修辞文本，它们从不同角度，以不同具体的事物为喻体对琵琶所弹奏出的抑扬顿挫、别含深情的曲调进行了形象化的描摹，化抽象为具象，"状难写之景如在目前"，使人有一种身临其境、如闻其声的现场感，从而大大提升了文本的审美价值。

另外，还有一种映衬修辞策略，在《琵琶行》中也有非常高妙的运用。如写琵琶弹奏达到高潮时，诗人用了四句三个比喻文本"银瓶乍破水浆迸"、"铁骑突出刀枪鸣"、"曲终收拨当心画，四弦一声如裂帛"，但紧接着却没有发表听后的感受，而是接写"东船西舫悄无言，唯见江心秋月白"两句写景的诗句。这看起来于逻辑有些不合，但实际上正是诗人修辞策略的高妙之处。它是通过声音形象与视觉形象的对照，以此反衬出琵琶女所弹奏的乐曲无与伦比的美妙境界。这正是典型的映衬修辞策略的运用。除此，"十三学得琵琶成，名属教坊第一部。曲罢常教善才伏，妆成每被秋娘妒。五陵年少争缠头，一曲红绡不知数。钿头云篦击节碎，血色罗裙翻酒污。今年欢笑复明年，秋月春风等闲度"等句所写的琵琶女昔日在京城风花雪月般浪漫快乐的时光，与随后"弟走从军阿姨死，暮去朝来颜色故。门前冷落车马稀，老大嫁作商人妇。商人重利轻别离，前月浮梁买茶去。去来江口守空船，绕船明月江水寒。夜深忽梦少年事，梦啼妆泪红阑干"等句所写的现实生活，是今昔生活现状的反衬，读之让人在对比中不禁感伤歔欷，感慨人生的无常。而诗末诗人所写自己今日的境况"我从去年辞帝京，谪居卧病浔阳城。浔阳地僻无音乐，终岁不闻丝竹声。住近湓江地低湿，黄芦苦竹绕宅生。其间旦暮闻何物？杜鹃啼血猿哀鸣。春江花朝秋月夜，往往取酒还独倾。岂无山歌与村笛？呕哑嘲哳难为听"，则又与琵琶女现实的遭际形成了对比正衬，从而呼应了衔接句"同是天涯沦落人，相逢何必曾相识"的语意，让人由此及彼，将诗人与琵琶女的命运联系到一起，不禁为诗人政治失意、被贬外放的命运掬一把同情的泪。一首诗能写出两个不同阶层人物的命运悲剧，岂能不让人产生深切的情感共鸣，岂能没有感人至深的感染力？

六、秦孝公有"并吞八荒之心"

> 秦孝公据殽函之固，拥雍州之地，君臣固守，以窥周室。有席卷天下，包举宇内，囊括四海之意，并吞八荒之心。

——贾谊《过秦论》

上引这段文字，是汉代著名政治家与政论家贾谊在评价战国时期秦国一代雄主秦孝公的一段话，读后给人印象非常深刻，让人对秦孝公的雄才大略不禁生出无限的敬佩之情。

众所周知，战国前期的秦国，在秦孝公之前还是一个积贫积弱的西部偏僻之国。特别是秦厉共公之后的几代国君当政期间，由于内争不断，君位变易不居，国力更是大为削弱。也就在这个时期，当时的天下之霸魏国便趁机出兵攻占了秦国的河西之地，并从秦国郑县沿洛水修筑长城，巩固夺占的河西大片土地。秦献公（即秦孝公之父）继位后，采取了一系列措施，终于安定了边境，并将秦都迁到栎阳。为了收复被魏国强夺的河西之地，秦献公多次东征，但都无功而返，未能如愿，含恨死去。秦孝公继位后，继承了秦献公的未竟遗志，发愤图强，在内政外交等方面采取了一系列措施。为了恢复春秋时代秦穆公的霸业，秦孝公一边广布恩泽，救助孤寡，招募战士，一边颁布求贤令，招求天下贤才，为秦所用。正是在此背景下，卫人公孙鞅由于不受魏惠王重用而投奔了秦国。秦孝公知人善用，力排众议，任之为客卿，委以变法大任。经过两轮变法，秦国的内政外交都取得极大的成功，国力大幅上升。秦孝公二十一年（公元前341年），秦孝公利用赵、齐两国与魏国的矛盾，三国联合对魏国发动了攻击，重创了天下霸主魏国。就在这一年的九月，秦孝公又趁热打铁，派遣公孙鞅为统帅，率兵大举进攻魏国河东。公孙鞅用计，假意与魏公子卬会盟，将其俘获，然后乘机进兵，大败魏师。最后，逼迫魏惠王割让河西部分土地求和。公孙鞅因为此次战功，被秦孝公封商於十五邑，号为商君。秦孝公知人善用，成就了公孙鞅，使他由一个不名一文的书生得以封侯拜相，臻至人生辉煌的顶点。而一介书生公孙鞅为秦变法成功，则使原来偏居一隅的弱国从此强力崛起，奠定了秦国逐步向东扩张、统一天下的基础。

可以说，没有秦孝公，就不可能有秦国的崛起，当然更不会有后来秦国灭六国、一统天下的雄伟大业。因此，贾谊如此高地评价秦孝公，从历史上看并不为过。只是贾谊的评价方式不同于历史学家，他没有以平实的语言对秦孝公的历史功绩进行评论，而是采用文学的手法来进行。上引这段文字，之所以读来不像我们读《史记》评价秦孝公的文字那样是一种平静的感觉，而是别有一种心潮澎湃的情感冲动，原因就是它巧妙地运用了排比、夸张、比喻、借代等修辞策略。

所谓"排比"，是一种将"同范围同性质的事象用了组织相似的句法逐一表出"①，以此"获求形式整齐、表意充足酣畅效果的一种修辞文本模式"②。这种修辞文本模式，"在表达上，一般来说除了表意上的充足酣畅的气势外，还有视听觉形象上的齐整、平衡、和谐的明显效果；从接受上看，修辞文本中多个相同相似结构形式的句子的并置，不仅易于引发接受者文本接受中的'不随意注意'和'随意注意'，而且会因齐整的文本形式格局引发接受者生理上左右平衡的身心律动，产生一种快感，从而提升文本接受、解读的兴趣，加深对表达者所建构的修辞文本用意及内涵的理解把握"③。上引这段文字中的"席卷天下，包举宇内"，"囊括四海"，"并吞八荒"四个并列短语，从语法结构上看分别是动词"有"的宾语部分

---

① 陈望道：《修辞学发凡》，上海教育出版社1997年版，第203页。
② 吴礼权：《修辞心理学》（修订版），暨南大学出版社2013年版，第157页。
③ 吴礼权：《修辞心理学》（修订版），暨南大学出版社2013年版，第158页。

之一，它们联合起来共同充当名词"心"的定语。但是，从修辞上看，这四个短语联合起来就是一个排比修辞文本。它们一字铺排，鱼贯而下，就像大江之水一泻千里，浩浩荡荡，大有波澜壮阔、夺人心魄的效果。关于这一点，我们可以通过比较就能了解。如果我们将"席卷天下，包举宇内"，"囊括四海"，"并吞八荒"四个并列短语的意思概括成一个短语"一统天下"，所表达的意思与原来没有什么差别，但是读起来给人的感觉就完全不同了。前者给人的感觉是大气磅礴，气势逼人，一读就让人留下深刻的印象；后者表达简洁，但一读之后就什么印象也没留下。从心理学上看，用相同语义的四个短语表达，等于是在接受者脑海中进行了四次刺激；而用一个短语表达，则只是刺激了一次。所以，从接受效果上看，当然是以四个短语铺排的排比文本呈现比用单一短语简洁表达在气势上要强得多。其实，除了营造气势（即宋代陈骙《文则》所说的"壮文势"）效果外，排比还有"广文意"（陈骙《文则》）的作用。四个并列的短语一字铺排，文意展露酣畅淋漓，能够"言而尽意"，充分表达出作者对秦孝公历史功绩与雄才大略的肯定。如果用"一统天下"一个短语表达，则表意的充分性就大打了折扣，不足以表露作者对秦孝公极其崇敬的情感与态度。可见，上引这段文字之所以成为古代文句的经典，一读就让人永远铭记在心，是与排比修辞策略的运用分不开的。

　　上面我们说过，"席卷天下，包举宇内"，"囊括四海"，"并吞八荒"四个并列短语，从修辞上看是个排比文本。其实，在这个排比文本内部，还包孕了三种修辞文本，这就是比喻、夸张、借代。"席卷天下"是比喻，还原成一个普通的比喻句，就是"像卷席子一样把天下卷走"，既形象生动，又再现了秦孝公的魄力。"包举宇内"是夸张，宇宙之大是不能用包袱装得下的，但作者却说秦孝公将宇宙打包拿走了，这是明显的张皇夸大，意在表现秦孝公一统天下的雄心。"囊括四海"和"并吞八荒"都是借代，"四海"代"四海之内的天下"，"八荒"是代"八荒之外的天下"。海有多大，八荒有多远，都是可以想象得出的。那么"四海"之内、"八荒"

之外的天下有多大，就更是可想而知了。这种以具体代抽象的表达，更能让人浮想联翩，由此及彼，联想到秦孝公的雄心壮志与天齐，无远弗届。由此可见，上引这段文字之所以深具魅力，乃是有深刻原因的。

七、顾宪成"风声雨声读书声，声声入耳"

> 风声雨声读书声，声声入耳；
> 家事国事天下事，事事关心。
>
> ——顾宪成《题无锡东林书院楹联》

上引这副对联，是明代万历年间东林党领袖、著名学者顾宪成题写无锡东林书院的楹联，鲜明地表达了中国传统士大夫以天下为己任的阔大胸襟。

顾宪成（1550—1612），字叔时，号泾阳。明神宗万历八年进士，官拜户部主事。虽官职不大，却敢仗义执言，不怕忤逆当朝权臣甚至皇帝。万历十五年，因冒犯当时权倾朝野的权相张居正而被贬谪为桂阳州判官。后来好不容易重回庙堂，为吏部员外郎与文选郎中，却仍改不了耿直的个性。万历二十一年，万历皇帝不愿早立储君而遭群臣非议，转而主张"三王并立"。执政王锡爵承旨力挺，顾宪成不仅上疏极力反对，并当面痛骂执政王锡爵，闹得二人完全撕破了脸皮。最终，万历皇帝虽然非常不情愿，却被迫改变了"三王并立"的决定。万历二十二年，顾宪成受命廷推阁臣，又大忤圣意。万历皇帝一怒之下先将其革职问罪，后又将其废籍为民。

虽然削职为民，归隐林下，成了在野之身，但回到故乡无锡后的顾宪成并没有忘记一个士大夫对于国家、社会与人民的责任，也没有改变其为了坚持真理而宁死不屈的个性。为了实现在野发声，参与国家政治进程，左右朝政而不使国家滑向危险的境地，顾宪成汲取了前代贤哲的经验，选择了开办书院，通过著书讲学的方式，集聚一批正直的知识分子议论朝政，形成一种强大的舆论压力，

"为天地立心，为生民立道，为去圣继绝学，为万世开太平"（宋代张载语），以期实现国家的长治久安。为此，顾宪成决定利用无锡东门内的东林书院为基地，实现自己匡时救国的理想。东林书院乃宋代著名理学家杨时讲学之所，选择在这里讲学当然意义深远。但是，由于东林书院年久失修，早已荒废不堪。幸得常州知府欧阳东风出资出力相助，遂使东林书院于万历三十二年（公元1604年）得以修复完工。随后，顾宪成邀请了既是同乡又是当时著名学者文人的高攀龙、钱一本等人到东林书院讲学。由此，正式开始了利用讲学而结社的政治活动。当时参与讲学与结社的都是一些"抱道忤时"而又退隐林下的有志之士与有识之士，如跟顾宪成并列为"东林三君"的赵南星、邹元标，与顾宪成合称为"东林八君子"的顾允成、高攀龙、安希范、刘元珍、钱一本、薛敷教、叶茂才，都是其中的代表人物。这些人聚于东林书院，既讲论切磋程朱理学，又探讨匡时救世之道，完全不同于东晋时代的名士热衷于空谈玄理的清谈作风。这样，就对许多以家国天下、社会民生关怀为旨归的知识分子产生了强烈的吸引力，遂使东林书院集聚的有识之士也就越来越多。在东林书院，这些有识之士不仅臧否政治人物，而且讽议朝政，批评吏风、士风。由此，东林书院的社会影响越来越大。最后，一些在朝的正直官员也闻风而动，与之朝野遥相呼应。于是，一时之间，聚拢于顾宪成及其东林书院周围的知识分子群体便俨然形成了一股足以影响社会舆论的强大政治势力。所以，在朝的掌权派及一些别有用心的人便将他们称为"东林党"。

不过，无论是称顾宪成及其周围的士大夫群体是"东林党"还是"东林人"，他们的结社或曰结党，其目的绝非是为了图谋不轨或曰谋求一己之私，而是为了国家社会，为了天下苍生。正因为如此，他们的结社或曰结党行为才显得光明磊落、坦坦荡荡，足以感天动地。作为东林人结社"宪章"性质的东林书院楹联"风声雨声读书声，声声入耳；家事国事天下事，事事关心"，读来也就格外感动人心，让人刻在心上，历久难忘。

上引东林书院的这副楹联，之所以数百年来一直在中国社会广泛流传，并对一代又一代知识分子心系国家社会、忧思天下苍生的"社会良心"角色起到塑造作用，除了这副楹联思想的深刻性及其折射出来的传统士大夫独特的人格魅力外，还与它在表达形式上巧妙地将对偶与反复两种修辞策略融会贯通，为中国人所喜闻乐道有关。

所谓"对偶"，是"语言活动中表达者有意以字数相等、句法相同或相似的两个语言单位成双作对地排列在一起，通过齐整和谐的视听觉美感形式实现表情达意的最佳效果的修辞文本模式"①。作为一种修辞文本模式，"对偶"可以从不同角度进行分类。一般说来，有两种基本的分类法，一是单纯从形式上着眼，将之分为"严对"与"宽对"两种；二是从意义角度观察，将之分为"正对"、"反对"、"串对"三种。②

以形式标准划分出来的"严对"，又称为"工对"，是指"构成对偶的两个语言单位在字数上须相等，即三字对三字，五字对五字，七字对七字，等等；在句法结构上须相同，即主谓结构对主谓结构，动宾结构对动宾结构，偏正结构对偏正结构，等等；在相对的词性上须相同，即名词对名词，动词对动词，形容词对形容词，等等；在声音上须平仄相对，即平声对仄声，仄声对平声，平平对仄仄，仄仄对平平，平平仄仄仄平平对仄仄平平平仄仄，等等；在辞面上须相异，没有相同的字重复出现，即构成对偶的上片有'大'，则下片不能再出现'大'字眼，实在避不了也要换上'宏'等字面，等等"③。一般说来，"严对"在古代汉语中比较常见，特别是在近体诗中，那几乎是必然要出现的。如唐代大诗人李白的《送友人》一诗，其首联"青山横北郭，白水绕东城"就是典型的"严对"形式。因为"这两句在字数上相等，句法结构相同，都是主谓结构相对；'白水'与'青山'，'东城'与'北郭'两组词都是名词性词组相对，其中'青'与'白'是颜色字相对，'北'与'东'，是方位词相对，对得十分工整。平仄上，上句是平平平仄

---

① 吴礼权：《现代汉语修辞学》（修订版），复旦大学出版社 2013 年版，第 125 页。
② 吴礼权：《现代汉语修辞学》（修订版），复旦大学出版社 2013 年版，第 125 页。
③ 吴礼权：《现代汉语修辞学》（修订版），复旦大学出版社 2013 年版，第 126 页。

仄，下句则是仄仄仄平平，对仗也很严整"①。而"宽对"，则是指"构成对偶的两个语言单位只要在字数上相等，句法结构相似（甚至是完全不同，无相似之处），至于相对的词性是否相同，声音上是否平仄相对，字面上是否重复，要求不严"②。因为"宽对"要求不是太严苛，所以在古代汉语与现代汉语中的运用都非常普遍。如唐代刘禹锡《乌衣巷》一诗中有"朱雀桥边野草花，乌衣巷口夕阳斜"二句，是大家耳熟能详的名句。但是，从结构形式上观察，它并不是一个"严对"，而是句法结构不同的"宽对"。因为上句的"野草花"从语法上分析属于偏正结构，而下句相对位置上的"夕阳斜"在语法上则为主谓结构，"可以说是比较彻底的宽式对偶模式"③。又如唐代杜甫《闻官军收河南河北》诗中的"即从巴峡穿巫峡，便下襄阳向洛阳"，宋代林升《题临安邸》诗中的"暖风熏得游人醉，直把杭州作汴州"，也是典型的"宽对"，属于字面重复一类。不过，这种字面重复乃是诗人有意而为之，是另一种修辞策略"同异"，后文我们将讲到，兹不展开。至于现代汉语中的"宽对"，那就更普遍了。这在我们日常语言生活中人们的口头谈说，或是报刊标题中都有表现，毋庸举例。

以意义为标准而区分的"正对"，是指"构成对偶的两个语言单位在意义上相似或相同"④。如唐代杜甫"感时花溅泪，恨别鸟惊心"（《春望》）、"白日放歌须纵酒，青春作伴好还乡"（《闻官军收河南河北》）等句，就是典型的"正对"。而"反对"则是指"构成对偶的两个语言单位在意义上相反或相互对立"⑤。如古代汉语中的"满招损，谦受益"（《书经·大禹谟》），现代汉语中的"谦虚使人进步，骄傲使人落后"等格言，就是典型的"反对"。至于"串对"（又称"流水对"），则是指"构成对偶的两个语言单位在

---

① 吴礼权：《现代汉语修辞学》（修订版），复旦大学出版社 2013 年版，第 127 页。
② 吴礼权：《现代汉语修辞学》（修订版），复旦大学出版社 2013 年版，第 127 页。
③ 吴礼权：《现代汉语修辞学》（修订版），复旦大学出版社 2013 年版，第 128 页。
④ 吴礼权：《现代汉语修辞学》（修订版），复旦大学出版社 2013 年版，第 128 页。
⑤ 吴礼权：《现代汉语修辞学》（修订版），复旦大学出版社 2013 年版，第 129 页。

意义上有承接、因果、条件、转折等关系，两个语言单位不能彼此互相独立表意，而必须相互依存才能表达完整意义"①。如唐代王之涣《登鹳雀楼》诗"欲穷千里目，更上一层楼"，前后句是条件关系；唐代杜甫《闻官军收河南河北》诗"即从巴峡穿巫峡，便下襄阳向洛阳"，前后句是承接关系；唐代李绅《悯农》诗"四海无闲田，农夫犹饿死"，前后句是转折关系，都是统属于"串对"的。

上引顾宪成的东林书院楹联，作为一种对偶修辞文本，从形式上看属于"宽对"，因为它有字面重复，平仄交错也不严格；从意义上看，属于"串对"，因为它是通过两句引类搭挂，前后呼应而成句，以此表达一个完整的意思。顾宪成表达自己及东林党人对家国社会、天下苍生的关切情怀，之所以不选择别的表达形式而要选择对偶策略，这与"中国人向来有一种讲究并欣赏对偶的传统与心理"有关②。而之所以会有这种文化传统与文化心理，"这一方面与人类共通的审美观（平衡对称即有美感）有关，另一方面也与汉语的特点有关"③。众所周知，"对称平衡是一个基本的美学原则，人类喜欢对称平衡，不管中国人外国人、现代人还是古代人，概莫能外，这是有学理根据的。我们看自然界，人体各部位是对称平衡的，树叶以中茎为界对称地分为两半，雪花的晶体是对称的，蝴蝶和蜻蜓的两翅是对称的，等等，不一而足。由于受自然界现象的启发，人类就逐渐体认到事物现象对称形式的合理性，并在肯定其合理性的同时逐渐确立了对称的独特审美价值。逐渐地，对称观念便自然而然地被人类引入绘画、雕塑、建筑、音乐、文学等艺术创造活动之中，并在人类的一种定势心理作用下得以凝固加强，一切都以对称平衡为美。根据心理学的实验研究证明，对称平衡的事物往往能够引起人生理上的一种左右平衡律动的快感，所以就有美感产生。由于这种审美观的确立和根深蒂固的影响，人们在语言运用中

---

① 吴礼权：《现代汉语修辞学》（修订版），复旦大学出版社2013年版，第129页。
② 吴礼权：《语言策略秀》（修订版），暨南大学出版社2013年版，第35页。
③ 吴礼权：《语言策略秀》（修订版），暨南大学出版社2013年版，第35页。

也就有了这种追求对称平衡的心理与爱好。所以，世界很多语言中都有追求对称平衡的语言形式出现，叫'对偶'。这在汉语、英语或其他各语言中都存在。不过，在汉语中更甚。这是由于中国人尤其偏好对偶，凡事喜欢成双成对，送礼要送双的，结婚办喜事要挑双日，平常说到'才子'必想到'佳人'，说到'青山'一定想到'绿水'。这是一种特有的尚偶民族情结。除此心理因素之外，汉语本身的条件也起了推波助澜的作用。汉语是一个字一个音节，在古代汉语中单音节词占绝对优势，一个词往往就是一个字，加上汉语语法弹性比较大，不像印欧语言那样语法严密，所以用汉语作对偶很容易。比方说杜甫《秋兴八首》第八首中有'香稻啄余鹦鹉粒，碧梧栖老凤凰枝'，对得非常工整，读来朗朗上口，非常有韵味。如果照此译成英文或其他语言，语法上就成问题了，音韵上、形式长短上也都很难做到整齐平衡。正因为汉民族尚偶心理和汉语特有的有利条件，中国人在说写中追求对称平衡的修辞现象就司空见惯了"①。顾宪成是明代的著名学者，是作诗出身的文人，尚偶心理自然很强烈，对汉语特点的了解也比一般人深刻，在文字运用技巧上也高人一筹，所以他选择对偶策略以楹联形式表明心志，乃是封建士大夫必然的选择。因为这种形式中国人喜闻乐见，诵读起来朗朗上口，易于记忆与传播。这一点，恐怕是这副楹联数百年来传播广泛的重要原因。

上面我们说顾宪成的东林书院楹联是一个对偶修辞文本，这是着眼于楹联的整体结构形式而言。如果从局部结构形式来观察，这副楹联又是由两个反复修辞文本所构成。即前一句是以"声"字的五次重复成为一个反复修辞文本，后一句是以"事"字的五次重复成为一个反复修辞文本。上文我们说过，古人作对联都力求"严对"，即除了讲究平仄交错外，还尽量要避免字面重复。但是，顾宪成的这副楹联却是上下二联都有字面重复，而且不是重复一次，

---

①　吴礼权：《传情达意：修辞的策略》（修订版），暨南大学出版社 2014 年版，第158～159 页。

是五次大量重复。很明显，这是顾宪成有意而为之的"修辞行为"，属于反复修辞文本的建构。这种文本的建构，"从表达上看，可以凸现表达者的某种较为强烈的情思，满足表达者在激情状态下心理失衡时的心理能量的释放和情感情绪纾解的需要；从接受上看，文本中同一语句的反复出现，使接受者易于在同一刺激物的反复刺激下形成大脑皮层最适宜兴奋灶，产生对接受文本的'不随意注意'，从而加深对表达者所建构的修辞文本的印象和理解，达成与表达者之间的情感思想共鸣"①。可见，顾宪成的"反复其词"是有其心理学基础的。"声"与"事"字各五次重复，表面上是文字的问题，实际上是作者内在情感澎湃激荡的体现，是作者关注国计民生无微不至的赤子之情的表露，彻底颠覆了传统读书人"两耳不闻窗外事，一心只读圣贤书"的读书观，将"读圣贤书"与"闻天下事"结合起来，将个人功名利禄与天下苍生的福祉联系起来。这种阔大的胸襟与"天下兴亡，匹夫有责"的主人翁意识，正是让人敬佩的，也是让无数中国读书人引以为豪的。也正因为如此，这副楹联才给人以强烈的印象，让人一旦诵读便历久难忘，并引发强烈的情感共鸣。东林书院的"风声"、"雨声"、"读书声"，虽然早已离我们远去，但历史的回声却永远镌刻在了我们的心上，让我们仿佛仍是"声声入耳"；顾宪成及其东林党曾经关心过的"家事"、"国事"、"天下事"，尽管早已经成为"过去式"，与我们今天所要关心的现实没有关系了，但是，他们以天下兴亡为己任、"事事关心"的精神，却在时刻提醒我们：作为一个读书人，对国家、对社会应该尽其应有的责任。

八、梁实秋眼中的女人"开电灯怕费电，再关上又怕费开关"

女人对于自己的享受方面，总是属于"斯多亚派"的

---

① 吴礼权：《修辞心理学》（修订版），暨南大学出版社2013年版，第91页。

居多。男人不在家时，她能立刻变成为素食主义者，火炉里能爬出老鼠，开电灯怕费电，再关上又怕费开关。

——梁实秋《女人》

上引这段文字，是梁实秋写中国传统女性的"俭"与"吝"，读之让人印象非常深刻，历久难忘。

那么，这段文字何来如此大的感染力呢？这与作者运用了夸张修辞策略有极大的干系。

前文我们已经说过，"夸张"是一种张皇夸大、有违客观现实甚至有悖逻辑事理的语言表达方式，虽然经不起推敲与逻辑拷问，却能最大程度上凸显出表达者当时深切感动、激情澎湃的心理状态，因此这种只重主观情感畅发而不重事实逻辑的感性表达，往往最能引发接受者的情感共鸣，使人深受感染。南朝梁著名的文论家刘勰早就说过，夸张往往有"因夸以成状，沿饰而得奇"、"发蕴而飞滞，披瞽而骇聋"的效果，足以引发接受者的好奇心，这对提升修辞文本的接受效果无疑是最直接、最有效的。梁实秋在写具有中国传统性格的女性在持家过日子方面的"俭"与"吝"，之所以要选择运用夸张修辞策略，其目的就是要加深人们对于中国传统女性美德的认识。中国传统文化对于女性美德的养成有很多具体要求，其中"勤俭持家"就是其中之一。所以，作者梁实秋写到中国女性如何节俭吝啬，一般中国人早就司空见惯，不以为奇，很难引发他们的注意，更难引发他们深切的感动。正因为如此，作者梁实秋为了突出所要传达的主旨，便不得不下猛药了，即以夸张修辞策略来揭示中国传统女性节俭吝啬的特点。所谓"火炉里能爬出老鼠，开电灯怕费电，再关上又怕费开关"，其实就是"不烧饭，不开灯"的意思。但是，如果真的以"不烧饭，不开灯"六个字来揭示中国传统女性的性格特点，虽然简洁明了，却一点也不能引发读者的好奇心与注意力，自然也就不能给人留下深刻印象了。梁实秋的夸张修辞文本"火炉里能爬出老鼠，开电灯怕费电，再关上又怕费开关"，虽然有些费辞，但表达效果却很好，它绕着弯子将具有中国传统性格的女性那种"俭"与"啬"的心理揭示了出来（属于我们前文所说的"间接夸张"），仿佛让人走进了她们内心的深处，了解到她们本质上并非是拒绝物质享受的"斯多亚"（Stoa）派（古希腊的一个学派，提倡宿命论和禁欲主义），只是为了勤俭持家而刻薄自己罢了。当读者了解到这一层，自然对她们为了家庭而甘愿牺牲自我的伟大精神而深切感动。正因为如此，我们读梁实秋这段文字，丝毫没有感受到一点嘲弄中国传统女性性格的意思，而只会对她们克己内敛的美德而肃然起敬并深切感动。

说到梁实秋绕着弯子夸中国的女人，就让人想起他绕着弯子骂中国男人的精彩修辞文本：

> 男人大概有好胃口的居多。他的嘴，用在吃的方面的时候多，他吃饭时总要在菜碟里发现至少一英寸见方半英寸厚的肉，才能算是没有吃素。几天不见肉，他就喊"嘴里要淡出鸟儿来！"若真个三个月不知肉味，怕不要淡出毒蛇猛兽来！有一个人半年没有吃鸡，看见了鸡毛帚就流涎三尺。一餐盛馔之后，他的人生观都能改变，对于什么都乐观起来。一个男人在吃一顿好饭的时候，他脸上的表情硬是在感谢上天待人不薄；他饭后衔着一根牙签，红光满面，硬是觉得可以骄人。主中馈的是女人，修食谱的是男人。
>
> ——梁实秋《男人》

这段文字是说中国的男子嘴馋，为了吃而洋相尽出，读之让人忍俊不禁，历久难忘。之所以会有这等感染力，也是因为作者梁实秋运用了夸张修辞策略。"几天不见肉，他就喊'嘴里要淡出鸟儿来！'若真个三个月不知肉味，怕不要淡出毒蛇猛兽来"，"有一个人半年没有吃鸡，看见了鸡毛帚就流涎三尺"，"一餐盛馔之后，他的人生观都能改变，对于什么都乐观起来"，就是三个运用了夸张策略的修辞文本，以直接夸张的形式将中国男人好吃嘴馋的本相入木三分地刻画了出来，让无数的中国男人既窘迫难堪，恨得牙齿痒痒，但又不得不佩服其表达的艺术。

九、梁实秋的雅舍"聚蚊成雷"

　　"雅舍"的蚊风之盛，是我前所未见的。"聚蚊成雷"真有其事！每当黄昏时候，满屋里磕头碰脑的全是蚊子，又黑又大，骨骼都像是硬的。在别处蚊子早已肃清的时候，在"雅舍"则格外猖獗，来客偶不留心，则两腿伤处累累隆起如玉蜀黍，但是我仍安之。冬天一到，蚊子自然绝迹，明年夏天——谁知道我还是住在"雅舍"！

　　　　　　　　　　　　　　　　——梁实秋《雅舍》

　　上引这段文字，是梁实秋的散文名篇《雅舍》中的片断，写他在抗日战争期间寄住四川时住所蚊子猖獗的情形。关于他的"雅舍"之所以会蚊子猖獗，在这段文字之前作者有两段交代或曰铺垫的文字。一段是介绍"雅舍"的地理位置，交代外部大环境。其文曰："雅舍的位置在半山腰，下距马路约有七八十层的土阶。前面是阡陌螺旋的稻田。再望过去是几抹葱翠的远山，旁边有高粱地，有竹林，有水池，有粪坑，后面是荒僻的榛莽未除的土山坡。若说地点荒凉，则月明之夕，或风雨之日，亦常有客到，大抵好友不嫌路远，路远乃见情谊。客来则先爬几十级的土阶，进得屋来仍须上坡，因为屋内地板乃依山势而铺，一面高，一面低，坡度甚大，客来无不惊叹，我则久而安之，每日由书房走到饭厅是上坡，饭后鼓腹而出是下坡，亦不觉有大不便处。"另一段则是交代内部小环境，其文曰："雅舍共是六间，我居其二。篾墙不固，门窗不严，故我与邻人彼此均可互通声息。邻人轰饮作乐，咿唔诗章，喁喁细语，以及鼾声，喷嚏声，吮汤声，撕纸声，脱皮鞋声，均随时由门窗户壁的隙处荡漾而来，破我岑寂。入夜则鼠子瞰灯，才一合眼，鼠子便自由行动，或搬核桃在地板上顺坡而下，或吸灯油而推翻烛台，或攀援而上帐顶，或在门框桌脚上磨牙，使得人不得安枕。但是对于鼠子，我很惭愧地承认，我'没有法子'。'没有法子'一语是被外国人常常引用着的，以为这话最足代表中国人的懒惰隐忍的态度。其实我的对付鼠子并不懒惰。窗上糊纸，纸一戳就破；门户关紧，而相鼠有牙，一阵咬便是一个洞洞。试问还有什么法子？洋鬼子住到雅舍里，不也是'没有法子'？"大小环境铺排至此后，作者终于以一句衔接勾连的话"比鼠子更骚扰的是蚊子"，将所要强调的内容呼唤出来，推出上引这段描写"雅舍"蚊风之盛的文字。

我们每个人都见过蚊子，但是绝对不会见过梁实秋"雅舍"中那么多的蚊子；我们也都有在夏天被蚊子叮咬而痒得钻心的痛苦体验，但绝对不会出现"两腿伤处累累隆起如玉蜀黍"的情形。因此，当我们读到上引梁实秋的这段文字后，都会对作者所说的情形留下深刻的印象，并由此及彼，产生联想，进而推己及人，生发出与作者相同的情感体验，对梁实秋身处"蚊风之盛"的"雅舍"之中的痛苦感同身受。

那么，这段文字何来这等强烈的感染力呢？这与作者运用夸张修辞策略有着密切关系。

上引梁实秋的这段文字，将夸张修辞策略的两种类型都直接运用到了。其中，"每当黄昏时候，满屋里磕头碰脑的全是蚊子，又黑又大，骨骼都像是硬的"，"来客偶不留心，则两腿伤处累累隆起如玉蜀黍"，两个文本都是"扩大式"的"直接夸张"。因为蚊子毕竟是体形微不足道的东西，说它们与人"磕头碰脑"，说它们"骨骼都像是硬的"，明显都是不符合事理逻辑与客观现实的。作者这样说，意在强调"雅舍"的蚊子个头比别处的大，让人对此留下深刻印象，而并非"写实"。说来客被"雅舍"的蚊子叮咬过，立即就会"两腿伤处累累隆起如玉蜀黍"，这也是张皇失实之言。被蚊子叮咬后，人的皮肤表面确实会肿起来，但也只会是小小的肿块而已，绝不会像作者所说的那样，两腿伤处会肿得如玉蜀黍。如果要追究作者这样表达的意图，无非是要强调"雅舍"的蚊子毒性要比别处的大，以此凸显"雅舍"环境之恶劣，让接受者了解自己处境之艰难。至于"聚蚊成雷"一句，则是"用典式"的"间接夸张"。《汉书》卷五十三《景十三王列传》记中山靖王刘胜之事，有云：

> 建元三年，代王登、长沙王发、中山王胜、济川王明来朝，天子置酒，胜闻乐声而泣。问其故，胜对曰："臣闻悲者不可为累欷，思者不可为叹息。故高渐离击筑易水之上，荆轲为之低而不食；雍门子壹微吟，孟尝君为之欷邑。今臣心结日久，每闻幼眇之声，不知涕泣之横集也。夫众喣漂山，聚蚊成雷，朋党执虎，十夫桡椎。是以文王拘于牖里，孔子阨于陈、蔡。此乃庶庶之风成，增积之生害也。臣身远与寡，莫为之先，众口铄金，积毁销骨，丛轻折轴，羽翮飞肉，纷惊逢罗，潸然出涕。"

　　这个典故说的是西汉景帝平定吴楚等"七国之乱"（或称"七王之乱"）后，逐渐削除诸侯势力，以消除政治上尾大不掉的后患。到汉武帝时代，中央政权的实力更大，诸侯被逼迫得更紧了。一次，汉武帝召集各地诸侯王进京喝酒聚会，席间奏乐佐酒，中山靖王闻乐而感伤，不禁涕泪纵横。汉武帝问其原因，他就说了上述一段话。其意是希望汉武帝要以骨肉兄弟为念，不要听信谗言，伤了兄弟亲情。并提醒汉武帝，不实的谗言与造谣中伤的话听多了，就好比聚拢众多蚊子就能声过响雷。可见，中山靖王刘胜"聚蚊成雷"只是一个"比喻式"夸张，意在提醒汉武帝谣言伤人的力量是很大的，不容低估。上引梁实秋说到其"雅舍"的"蚊风之盛"的情形，之所以要引中山靖王刘胜"聚蚊成雷"的典故，既是为了行文的典雅而用典，同时也是通过用典而实现夸张的效果，凸显"雅舍"蚊子数量之多。可见，上引梁实秋的一段文字之所以有深切的感染力，事实上是与作者将"直接夸张"与"间接夸张"并用有关。
　　另外，这段文字的开头一句"'雅舍'的蚊风之盛，是我前所未见的"，也有助成这段文字具有感染力的功用。所谓"蚊风之盛"，说的只是"蚊子之多"的意思。但是，说"蚊子之多"太过平常，表达上没有新意，不足以引发读者的兴趣。于是，作者便运用仿拟的修辞策略，依我们日常用语"文风之盛"而临时仿造出一个"蚊风之盛"，让人有一种始料不及而又意趣横生的效果。因此，这开头一句就有先声夺人的效果，对全段再现"雅舍"的"蚊风之盛"的实况助益多多。

十、老舍"车，车，车"

> 一上了滇缅公路，便感到战争的紧张；在那静静的昆明城里，除了有空袭的时候，仿佛并没有什么战争与患难的存在。在我所走过的公路中，要算滇缅公路最忙了，车，车，车，来的，去的，走着的，停着的，大的，小的，到处都是车！
>
> ——老舍《滇行短记》

上引这段文字，是老舍描写抗日战争期间中缅边境的滇缅公路在战争期间各种车辆繁忙穿行、支撑中国抗战的真实情形。

这段文字虽然只有寥寥不足百字，读之却给人留下非常深刻的印象，一下子就将读者带回当年中国军民浴血抗战的历史现场，让人们再次真切地认识到中国人民为了抗战胜利所付出的牺牲与赢得世界反法西斯战争胜利所作出的贡献。

那么，这段文字何以有如此深切的感染力呢？这与作者所使用的反复修辞策略不无密切关系。

所谓"反复"，是一种以相同的词句连续反复出现的形式彰显某种强烈的情感或语义指向的修辞文本模式。若从形式上予以考察，大体上可以区分为两类：一是"隔离的反复"，二是"连接的反复"。[①]"隔离的反复"是指"反复出现的词句不是连续的，中间

---

① 陈望道：《修辞学发凡》，上海教育出版社1997年版，第199页。

有其他语句隔断的"①。如《诗经·国风·关雎》：

> 关关雎鸠，在河之洲。
> 窈窕淑女，君子好逑。
>
> 参差荇菜，左右流之。
> 窈窕淑女，寤寐求之。
>
> 求之不得，寤寐思服。
> 悠哉悠哉，辗转反侧。
>
> 参差荇菜，左右采之。
> 窈窕淑女，琴瑟友之。
>
> 参差荇菜，左右芼之。
> 窈窕淑女，钟鼓乐之。

　　在全诗五章中，有两个"隔离的反复"。其一是"窈窕淑女"一句，它前后重复出现四次，但不在同一章，而是分列于四章中相同的位置上。其二是"参差荇菜"一句，分别在其中三章中出现，且在同一位置。这种"隔离的反复"，助成诗歌一唱三叹的效果非常明显。现代流行歌曲中还在运用这种修辞策略，说明它确实是有良好的表达效果，所以才具有旺盛的生命力。

　　又如《墨子·耕柱》：

> 子夏之徒问于子墨子曰："君子有斗乎?"子墨子曰："君子无斗。"子夏之徒曰："狗狶犹有斗，恶有士而无斗矣?"子墨子曰："伤矣哉! 言则称于汤文，行则譬于狗狶，伤矣哉!"

---

① 吴礼权：《现代汉语修辞学》（修订版），复旦大学出版社 2013 年版，第 173 页。

这是《墨子》所记载的有关墨子与子夏的弟子之间的一段对话。子夏的弟子问墨子，君子之间有没有争斗的事，墨子说没有。子夏的弟子对墨子的话不以为然，认为连猪狗之间都有争斗，士人之间怎么可能没有争斗呢？墨子不满子夏的弟子将君子与猪狗相提并论，于是感慨地说道："伤矣哉！言则称于汤文，行则譬于狗豨，伤矣哉！"（意思是说：太令人伤心了！子夏之徒怎么这样呢？平时说话时就言必称商汤、周文王，而一到跟人辩论时就拿猪狗来作比，太令人伤心了！）其中，"伤矣哉"一句分置于说话的开头与结尾，前后呼应，重复出现，运用的也是"隔离的反复"，表达了墨子对子夏弟子言语失当的强烈不满之情。

"连接的反复"，是指"反复出现的词句是连续的，中间没有其他语句隔断的"。这种"反复"形式，在日常语言生活中最为常见。如一个人请求另一个人替他做件事，被请托的人如果欣然同意，往往会说"好，好，好"，这便是典型的"连接的反复"，只是我们习以为常，已感觉不到自己是在运用修辞而已。古代诗文中，为了表达某种强烈的情思，运用这种"反复"形式的，则更是"司空见惯浑闲事"。如宋代陆游《钗头凤》词：

> 红酥手，黄滕酒，满城春色宫墙柳。东风恶，欢情薄，一怀愁绪，几年离索。错！错！错！
> 春如旧，人空瘦。泪痕红浥鲛绡透。桃花落，闲池阁。山盟虽在，锦书难托。莫！莫！莫！

其中，上阕末尾三个"错"字连续而下，下阕三个"莫"字鱼贯而出，皆是典型的"连接的反复"。上阕三个"错"字接二连三地重现，"强烈地凸显了陆游对于与唐氏婚姻的结束的无限悔恨自责之情；同时作者通过'东风恶'一语的双关含义真切地表露了对母亲硬性拆散他与唐氏美满姻缘的愤恨之情"①。而下阕三个"莫"

---

① 吴礼权：《语言策略秀》（增订版），暨南大学出版社2013年版，第102页。

字的连续铺排，则是"强烈地凸显了作者面对有情人纵有千种柔情万般爱意却无法倾诉的无奈之情"①。

以上是以字词为单位的"连接的反复"，还有以句子为单位的"连接的反复"。如唐代李白《行路难》诗：

> 金樽清酒斗十千，玉盘珍馐值万钱。
> 停杯投箸不能食，拔剑四顾心茫然。
> 欲渡黄河冰塞川，将登太行雪满山。
> 闲来垂钓碧溪上，忽复乘舟梦日边。
> 行路难，行路难，多歧路，今安在？
> 长风破浪会有时，直挂云帆济沧海。

其中，"行路难"的两次连续反复，即为"连接的反复"，表达了诗人对仕途不通、大志难展的极度无奈与深切忧伤，读之让人颇有心酸之感。

上引老舍的一段文字，运用的就是"反复"中的"连接的反复"。这个反复修辞文本，是由或明或暗的十个"车"字连续铺排而成。"车，车，车"一句，是三个"车"字明出的"反复"；而"来的，去的，走着的，停着的，大的，小的"六句，是六个"车"字暗出的"反复"（来的车，去的车，走着的车，停着的车，大的车，小的车）；最后一句"到处都是车"，也是"车"字明出，与前面的"车，车，车"前后呼应。作者之所以要这样大规模地将"车"字或明或暗地集结到一起，以连续而下的十个句子来铺排，目的就是为了强调与凸显滇缅公路在抗日战争时期的重要性。因为老舍的这篇文章是"写于 1941 年至 1942 年，正是抗日战争最吃紧的时候，中国的抗战物资和国际援助都靠滇缅公路"②。关于这一点，杨者圣在《和平将军张治中》一书曾明确指出："抗战时期，

---

① 吴礼权：《语言策略秀》（增订版），暨南大学出版社 2013 年版，第 102 页。
② 吴礼权：《现代汉语修辞学》（修订版），复旦大学出版社 2013 年版，第 176 页。

东部的出海口都被日军封锁，滇缅公路成了大后方的国际通道，重要性是不言而喻的。"事实上，作者老舍通过十个"车"字或明或暗的连续铺排，在表达上既真切地再现了滇缅公路上车多车挤的情状，又营造出了一辆辆车迎面不断驰来的意象，暗示出另一层深意：滇缅公路上源源不断的运送战略物资的汽车就像滚滚而下的黄河之水，奔流到海，不可阻挡，中国人民抗战必胜的大势亦不可阻挡。从修辞文本的接受角度看，十个或明或暗的"车"字的鱼贯而下，"使接受者在文本解读接受时受到强烈的刺激，自然引发起其注意，进而加深了对表达者所建构的修辞文本的印象和理解，达成与表达者情感思想的共鸣——即深切体认到滇缅公路在抗战时期特殊的重要性"①。如果老舍不运用反复修辞策略，建构出"在我所走过的公路中，要算滇缅公路最忙了，车，车，车，来的，去的，走着的，停着的，大的，小的，到处都是车"这一修辞文本，而是简明扼要地说"在我所走过的公路中，要算滇缅公路最忙了，到处都是车"，那么简则简矣，但滇缅公路在抗战时期特殊的战略意义就难以凸显出来，中国人民浴血抗战的牺牲也不易于体现出来。可见，"车，车，车，来的，去的，走着的，停着的，大的，小的"这些文字绝不能从老舍文中删除，因为它们不是"羡余信息"，而是意象构成的要素。有了这些要素，作者用文字重构出来的中国人民抗战图画才显得那样波澜壮阔，那样令人热血沸腾，读之让人深受感染。

十一、臧克家"有的人活着，他已经死了"

有的人活着

他已经死了；

有的人死了

他还活着。

---

① 吴礼权：《现代汉语修辞学》（修订版），复旦大学出版社 2013 年版，第 176 页。

有的人
骑在人民头上："呵，我多伟大！"
有的人
俯下身子给人民当牛马。

有的人
把名字刻入石头想"不朽"；
有的人
情愿作野草，等着地下的火烧。

有的人
他活着别人就不能活；
有的人
他活着为了多数人更好地活。

骑在人民头上的，
人民把他摔垮；
给人民作牛马的，
人民永远记住他！

把名字刻入石头的，
名字比尸首烂得更早；
只要春风吹到的地方，
到处是青青的野草。

他活着别人就不能活的人，
他的下场可以看到；
他活着为了多数人更好活的人，
群众把他抬举得很高，很高。

           ——臧克家《有的人——纪念鲁迅有感》

　　上引这首诗，是臧克家为纪念鲁迅而作，意在借鲁迅的精神歌颂那些甘愿为人民做牛马的人，批判那些自以为是、心中只有自己而无他人的自私自利者。

　　这首诗虽是一首白话诗，并无什么优雅或古奥的辞藻，但在平白如话中蕴含了深刻的人生哲理，读之令人低回沉吟，不禁感慨万千。

　　那么，这首诗何来如此深厚的魅力，让人深受感染呢？这其中恐怕与诗人运用的一个修辞策略有极大的干系。这个修辞策略就是"抵牾"，虽不为人重视或常用，但非常具有表达力。

　　所谓"抵牾"，是一种"在特定语境下将语义上本不相容的两个语词或句子硬性联系匹配在一起以表达某种特定情感或深刻语义，令人回味咀嚼的"[1] 修辞文本模式。这种修辞文本模式，在表达上虽有表面语义相互抵触矛盾的问题而令人困惑不解，但在接受上却最易引发接受者的思索回味，引起其好奇心，令其油然生出一种穷究其语义真相与底蕴的情感冲动，进而在解读中深刻领会表达者良苦的用意，加深对文本所宣达主旨的印象。

　　上引臧克家的诗，其中最精彩的句子就是全诗开头四句："有的人活着，他已经死了；有的人死了，他还活着。"这四句凌空而来，颇让人觉得有些突兀，大有"两个黄鹂鸣翠柳——不知所云"的味道。如果是不懂诗，没有诗性慧根的人读了，也许会本能地认为诗人这是逻辑不通，语无伦次。但是，稍稍有些诗性慧根者，则会立即停下来思考一番，然后会心地点点头，觉得诗人说得有理，且很有技巧。因为他们知道，诗人这里的"逻辑不通"是有意而为之的，它不是语言表达之病，而是一种修辞策略，运用的是抵牾修辞手法，属于古人所谓的"无理而妙"。众所周知，"死"与"活"是一对语义绝对排斥的反义词，两者之间没有中间地带。虽然汉语中有"半死不活"的说法，但那只是一种非逻辑意义上的说法。从医学与逻辑学上看，"死"与"活"是二者必居其一的关系。因此，

---

①　吴礼权：《语言策略秀》（修订版），暨南大学出版社 2013 年版，第 59 页。

诗人说"有的人活着，他已经死了；有的人死了，他还活着"，明显是于"理"不合，违反了逻辑学中的矛盾律。其实，这四句要表达的意思并非像字面上所写的那样。如果真如字面所说的，那这四句便是废话，或曰是胡言乱语。事实上，这四句是有微言大义的，它真正想要表达的是这样一个意思："有的人虽然形体健全，不乏生命力，但自私自利，心中只有自己而无别人，不具备一个人应有的精神境界，所以虽生犹死；有的人虽然已经离开了人世，甚至形体已经腐烂不存，但他一生都为他人着想、不为自己谋利，他的精神令人缅怀，永远影响着后人，所以虽死犹生。"这层意思，如果用上述这样的直白语言表达出来，虽然表意非常清晰，易于读诗人理解，但是文字没有张力，诗味也就荡然无存了，自然不能引发接受者的回味，让接受者留下深刻的印象。事实上，诗人没有这样理性、清楚地表达，而是运用了抵牾修辞策略，因此读来格外令人回味无穷，印象深刻，而且成了为人传诵的名言。

其实，不仅臧克家抵牾修辞策略的运用获得了成功，在他之前与之后的许多诗人运用了，同样也都获得了成功，而且其文本都成了修辞经典。如20世纪20年代中国现代诗哲徐志摩随印度诗人泰戈尔访问日本时曾写有《沙扬娜拉——赠日本女郎》一诗：

　　　最是那一低头的温柔，
　　　像一朵水莲花不胜凉风的娇羞。
　　　道一声珍重，道一声珍重，
　　　那一声珍重里有蜜甜的忧愁——
　　　沙扬娜拉！

这首诗虽只寥寥五句，却写尽了有情人"相见时难别亦难"的复杂心理。"那一声珍重里有蜜甜的忧愁"，看似不合逻辑，却说尽了二人相见时的欣喜之情与即将分别时的无限忧愁，正是抵牾修辞策略的运用，一句敌万言，读之不禁让人"心有戚戚焉"，内心深处荡漾起无数情感的涟漪。

又如台湾诗人郑愁予的成名诗作《错误》，用的也是这种修辞策略。诗曰：

我打江南走过
那等在季节里的容颜如莲花的开落

东风不来，三月的柳絮不飞
你的心如小小寂寞的城
恰若青石的街道向晚
跫音不响，三月的春帷不揭

你的心是小小的窗扉紧掩
我达达的马蹄是美丽的错误
我不是归人，是个过客。

这首诗也是写男女之情的，同样具有感人至深的力量。其中一个关键的因素是全诗临近结篇时运用抵牾修辞策略，以"我达达的马蹄是美丽的错误"一句煞尾，让人在一愕之后猛然顿悟："我"急于回江南的"达达的马蹄"是为了早日见到那"容颜如莲花"的姑娘，有情人终于可以相见，这是多么令人欢欣鼓舞的事啊！然而，"我不是归人，是个过客"，那么见过姑娘之后，如何再与姑娘道别？于"我"于"她"，岂不是徒然增添伤感吗？正是因为有这样一个复杂的心态，所以诗人才会造出"美丽的错误"这样的句法，将"我"想见"她"而又不敢见"她"的矛盾心情呈现得淋漓尽致，令人回味无穷，感慨不尽。如果不以抵牾修辞策略表达，而是用正常语句行文，恐怕费尽文辞也表达不出这种复杂的心情，当然更不能让人读之深受感动，味之无穷。

十二、何其芳高歌"终于过去了"

终于过去了，
中国人民哭泣的日子，
中国人民低垂着头的日子；

终于过去了，
日本侵略者使我们肥沃的土地上长着荒草，
使我们肚子里塞着树叶的日子；

终于过去了，
美国的吉普车把我们像狗一样在街上压死，
美国的大兵在广场上强奸我们的妇女的日子，

终于过去了，
中国最后一个黑暗王朝的统治！

——何其芳《我们最伟大的节日》其三

上引这首诗，是何其芳歌颂新中国成立的诗歌，读之让人为之心潮澎湃，心情久久不能平静，情不自禁地达成与诗人同样的情感共鸣，为新中国的成立而欢呼，为中国人民的新生而欢欣鼓舞。

那么，这首诗何来如此的感染力呢？这恐怕与诗人运用的倒装修辞策略有着密切关系。

所谓"倒装"，是一种"说写中有意突破语法或逻辑表达的常式结构模式以企及强化某种语义的修辞文本模式"[1]。作为一种修辞文本模式，"倒装"从语法结构形式上看，可以"分为'单句的倒装'和'复句的倒装'（主要指偏正复句）两大类。其中'单句的

---

[1]　吴礼权：《现代汉语修辞学》（修订版），复旦大学出版社 2013 年版，第 184 页。

倒装'又可分出'主语与谓语倒装'、'定语与中心语倒装'、'状语与中心语倒装'三个次类"①。语言表达中,之所以会有打破语法结构常规而颠倒语次的现象,这是"建立在表达者意欲通过打破正常语序以引发接受者的注意集中,使接受者加深对其所建构的修辞文本的印象和理解的心理基础之上的"②。因此,倒装修辞文本的建构,"从表达上看,可以强调表达者所要表达的重点,突出表达者的某种较为强烈的感情,满足表达者某种心理能量的释放和情感纾解的需要;从接受上看,由于表达者所建构的修辞文本突破了正常句法逻辑结构顺序,极易引发接受者文本接受的注意集中,从而加深对表达者所建构的修辞文本的印象和意旨的理解"③。

上引诗句共有四个倒装文本,均属于我们上面所说的"单句倒装"中的"主谓倒装"。其中,前两个倒装文本的主语都是由两个并列的名词短语联合充当,即第一个文本的主语是"中国人民哭泣的日子,中国人民低垂着头的日子",第二个文本的主语是"日本侵略者使我们肥沃的土地上长着荒草,使我们肚子里塞着树叶的日子",谓语都是"终于过去了"。后两个文本则都是一个名词短语充当主语,分别是"美国的吉普车把我们像狗一样在街上压死,美国的大兵在广场上强奸我们的妇女的日子","中国最后一个黑暗王朝的统治",谓语也都是"终于过去了"。从语法结构上分析,这四个修辞文本都有一个共同的特点,就是主语部分都非常复杂,字数又特别多,属于典型的欧化的句子。如果是散文,我们写一句一百字的长句子也不稀奇,但是作诗就显然不合适了。虽然现代诗不同于古代的律诗,句子长短与字数的要求都没那么刻板,但诗毕竟是要诉诸口吻而吟诵的,所以句子过长,吟诵时就有让人一口气透不过来的感觉。吟诵者尚且有透不过气来的感觉,那听者的感受就不言而喻了。这样,作为诗的接受者,听人吟诗或是读诗不仅没有一点

---

① 吴礼权:《现代汉语修辞学》(修订版),复旦大学出版社 2013 年版,第 184 ~ 185 页。

② 吴礼权:《现代汉语修辞学》(修订版),复旦大学出版社 2013 年版,第 191 页。

③ 吴礼权:《现代汉语修辞学》(修订版),复旦大学出版社 2013 年版,第 191 页。

审美享受，反而有一种被压迫感，心理上一点愉悦也不会有的。如果是这样，这诗肯定不能说是好诗，肯定不能让人深受感染，或是留下有愉悦感受的深刻印象。上面四个倒装文本的高妙之处，就在于它既顺应了现代白话诗写作的时代潮流，又巧妙地避免了上面我们所说的白话诗句子过长可能带来的弊端，通过将谓语与主语语序倒置的策略，既凸显了全句所要彰显的表达焦点，强调了中国人民翻身得到解放的强烈的欣喜之情，同时又将长句化短（通过谓语倒装后加逗号的方法），便于吟诵时停顿换气，从而造就出一种绵长而舒缓、急切而不压迫、高亢而不失顿挫之美，让读者在真切地感受到诗人为中国人民翻身得到解放而热血沸腾的激情的同时，也感受到诗歌文字所营造的抑扬顿挫的音乐美感。这就是上引这首诗之所以感人至深，让人深受感染的原因所在。

十三、马寅初"人在校园，心济苍生"

　　马寅初之可爱，用得上当年的一句时髦词语：全身心拥抱时代。比方说，他早年留学美国，精通英文、德文，粗通法文，算得是学贯中西。然而，为了研究苏联的社会主义经济，在69岁那年，他又"老夫聊发少年狂"，一头钻进俄文，并且只花了三年工夫——注意，这纯粹是指业余时间——就能够自如地出入俄文书报。这成绩，即使搁在风华正茂的学子身上，也洵非寻常。又比方说，他是1916年登上北大讲坛，位至教授、系主任、教务长，10年后离开，海阔天空一阵搏杀，又25年后，不顾自己已届古稀之龄，欣然重返沙滩红楼，出任建国后第一任北大校长。再比方说，他白首穷经，老而弥坚，人在校园，心济苍生，思考的是理论，关注的是实际，着眼的是中国，辐射的是世界，检索的是历史，透视的是未来。

　　　　　　　　　　　　——卞毓方《思想者的第三种造型》

上引这段文字，是作者高度赞颂中国知识分子"第三种造型"的代表人物马寅初的。读之不禁让人为之感慨万千。

人们之所以会有这种感慨，那是因为作者赞颂的马寅初乃是中国现代的传奇人物，是中国现代知识分子中最铁骨铮铮的汉子。无论是他的学识，还是他的人格，都是值得中国现代所有知识分子学习与敬仰的。

马寅初（1882—1982），出身于浙江一个小作坊主家庭，先祖乃唐初大诗人与大书法家虞世南。马寅初从小聪颖过人，学业成绩优异。1901年，年仅19岁的他便以优异的成绩考入天津北洋大学，学习矿冶专业。1903年，又因突出的学业成绩而被公派留学美国。抱着"富民强国"的理想，马寅初到美国后选学了经济学，先后获耶鲁大学经济学硕士学位与哥伦比亚大学经济学博士学位。在学期间发表的论文《纽约市的财政》，曾在当时的美国财经界引起广泛轰动，被哥伦比亚大学指定为大学一年级教材。1915年学成归国，在北洋政府财政部任职。未久从政府部门退出，从1916年至1927年，在北京大学从事经济学的教学与研究工作。在北大任职期间，长期担任经济系教授兼系主任。1919年出任北大第一任教务长，1928年出任南京国民政府立法委员，1929年后先后出任南京国民政府财政委员会委员长、经济委员会委员长，并兼任南京中央大学和陆军大学教授以及上海交通大学教授。马寅初虽然一生以致力于中国经济问题研究与经济人才培养为终极目标，曾声明"一不做官，二不发财"，但是他对国家的前途与经济问题从来都是非常关心的，在著书立说、教育人才的同时，总是秉持知识分子的良知为天下生民代言。抗日战争期间，除了在南京政府立法院针对蒋介石政府战时物价与对外金融的失当政策当面责难财政部长孔祥熙外，还针对蒋介石的战时经济政策，点名指责孔、宋家族贪污，因而被捕入狱多年。新中国成立后，马寅初先后出任浙江大学与北京大学校长，醉心于经济学研究与教学。同时，对于国家的前途与人民的福祉仍常记挂于心。1957年"反右"运动期间，马寅初因为反对毛泽东的人口政策，提出"新人口论"，主张节育与计划生育，控制中国人口规模，触犯了毛泽东的"天威"。周恩来居中调解，让他对其学术观点作个检讨，以此大事化小，小事化了。可是，马寅初觉得自己的学术观点没有错，坚持认为学术是学术，政治是政治，执意不肯妥协，根本不畏惧毛泽东当时如日中天的权威，结果被打成"右派"。而当康生（时任中共中央政治局常委、中共理论权威）带人到北大开大会批判他时，他竟然当场顶撞康生，让所有人为之错愕不已，但他表现出的一个正直知识分子不畏威权的铮铮铁骨，让无数的中国知识分子为之肃然起敬。

上引一段文字虽然不是在讲述马寅初这段感人的历史，而是在写他心忧天下、志在报国的阔大胸怀，但同样感人至深，让人读之经久难忘。那么，这段文字何来这样的感染力呢？这与作者有意识地在行文中运用了排比修辞策略有密切关系。

前文我们已经说过，所谓"排比"，是一种将"同范围同性质的事象用了组织相似的句法逐一表出"①，以此"获求形式整齐、表意充足酣畅效果的一种修辞文本模式"②。这种修辞文本模式，"在表达上，一般说来除了表意上的充足酣畅的气势外，还有视听觉形象上的齐整、平衡、和谐的明显效果；从接受上看，修辞文本中多个相同相似结构形式的句子的并置，不仅易于引发接受者文本接受中的'不随意注意'和'随意注意'，而且会因齐整的文本形式格局引发接受者生理上左右平衡的身心律动，产生一种快感，从而提升文本接受、解读的兴趣，加深对表达者所建构的修辞文本用意及内涵的理解把握"③。上引这段文字中的末尾结句"思考的是理论，关注的是实际，着眼的是中国，辐射的是世界，检索的是历史，透视的是未来"，六个语法结构相同、字数亦相等的句子一字铺排，读来不仅有表意酣畅的充足感，而且形成一种文势上的磅礴之气，诚然有宋代陈骙《文则》所说的"壮文势"、"广文意"的效果，读之不仅给人非常深刻的印象，而且磅礴的气势还让人情不自禁地

---

① 陈望道：《修辞学发凡》，上海教育出版社1997年版，第203页。
② 吴礼权：《修辞心理学》（修订版），暨南大学出版社2013年版，第157页。
③ 吴礼权：《修辞心理学》（修订版），暨南大学出版社2013年版，第158页。

与作者达成情感与思想的共鸣，为中国现代"第三种造型"的思想家马寅初那种忧国忧民、心系国家天下的阔大胸襟而感佩感动。如果作者不以六个句法结构相同的句子铺排而下，而是以语言的"经济原则"为考量，用非排比的散文句式表达，说成"将理论与实际、中国与世界、历史与未来联系起来考虑"，虽然少了一些文字，表意显得简洁了点，但是"广文意"、"壮文势"的效果就无法实现。从接受的角度看，感染读者的程度也就大打了折扣，无法让读者情不自禁地触发情感共鸣，自然就不会有感人至深的效果。可见，在散文中适当地运用一些排比文本，对于提升文本的感染力与审美价值是大有裨益的。

十四、三毛是"难得看到的好戏"

三毛岂仅是一个奇女子？三毛是山，其倔强坚硬，令人肃然起敬。三毛是水，飘流过大江南北，许多国家。三毛是一幅山水画，闲云野鹤，悠哉游哉。三毛当然更是一本书，只要你展读，就能浑然忘我，忧愁烦恼一扫而空，仿佛自己已告别"俗世"，走进了一个趣味盎然的"卡通世界"和"漫画王国"，所以三毛自然也是一出戏，人生中的一出难得看到的好戏。

——隐地《难得看到的好戏》

上引这段文字，是台湾作家隐地评价台湾著名女作家三毛的，读之令人回味良久，对三毛的形象留下深刻印象。

说到三毛的作品，如《撒哈拉的故事》、《万水千山走遍》、《梦里花落知多少》、《雨季不再来》、《高原的百合花》、《温柔的夜》、《我的快乐天堂》、《稻草人手记》、《哭泣的骆驼》、《背影》等，都是大家耳熟能详的名篇，相信大多数人都不陌生。但说到三毛其人，则未必所有人都能有太多了解。大家或许只知道她最终选择了自杀来结束一生，但她究竟为什么自杀，她心灵有什么痛苦，她的个性与她的文学追求、人生理念有什么关系，很多人都是难窥其堂奥的。正因为如此，所以作家隐地特意用以上这段文字对三毛其人进行了刻画。但是，他的刻画摒弃了理性的文字，而且避开了从正面描写来论定三毛到底是怎样的一个作家、怎样的一个女人，而是运用排比与比喻的修辞策略，对三毛形象作了一种类似于中国古典写意画的勾勒，让人透过画面去想象，从而在自己心中描绘出一个闲云野鹤、自由无拘，一派天真烂漫、内心与情感却又非常复杂的女文人形象。

从整体上看，上引这段文字，除了第一句"三毛岂仅是一个奇女子"是个设问修辞文本外，其余都是由排比与比喻文本混合构成。"三毛是山，其倔强坚硬，令人肃然起敬"，"三毛是水，飘流过大江南北，许多国家"，"三毛是一幅山水画，闲云野鹤，悠哉游哉"，"三毛当然更是一本书，只要你展读，就能浑然忘我，忧愁烦恼一扫而空，仿佛自己已告别'俗世'，走进了一个趣味盎然的'卡通世界'和'漫画王国'"，这四句各是一个比喻，都以判断词"是"为喻词，将三毛性格中既坚强又温柔、既单纯而又复杂的各个层面都以具象的形式呈现出来，让人由此及彼展开联想想象，从而对三毛的性格有一个全面的认识，由此得以进入三毛的内心世界，了解她作为一个女文人所特有的精神痛苦，理解她最终选择以自杀来结束人生的深层原因。由于这四个比喻文本是连续铺排、鱼贯而下的，整体上又构成了一个排比文本，因此它在"广文意"、"壮文势"方面的效果也显而易见，一读之下便有一种大江之水浩荡而下的感觉，让读者在心理上极易产生一种强烈的震撼，由此与作者达成思想与情感上的共鸣。由于有了上面四个比喻文本的铺排与铺垫，文章最后一句所创造的比喻文本"所以三毛自然也是一出戏，人生中的一出难得看到的好戏"，不仅显得水到渠成，而且进一步升华了前面四个比喻文本的内涵，以"戏"与"人生"作比，将三毛人生的戏剧性形象地呈现出来。"戏"具有悬念与迭起的情节发展变化，那么三毛一生文学事业与人生表面的光鲜辉煌又会有怎样不可预测的陡变呢？这就自然通过这个隐喻不露痕迹地凸显出

147

来了。这样耐人寻味的情感表达，这样化抽象为具象的语义呈现，当然会给读者留下深刻的印象，并在咀嚼回味中感慨万千。

十五、大同县"城里打屁股，城外听得见"

> 本县那些白了胡子秃了头的老土地们嘴里，还流传着一首不知源于何时的民谣："小小大同县，三爿豆腐店，城里打屁股，城外听得见。"城区的狭小和市面的萧条，由此可见一斑。
>
> ——徐孝鱼《古墓》

上引这段文字，是写旧时大同县城的城区之狭小、市面之萧条的情状，一读之下就让人留下非常深刻的印象。

那么，这短短的一段描写旧时大同县城区的文字何来这样奇特的效果呢？究其原因，恐怕主要还是作者引用的那首民谣从中起了作用。

从表层看，上引这首民谣属于修辞上的"引用"，带有借前人或他人之舌发言的性质。因为民谣是代代相传下来的，因此就带有一种经典的意味，同时还具有一种不容置疑的权威性。很明显，作者对于历史上大同县城的城区之狭小与市面之萧条情状的描写，之所以不选择直接发声评判，而是选择引用民谣来进行，从说服力上来看就胜了一筹。从深层看，这首民谣是一个典型的夸张修辞文本，属于"直接夸张"中的"缩小式"夸张。虽然"缩小式"夸张不像"直接夸张"中的"扩大式"那样有一种"因夸以成状，沿饰而得奇"、"发蕴而飞滞，披瞽而骇聋"[1] 的效果，却也有引发接受者好奇心，加强其"不随意注意"的心理效果，这对提升文本的接受效果也很明显。如果不以夸张修辞策略来表达，而是以直白的语言直言"过去的大同县城城区非常狭小，市面萧条"，虽然这样

---

[1] （南朝）刘勰：《文心雕龙·夸饰》。

的意思表达非常清楚，但是对于读者来说，则好比是一阵清风吹过，丝毫不能在脑海中留下什么印记。很明显，这样的表达算不得是好的表达，当然也就谈不上有什么感染力了。上引这段文字的作者正是认识到这一点，所以他在叙述旧时大同县城城区之狭小、市面之萧条的历史情状时，没有选择直言评判，而是引用了一首民谣："小小大同县，三爿豆腐店，城里打屁股，城外听得见。"由于民谣是采用诗歌的形式表现，讲究押韵顺口，所以读来就自然有一种朗朗上口的效果，便于记忆，有利于接受者留下深刻印象。由于这首民谣本身是以夸张修辞策略建构的，就更易于引发接受者的注意，加深接受者的阅读记忆。"三爿豆腐店"，不是事实，而是夸张。因为再小的县城，也不会只有"三爿豆腐店"，而别无其他商家。这是极言昔时大同县城的商店少，经济不发达，市面极其萧条。"城里打屁股，城外听得见"，当然更不是实写，而是夸张，因为打板子并不会产生多大的声音，即使是一座衙门内，声音也传不出门外的，遑论是一座有着厚重城墙的县城呢？这是极言旧时大同县城城区之狭小。前一个夸张文本呈现的是视觉形象，后一个夸张文本再现的是听觉形象，两者结合，就将接受者带入了一个悠远的时代，仿佛让人有一种如临其境、如见其人、如闻其声的现场感，亲身感受到旧时大同县城城区之狭小、市面之萧条的历史情境，从而让人引发情感共鸣，在新旧对比中，感受到今日的大同县城变化之大。

如果我们对民谣稍微留心一下，就会发现很多民谣都有喜欢运用夸张修辞策略的倾向，其中运用"缩小式"夸张的就很常见。如：

> 银川变得美丽多了，平添了好多现代建筑，习习晚风中徜徉于新扩建的"步行街"，有种身在高原的抬升之感，如踩高跷一般。前些年我曾第一次匆匆到银川，只记得灰蒙蒙的天底下，矮平房密麻麻挤成一簇，只有赫宝塔和承天寺塔一西一北高耸云中，遂显得塔愈高而房愈矮。不知那天是我心情不好，还是天阴得重，竟觉得银川老城如一

座萧瑟的大村寨。我听人说，昔日银川民谣曰："一个公
园两只猴，一条马路两个楼，一个警察看两头。"极言其
小而寒伧，现在自然不可同日而语了。

———雷达《走宁夏》

上引这段文字中，描写昔日宁夏首府银川城市建设落后面貌的
民谣"一个公园两只猴，一条马路两个楼，一个警察看两头"，同
样也是运用了"缩小式"夸张，通过极言昔日银川城区的狭小与建
设的落后，从而在新旧对比中凸显了新银川的美丽，让人印象非常
深刻，深受感染而爱上新银川这个作为后起之秀的西部都市。

第四章 引起你的共鸣

只要是一个思维清晰的人，一个具有正常语言能力的人，那么他/她就能将自己的喜怒哀乐等情感诉诸语言文字而表达出来，他/她就能将自己所要表达的思想通过语言文字说写出来。不过，在言语交际中，将自己的情感或思想通过语言文字表达出来，只能算是完成了一半的任务，更重要的另一半任务则是让自己所传达的情或意（即情感或思想）被接受者（听者或读者）很好地接受，引起他们的思想或情感共鸣。如果你表达的是个人的喜怒哀乐，却让接受者也能深受感染，陪着你一起喜怒哀乐，那么，你的表达便可以说是让人产生了情感或思想的共鸣。如杜甫在获知唐朝政府军从安禄山、史思明叛军手中收复河南河北失地的消息时，写诗抒发欣喜之情说"剑外忽传收蓟北，初闻涕泪满衣裳。却看妻子愁何在，漫卷诗书喜欲狂。白日放歌须纵酒，青春作伴好还乡。即从巴峡穿巫峡，便下襄阳向洛阳"（《闻官军收河南河北》），一读之下就让人深受感染，有跟着诗人一起手舞足蹈的情感冲动，有跟他一起过巴峡、穿巫峡，下襄阳、向洛阳的神往。又如李白抒发自己怀才不遇的悲愤之情时，有诗句"吟诗作赋北窗里，万言不值一杯水"（《答王十二寒夜独酌有怀》），一读之下，就让千古以降无数的中国读书人特别是那些失意士子无限感慨，并引为知己，与李白一起悲愤难已。

当然，杜甫与李白并不是我们每个人都能与之攀比的。他们的诗歌具有深切的感染力，能够引发千古以降的无数读者深切的思想或情感共鸣，与他们的才情有关，或曰与他们的语言表达天赋有关，不是所有人都能学得来的。不过，应该指出的是，语言表达虽然与表达者的天赋有关，但也与语言表达的修养有关。语言表达的智慧虽然每个人都不一样，其间确实存在着高下之别。但是，语言表达的技巧，亦就是前人表情达意时所创造的经验，是可以学习借鉴的。也就是说，语言表达怎样做到深切感人，让接受者产生情感或思想共鸣，是有一定规律的，有可借鉴的经验，甚至可以说有可"拿来"运用的文本建构模式。因此，只要好好学习借鉴，并细心揣摩前人遣词造句的良苦用心，掌握其基本的方法，并在继承前人经验的基础上有所创新，即晋代陆机所说的"收百世之阙文，采千载之遗韵。谢朝华于已披，启夕秀于未振"（《文赋》），那么，我们的语言表达就一定会具有深切感人的感染力，有让接受者产生情感或思想共鸣的力量。

那么，怎样使我们的语言表达具有深切感人的力量，让接受者产生情感或思想的共鸣呢？其间有哪些可供借鉴的方法或曰模式呢？要注意的是，这些可以借鉴的方法或曰模式并非是数学公式，不可能经反复套用、反复运算仍然具有效果。如果是这样，那语言的活力就不复存在。因为语言表达要面对一个个活生生的人，要适应千变万化的交际情境。语言表达技巧或曰模式虽然有规定，但是否恰切情境、对接受者有没有针对性，则"运用之妙，存乎一心"。因此，我们如果只是从理论到理论地论说是毫无价值的。倒不如从古今生活的语言表达实例中学习，从古人或前人成功的语言表达实践经验中感悟，从而了然于心，自然就能得心应手。

下面就来看看我们的前贤与先哲是怎样表情达意的，看他们的语言表达是怎样深切打动人心，让接受者产生情感或思想共鸣的。

一、孔子夸颜渊"贤哉，回也"

子曰："贤哉回也！一箪食，一瓢饮，在陋巷，人不堪其忧，回也不改其乐。贤哉回也。"

——《论语·雍也》

上引这段文字，是记录孔子对其得意弟子颜渊的由衷感叹。读之让人情不自禁地深受感染，不由自主地为孔子的观点所左右，对颜渊的人格魅力深感敬佩。

其实，颜渊在孔子三千弟子、七十二贤人中并没有什么特别的能力，与力能刺虎、挺戈上阵的子路相比，他只是一个手无缚鸡之力的人，算不得是条汉子；与周游列国、跟诸侯分庭抗礼，"一人之辩，强于百万之师"，同时又能吆喝买卖、富甲一方的子贡相比，他压根儿就是一个"百无一用"的书生。论才艺，对比其他师兄弟，也绝无什么突出的方面。可是，孔子就是喜欢他，除了以上引这段文字中对他安贫乐道的品德予以热烈赞赏外，还对他的处世态度大表赞同。《论语·述而》篇中有一则记载说：

> 子谓颜渊曰："用之则行，舍之则藏，惟我与尔有是夫！"子路曰："子行三军，则谁与？"子曰："暴虎冯河，死而无悔者，吾不与也。必也临事而惧，好谋而成者也。"

这个故事说的是，有一次，孔子当着众弟子的面评价他们。说在众位弟子中，只有颜渊最得他的心，其道德品行可以与自己相提并论，被别人重用时就好好干，不被重用则掩藏起自己的才能。意思是说，只有他与颜渊才有达观的处世态度。孔子这样不避嫌疑地夸赞颜渊，其他弟子虽然心里有想法，但都不便说出来，只有直性子的愣头青子路实在忍不住了，觉得老师太偏心眼儿了，于是就揶揄他说："如果现在老师统帅三军，那么您愿意与谁共事呢？"子路的意思很明显，就是认为颜渊力不能扛鼎，武不能杀敌，是个无用之人，老师不应该这样赞扬他。他提出让孔子统军的话题，意思是想让孔子说愿意跟他共事，从而让孔子赞扬一下他的军事才能。没想到孔子却说："徒手搏虎，无舟渡河，死到临头还不知悔改的人，我不愿意与他共事。我要与之共事的，一定是个临事谨慎、谋定而后动的人。"结果，把子路气得个半死。

孔子不仅在颜渊生前不分场合、不避嫌疑地赞赏颜渊，甚至在颜渊死后还在不断表扬颜渊。《论语·雍也》篇有记载说：

哀公问："弟子孰为好学？"孔子对曰："有颜回者好学，不迁怒，不贰过。不幸短命死矣。今也则亡，未闻好学者也。"

客观地说，孔子门下弟子三千，贤者七十二，都是当时天下最好学的士子。但是，在孔子眼里，只有颜渊算得上是好学者。正因为如此，当鲁哀公请他推荐人才时，他不仅只赞扬颜渊，而且还将其他弟子"一棍子打死"，说"今也则亡，未闻好学者也"，意谓颜渊死后，他的弟子中就没有一个好学者了。

由上可知，孔子作为一个老师未免是有些偏心眼儿了，对弟子的评价有厚此薄彼之嫌。特别是上引第一段对颜渊的赞扬之语，实在是赤裸裸地表达厚爱。这段话的意思是说："太贤德了，颜回！竹筐盛点饭，破瓢饮点水，住在贫民窟中，别人受不了这种清贫，他却安贫乐道，悠然自得。真是太贤德了，颜回！"

老师对弟子，犹如父母对子女，难免有厚此薄彼的地方。这也是人之常情，毕竟人是感情动物，而感情往往是不理性、不客观的。孔子对颜渊的赞赏，难免也有这种嫌疑。不过，应该指出的是，上引孔子对颜渊的赞赏之语，尽管带有个人不够理性的情感因素，但是就表情达意的效果来看，其感染力是非常明显的，几千年来无数中国读书人都认同孔子对颜渊的评价，认同他在孔门弟子中的首席地位，并让他在孔庙中配祀孔子，不能不说与孔子的这个评价有关。

那么，孔子的这番话何以有如此的感染力而左右数千年来人们对颜渊的认知呢？这与孔子说话时运用的反复与倒装两个修辞策略有关。

所谓"反复"，前文我们已经提到过，它是一种以词面类同的语句连续反复出现的形式来彰显和强调表达者某种强烈的情感或语义指向的修辞文本模式。从形式上可以将之区分为两类：一是词面类同的语句或词语反复出现，但是并不接二连三地并置在一起的，而是中间被其他语句或词语隔离分开，一般称为"隔离的反复"；

二是词面类同的语句或词语反复出现，并且是接二连三并置在一起的，中间没有别的语句或词语隔离分开，一般称为"连接的反复"。上引孔子赞扬颜渊的话中，"贤哉回也"前后两次出现，就是反复修辞策略的运用，属于"隔离的反复"。因为"贤哉回也"这一反复出现的语言单位分置于孔子话语的开头与结尾两个部分，中间有别的话语隔离开来。第一次说"贤哉回也"，是孔子对弟子颜渊安贫乐道人品的由衷赞叹，是直道本心的评判。第二次说"贤哉回也"，是在陈述了其评判理由（"一箪食，一瓢饮，在陋巷，人不堪其忧，回也不改其乐"）之后，再次对此前的评判予以强调，是为了强化接受者的语意印象，让大家认同自己的观点，即认为颜渊的人品是值得推崇的。

所谓"倒装"，前文我们已经提到，它是一种在说写表达中有意突破常规语法规约或逻辑表述常式而力图企及强化某种语义印象的修辞策略。一般说来，它可以分为"单句的倒装"与"复句的倒装"两大类。"复句的倒装"，主要是偏句与正句之间语序的颠倒。而"单句的倒装"，则分出"主谓倒装"、"定中倒装"和"状中倒装"三小类。上引孔子赞颜渊的话，其中首尾反复的话语"贤哉回也"，从句法结构上看，就是倒装修辞策略的运用，属于"主谓倒装"。按照正常的汉语语法规则，"贤哉回也"应该说成"回也贤哉"，即"回也"是主语，"贤哉"是谓语，是对主语的陈述。但是由于说话者孔子在谈到得意弟子颜渊（即颜回）时内心特别自豪而激动，情感情绪处于激昂状态，所以情不自禁地将对颜渊人品的评判结论作为聚焦的重点，置于全句之首，从而创造出一个"谓语＋主语"的句法结构模式，让"贤哉"的评判语凌空起势，劈头而来，从而造成一种先声夺人的气势，让接受者不得不认同他对颜渊的评判，亦觉得颜渊是个非常贤德之人。

二、孔子哀伯牛"斯人也，而有斯疾也"

伯牛有疾，子问之。自牖执其手，曰："亡之，命矣夫！斯人也，而有斯疾也！斯人也，而有斯疾也！"

——《论语·雍也》

上引这段文字，是写孔子在弟子冉伯牛病重将死前看望他时而发出的悲怆之言，读之令人不禁无限感伤，既为冉伯牛的苦命而悲叹，也为孔子对弟子的深情而感动。

冉伯牛，即冉耕。他本是鲁国的贱民，因为孔子办私学奉行"有教无类"的理念，所以才有机会投身孔子门下，跟随孔子学习。与上文我们提到的颜渊一样，冉伯牛也是孔子的得意弟子。孔子开门办学，聚徒三千，遍及当时各诸侯国，所收门徒分为四科，即德行、言语、政事、文学。冉伯牛与颜渊一样，都是孔子德行科的高足。孔子在任中都宰与鲁国司寇时，曾对当时追随他的诸弟子的特长作过一番评价。其中，谈到冉伯牛时，就将其列入德行科的优等生。战国末期儒家的代表人物孟子也非常推崇冉伯牛，他在对孔门弟子进行评论时，甚至将冉伯牛列于孔门德行科之首。可见，冉伯牛在德行修养方面应该是有突出的表现的。也正因为如此，孔子在他得了有传染性恶疾时，仍然执意要前往看望，并从窗户外伸手进去与他握手，悲痛欲绝地说道："就这样完了，真是命啊！这样（一生行善）的人，怎么会得这种恶疾呢？这样的人，怎么会得这种恶疾呢？"

孔子感叹伯牛好人而得恶疾的话"斯人也，而有斯疾也！斯人也，而有斯疾也"，是相同语句的连用，属于反复修辞策略中的"连接的反复"。相同的话的连续反复，就将说话者孔子对于弟子冉伯牛行善而得恶疾的不平悲愤之情与深深的哀伤之情真切地表达出来。从心理学上看，孔子说这话时是内心处于失衡状态的激情亢奋阶段，强烈的不平与哀伤之情就像郁积于内心的火山，必须要寻找一个爆发口予以释放。那么，这个能量释放的爆发口是什么呢？这无疑就是通过反复其词的方式将内心的深切之情予以展露纾解，以期获得新的心理平衡。这是从表达者的角度来看。如果从接受者的角度来看，由于表达者孔子是以连续反复其词的方式表达其对弟子冉伯牛行善而得恶疾的不平与哀伤之情，"斯人也，而有斯疾也！"作为一个语言刺激物，连续两次出现，无疑对接受者的大脑皮层有强烈的刺激，使接受者在脑海中对孔子"斯人也，而有斯疾也！"这句话留下深刻的印象，进而体会到表达者孔子对弟子深切的情感，达成与表达者孔子在思想与情感上的共鸣，同情冉伯牛的不幸遭遇与坎坷的命运，理解孔子对痛失冉伯牛这样一个得意弟子的悲伤心情。如果我们通读过《论语》，还会记得《先进》篇中的这样一段记述"颜渊死，子曰：'噫！天丧予！天丧予！'"用的也是"连续的反复"，强烈地表达了他对得意弟子颜渊英年早逝的无限悲伤之情，给人的感染力也是特别大。

前文我们说过，反复修辞策略有两种形式，一是"隔离的反复"，二是"连续的反复"。相比较而言，"连续的反复"更能强烈的凸显出表达者强烈的情思，对接受者的感染力更大。因此，我们在日常生活中，经常能见到人们高频率地运用"连续的反复"。如一个人获得一个喜讯，他会说："太好了！太好了！太好了！"如果别人交代一件事，接受者觉得是对方对他的信任，他非常乐意为之，他会说："好，好，好！"如果别人表达一个观点，而听者非常认同，他会说："是，是，是。"而"隔离的反复"，由于反复的内容不是连续的，因此在凸显某种语意印象时就显得弱了点。但是，在诗歌（包括流行歌曲）中，"隔离的反复"在作品的首尾出现，则有一种一唱三叹的效果，对于形成韵律、强化语意，都有重要的作用。

三、曹操"对酒当歌"

　　　　对酒当歌，人生几何？譬如朝露，去日苦多。慨当以慷，忧思难忘。何以解忧？唯有杜康。青青子衿，悠悠我心。但为君故，沉吟至今。呦呦鹿鸣，食野之苹。我有嘉宾，鼓瑟吹笙。明明如月，何时可掇？忧从中来，不可断绝。越陌度阡。枉用相存。契阔谈䜩，心念旧恩。月明星稀，乌鹊南飞。绕树三匝，何枝可依？山不厌高，水不厌深。周公吐哺，天下归心。

——曹操《短歌行》

上引这首诗，是曹操诗作中的名篇之一，抒发的是作者渴望贤才相佐、建功而立大业的急切之情。全诗读来虽显格调苍凉，却充满了激情，读之让人深受感染。

那么，为什么会有这种效果呢？这一方面固然与诗人志存高远的政治家气度、作为治国者求贤若渴的真情有关，另一方面则与诗人所运用的设问修辞策略发挥的作用大有干系。

全诗三十二句，共一百二十八字，篇幅可谓小矣。但是，就是在这样小的篇幅内，诗人运用了同一种修辞策略"设问"竟达四次。其中，既有为"提示下文"的"提问"，也有"激发本意"的"激问"。诗的第二句至第四句："人生几何？譬如朝露，去日苦多"，是一个设问修辞文本，属于"提问"类。表达者先抛出问题"人生几何"，意谓人的寿命有多长；接着，自己马上就对这个问题予以回答："譬如朝露，去日苦多"，意谓人的生命极其短暂，就像早晨的露珠，太阳一出来就没有了。况且在这样短暂的生命历程中，过去的时光已经有很多，剩下的时间是微乎其微了。这样的一问一答，虽然比直道本意"人生苦短"要费辞些，但在表意上却显得丰富多了，它将诗人恨生命之短、惜去日之多的惆怅无奈之情充分地表现了出来，有力地呼应了全诗的第一句"对酒当歌"，让读者明白诗人为什么会有"对酒当歌"这样及时行乐的想法，从而了解诗人内心深层的苦闷，解除读者对他人生态度的误解，让大家明白：诗人之所以有及时行乐的想法，乃是源于对于生命苦短的无奈，对于求贤而不得、建功而不成的失落。正是因为无奈与失落，诗人才会有"对酒当歌"的行为。但是，诗人"对酒当歌"表面是及时行乐，深层则是"借酒浇愁"，纾解因求贤而不得、建功而不成所产生的内心苦闷。当读者意会到这一层，那么对于诗人的第二个设问文本"何以解忧？唯有杜康"，不仅易于理解，而且有恍然大悟之感，由此更加深切地体会到诗人作为一个政治家忧国忧民、求贤若渴的真切之情，见出其志存高远的阔大胸襟。这第二个设问文本，与第一个设问文本相同，也是属于自问自答的"提问"式，它的意思是忧愁难解，只有借酒浇愁。但是，诗人并不这样直接表达，而是借助一问一答的形式，强化表达的语意效果，让读者能够从中体会到他强烈的忧愁。这明显要比直接的表达更具感染力，引发读者的情感共鸣。第三、四个设问文本，与第一、二个设问文本不同，在形式上都属于"激问"式，它们的语意都在其表层疑问的反面。所谓"明明如月，何时可掇"，就是"明明如月，永远不可掇"，其意就是"求贤若渴的心情就像悬在中天的明明之月，天下人都可看见；渴望贤才的念头不能打消，就像明月千古长存一样"。由于是以"激问"的形式呈现，语气上的强调更加强了表意的坚定性，更能让人真切地感受到作者那种求贤若渴的情感，所以也就更能打动人心，读之让人深受感染。所谓"绕树三匝，何枝可依"，就是"绕树三匝，无枝可依"，其意是说"求贤心愿不能达成，就像乌鹊绕树三匝找不到可栖之枝一样失落惆怅"。由于同样是以"激问"的形式呈现，所以在语气上就比陈述句显得更加激昂有力，更能产生一种感动人心的力量，让人深受感染，达成情感与思想的共鸣。应该说，曹操这首《短歌行》之所以有深切感人的力量，成为千古名篇，事实上是有设问修辞策略运用的一份功劳在。

四、陶渊明"风飘飘而吹衣"

归去来兮，田园将芜胡不归！既自以心为形役，奚惆怅而独悲？悟已往之不谏，知来者之可追；实迷途其未远，觉今是而昨非。舟摇摇以轻飏，风飘飘而吹衣。问征夫以前路，恨晨光之熹微。

——陶渊明《归去来兮辞》

上引这段文字，是晋代陶渊明自写逃离官场、回归田园的轻松愉快的心情，读之不禁让人深受感染，甚至要学之彻底改变人生观，没做官的再也不想做官，做了官的也急欲辞官，要做一个"无官一身轻"的平民百姓。

众所周知，在中国人的观念中，自古以来都是"官本位"思想占上风，大家都认为做官好。只要做了官，什么好处都能拿到。"升官发财"，更是中国人挂在嘴上的常用语汇。也正因为如此，自古以来中国的读书人都削尖了脑袋往官场中挤。在未有科举取士的制度之前，读书人要想做官，主要有两个途径：一是自己游说当权者，比方说战国时代那个挂六国相印的苏秦，左右秦、魏、楚等国政坛的权相张仪等，都是靠这种方式进入官场的；二是通过他人推荐，像两汉、魏晋南北朝时期，大都采用这种方式。汉代实行的举荐制度，主要包括察举、皇帝征召、公府与州郡辟除、大臣举荐等途径。比方说，汉武帝时代的朱买臣，本是一个不名一文、老婆都嫌弃他要跟他离婚的穷书生，因为有大官人严助的推荐，一下子就做了郡守。魏晋南北朝时期实行的"九品中正制"，也如汉代一样。熟悉中国历史者都知道，汉代的推荐制，已经造成了很多腐败黑暗了，所以汉末有民谣"直如弦，死道边；曲如钩，反封侯"，"举秀才，不知书。举孝廉，父别居。寒素清白浊如泥，高第良将怯如鸡"。这说明举荐制的人为因素太多，从而完全失去了社会正义与公正合理性，最终沦为有权有钱阶层合法掌握国家政权的有效工具。魏晋南北朝时期，那是一个士族统治的时代，做官是要靠士族身世的，非士族是很难进入官场的。因此，在这种特权与封闭的官僚制度体系中，非士族的读书人即使能进入官场，那日子也是不好混的，要将官做大就更不可能。然国家选拔官员的制度如此不合理，那么官场黑暗的情状自然可以想见了。陶渊明生活的东晋时代，那是士族统治最典型的时期，官员的无能与官场的无序混乱的情形就更加突出了。正因为如此，作为孔孟之徒，且还有些读书人清高与良知的陶渊明就实在难以适应东晋的官场了。与世沉浮，随大流继续混迹于官场，他不适应；"举世皆浊我独清"，事实上他又做不到。于是，他最终选择了离开。这样，他就可以眼不见为净，不必忍受同流合污的心灵苦痛，屈辱地"为五斗米折腰"，尽失读书人的尊严。历史上都认为陶渊明离开官场是逃避现实，是向往田园闲适生活。其实都不是，那是不得已而作出的选择。因为他毕竟是读圣贤书的人，是典型的孔孟之徒，不是万不得已，岂能放得下"治国平天下"的儒教徒的信仰。

上面的这首骈体赋《归去来兮辞》，正是陶渊明假装旷达而写的，抒发了其辞去彭泽县令、归隐乡野的愉悦之情。虽然有些言不由衷，但确实写得非常动人，让人真的觉得他离开官场是很快乐的。上引开首一段，意思是："回去吧，田园都要荒芜了，为什么不回去呢？既然本心不想做官混迹官场，却要为生活所迫不得不奔走其间，那么为何还要惆怅感伤呢？现在体认到了以往的过错和糊涂，虽然已无法挽回，但只要知错，来日方长，自然可以补救的。实在还算是误入迷途不远，还能认识到过去的错误和今天选择的正确性。小船驶得飞快而摇摇晃晃，风儿飘飘吹起我的衣裳。问船夫前边还有多少路程，恨天色怎么才微明。"① 这段文字，从修辞的角度看，可以说非常成功，因为它"生动地写出了作者挣脱官场名缰利锁后，急于回乡的无比愉悦之情，特别是'舟摇摇以轻飏，风飘飘而吹衣'两句最为传神，尤足以表达出作者的这种喜悦之情。两个单音节词'摇'、'飘'的重叠使用构成'摇摇'、'飘飘'，突出强调了船行之快，有力地凸显了作者远离官场、企盼早日归乡的急切心情和回乡途中那种'无官一身轻'、归隐做农夫的喜悦之情。不需长篇累牍表白，只是两句中各用一个叠字即已写出了作者此时此刻的真实心理，可谓妙笔生花，令人叹服！"②

那么，陶渊明这里所运用的叠字修辞策略何以有如此魅力呢？这事实上是与"叠字"本身所具有的表达功能有关。所谓"叠字"，是一种将形、音、义完全相同的两个字词紧密相连地用在一起以企及某种特定语言效果的修辞文本模式。"这种修辞文本的建构，多

---

① 吴礼权：《语言策略秀》（修订本），暨南大学出版社 2013 年版，第 109 页。
② 吴礼权：《语言策略秀》（修订本），暨南大学出版社 2013 年版，第 109～110 页。

是基于以语词的复叠形式唤起接受者视听觉美感的心理预期。"① 因此，"作为一种修辞文本模式，叠字修辞文本的建构，一般说来，在表达上多显匀称和谐或形象鲜明的效果；接受上则有使接受者加强印象、引发某种美感愉悦的效果"②。陶渊明所建构的"舟摇摇以轻飏，风飘飘而吹衣"的两个叠字修辞文本，动词"摇"与"飘"的重叠，看起来好像是要造就"四六文"的骈体赋的句法结构格局（即将本来是五字成句的"舟摇以轻飏，风飘而吹衣"二句改造成六字成句的骈体文句式），实则是要通过动词"摇"与"飘"的重叠，既强化作者归心似箭的语意，又生动地再现了船快舟摇、风生衣飘的视觉形象，同时还产生了听觉上的一种珠玉相扣的音乐美感。正因为有如此多的审美情趣，所以陶渊明的这一修辞文本才会让人读之深受感染，历久难忘。

五、王翰"古来征战几人回"

葡萄美酒夜光杯，欲饮琵琶马上催。
醉卧沙场君莫笑，古来征战几人回？

——王翰《凉州词》

上引这首诗，在《全唐诗》中算得上是名篇。如果要追究它为什么有名，恐怕是与全诗所体现出来的边塞将士为国守疆不畏艰苦、慷慨豪迈、从容赴死的英雄气势有关，更与诗歌字里行间自然流淌出来的悲凉有关。

众所周知，唐代是中国历史上最为强盛的帝国时代，特别是盛唐时代更是在政治、经济、军事、文化等方面都可谓是如日中天。在国家空前强大、英雄有用武之地的时代氛围下，读书人都普遍怀有一种建功立业、报效国家的热情，对于开拓疆土、立功边关，读

① 吴礼权：《现代汉语修辞学》（修订版），复旦大学出版社 2013 年版，第 266 页。
② 吴礼权：《现代汉语修辞学》（修订版），复旦大学出版社 2013 年版，第 266 页。

书人多不持排斥态度。不仅如此，在盛唐时代还出现了一大批专写边塞战斗生活的边塞诗人，并形成了一个诗派。诗人王翰是唐睿宗景云元年（公元710年）的进士，虽然不是生于盛唐，而是国力有所下降的中唐，但就他的仕途来看，还算顺利。进士及第后，即被调为昌乐尉。未久，因其杰出的才华而被召为秘书正字，再擢升为通事舍人、驾部员外。之后，又出为汝州长史，旋改仙州别驾。因为生性豪放，日与才士豪侠纵酒、游猎，后被贬为道州司马。从知人论世的角度看，王翰成为边塞诗人，并以写边塞诗而闻名，是有其必然性的。因为他所处的时代与他的性格，都决定了其会热爱边塞生活，适合做边塞诗人。

作为唐代诗坛上一个重要的边塞诗人，王翰有诗集十卷，产量不可谓不高。但是，其诗今多不存，《全唐诗》中仅存录其诗十四首。其中，最有名的便是上引的这首《凉州词》。

这首《凉州词》虽然只有四句，寥寥二十八字，却写出了边塞将士的精神面貌与人生态度，豪迈之中见精神，慷慨之中有苍凉，将边塞将士慷慨赴死的豪气与及时行乐的复杂心态淋漓尽致地展现出来，读之不禁让人深受感染，感慨万千。诗的前二句"葡萄美酒夜光杯，欲饮琵琶马上催"，凌空起势，在读者尚无一点思想准备的情况下，突然横空推出一场宏大的边塞战地宴会：西域的葡萄美酒、精美的夜光酒杯，还有骏马上弹奏琵琶的壮士，可谓有声有色有味，读之让人对边塞生活顿生无限向往之情。然而，就在读者还沉浸于无比向往的神情之中时，诗人突然笔锋陡转，好像是没来由又好像是有必然性地接续了二句"醉卧沙场君莫笑，古来征战几人回"，一下子让人清醒过来：原来首二句凌空起势的欢乐场面的铺排，是为了凸显后二句所要展露的将士苍凉的心绪。这是运用了修辞上的对比（或曰映衬）手法，是以乐景衬哀情，通过前二句壮阔欢乐的氛围，衬托出将士为了保国卫边时刻都会献出生命的苍凉心情，让人们对他们何以会有及时行乐的思想有一个深切的理解。正因为如此，这首诗虽表面豪迈慷慨有余，却在字里行间渗透了浓浓的悲凉情调，所以读来倍加深切感人。除此，诗的末一句还用到了一个修辞策略，这就是"设问"，属于无疑而激发本意的"激问"。所谓"古来征战几人回"，其意就是"古来征战无人回"。由于是以设问的形式表现，语气上的加强，不禁引发读者强烈的情感共鸣，由此对将士们"醉卧沙场君莫笑"的心声有深切的体认，看到了他们内心世界的真实面：他们不是不畏惧死，不是旷达豪放到不留恋人世、不念及家人的地步，而是为了国家的安宁、人民的幸福而不得不慷慨赴死。这种崇高的精神境界，千古以降谁会不为之深受感动呢？

六、李煜"春花秋月何时了"

春花秋月何时了，往事知多少？小楼昨夜又东风，故国不堪回首月明中。

雕栏玉砌应犹在，只是朱颜改。问君能有几多愁？恰似一江春水向东流。

——李煜《虞美人》

上引这首词在中国词中的知名度是非常高的，也是最深切感人的。千古以降，不知有多少人读后都不禁为词人李煜掬一把同情泪。

那么，这首词何来这等魅力与感染力呢？这既与词人的身世及这首词背后的故事有关，更与词作的表达艺术有关。

众所周知，这首词的作者李煜不是中国历史上一个普通的文人骚客，而是南唐的一代帝君，史称李后主。他原名李从嘉，字重光，后改名为煜（取"日以煜之昼，月以煜之夜"之寓意）。是南唐元宗（世称中主或嗣主）李璟第六子。按照中国封建时代帝位继承的制度，无论如何也轮不到李煜继承皇位。虽然史书上说他"为人仁孝，善属文，工书画，而丰额骈齿，一目重瞳子"，就是说他既有才情，也有异相，有帝王之命，但正是因为他有才情，加上性格懦弱，文人气质过浓，就更不适合做帝王了。然而，造化弄人，李煜虽从不刻意追求帝位，但帝位却逼他而来。因为在他前面的五个兄长除了长兄李弘冀外，其余四个都不幸早逝了。这样，当长兄李弘冀被立为太子后，李煜便实际上成了顺位继承皇位的第二人。史料记载李煜的长兄李弘冀"为人猜忌严刻"，本无争位野心的李煜仍然遭到了他的猜忌。所以，时为安定公的李煜为了避嫌也为了避祸，就刻意远离政治，不肯参与国家政事。为了向长兄表明无意争位的心迹，他还给自己取了"钟隐"、"钟峰隐者"、"莲峰居士"等外号，以示自己志不在皇位而在于山水之间。然而，公元959年，南唐政坛发生了戏剧性的一幕，李弘冀谋杀了叔父李景遂。李弘冀之所以会走这一步险棋，据说是怕其父李璟死后将帝位传给李景遂，而不是自己。因为早在李璟即位之初，就曾说过"位终及弟"的话。李景遂的死，让李璟对李弘冀彻底失望了。于是，在李景遂死后不到三个月，不满三十岁的皇太子李弘冀也暴卒了。既然李弘冀已死，按照帝位继承的顺序，李璟自然是要立李煜为皇太子的。但是，大臣钟谟提出反对意见，认为李煜"德轻志懦，又酷信释氏，非人主才"。结果李璟大怒，不仅决意立李煜为皇太子，还借故将钟谟贬为国子司业，后流放至饶州。宋太祖建隆二年（公元961年）六月，李璟卒于新都南昌，时年25岁的皇太子李煜便在金陵登基即位，成了南唐后主。李煜继位为帝后，并无富国强兵的雄心大志，只是一味沉浸于吟诗填词的文人爱好之中，加之"性骄侈，好声色，又喜浮图，为高谈，不恤政事"，在北宋势力益愈强大的情势下，南唐国势就越发显得赢弱了。宋太祖开宝四年（公元971年），李煜知道无力抗拒日益咄咄逼人的北宋，遂遣其弟郑王李从善往北宋进贡，并开始去唐国号，称"江南国主"。尽管李煜如此委曲求全，但赵匡胤仍然执意不让卧榻之侧有他人鼾睡。宋开宝六年（公元973年），赵匡胤决意要解决南唐问题，一统天下。于是，他令李煜前往北宋之都汴梁（今河南开封）。李煜知道此去一定不妙，遂托病不肯成行。赵匡胤大怒，遂派大将曹彬率兵南下攻打南唐。然而，就在北宋大军压境的情势下，李煜仍然没有清醒过来，仍然幻想着向宋称臣纳贡可保全南唐基业。然而，赵匡胤不为所动。宋开宝八年（公元975年）十一月，北宋军队在吴越王军队的配合下，已经兵至南唐之都金陵城下了，并很快破城。最终，李煜在念完最后一首唐诗后，肉袒奉表出降。之后，便被宋兵解往北宋之都汴京，被宋太祖封为违命侯。宋太宗赵光义即位后，则晋封为陇西郡公。

说完了李煜这位悲情皇帝之身世，我们再来说一下他写上引这首词的背景。李煜从南唐皇帝到北宋阶下囚的身份转变，让他非常不适应，精神与心灵上的痛苦是可想而知的。但是，作为一个亡国之君，至此已经毫无办法，后悔也无济于事了。于是，原本就富于文人本色的李煜便写词以抒心中之苦。上引这首《虞美人》词，就是他亡国后抒写心灵痛苦最经典也是最深切的作品之一。但是，也就是因为这首词，宋太宗赵光义再也容不得他了，遂赐牵机药结束了他的生命。据清康熙时沈辰垣等编《历代诗余·词话》引《乐府纪闻》曰："后主归宋后，与故宫人书云：'此中日夕只以眼泪洗面。'每怀故国，词调愈工。……其赋《虞美人》有云：'问君能有几多愁，恰似一江春水向东流。'旧臣闻之，有泣下者。七夕，在赐第作乐。太宗闻之，怒。更得其词，故有赐牵机药之事。"

上文我们说过，历代读此词者都为之感动，除了有上述作者的身世及作词的背景因素外，更重要的因素还是词作本身带给读者心灵的感动与震撼。之所以会有这种效果，很大程度上与词人所运用的三种修辞策略有关。这三种修辞策略，一是设问，二是对比（或曰映衬），三是比喻。

对设问修辞策略的运用，在这首词中可谓表现最为出色。全词一共八句，寥寥五十六个字，却建构了三个设问修辞文本。"春花秋月何时了"与"往事知多少"两个设问修辞文本凌空起势，在全词开头集结并鱼贯而下，而且都是以意在反面的"激问"形式呈现，从接受心理上看，一下子就牢牢抓紧了读者的心，让其注意力骤然集中，从而在唤起其"不随意注意"的基础上，加深对这两个设问修辞文本语义内涵的深刻理解，由此深切地体认到词人作为一个亡国之君失国离乡、被囚寂寥的痛苦之情。其实，这两个设问修辞文本所产生的先声夺人的效果，在凸显词人亡国离乡、孤独无助的痛苦之情方面已经足够了。但是，词人觉得苦水、苦情尚未倒尽，心中的抑郁尚未完全释放。于是，又在四、五、六、七句对昔日南唐为帝生活的铺叙后，于全词的结尾处再建构一个设问修辞文本"问君能有几多愁？恰似一江春水向东流"，以自问自答的"提问"形式呈现，让无限的痛苦忧愁之情一泻而尽。由于这个设问文本是配置于全词的末尾的，所以在接受上自然产生了一种余味不尽、令人深思的效果，尤其能让读者产生情感的共鸣，为词人精神与心灵的苦痛而掬一把同情泪。

其次，在对比（或曰映衬）修辞策略的运用方面，这首词也表现得非常出色。学者高原曾就此分析道，在全词八句中，前六句的章法"是三度对比，隔句相承，反复对比宇宙之永恒不变与人生短暂无常，富有哲理意味，感慨深沉。如头二句以春花秋月之无休无尽与人世间多少'往事'的短暂无常相对比。第三句'小楼昨夜又东风'，'又东风'三字翻回头与首句'春花''何时了'相呼应，而与第四句'故国不堪回首'的变化无常相对比。第四句'不堪回首'又呼应第二句'往事知多少'。下面五、六两句，又以'雕栏玉砌应犹在'与'朱颜改'两相对比。在这六句中，'何时了''又东风''应犹在'一脉相承，专说宇宙永恒不变；而'往事知多少''不堪回首''朱颜改'也一脉相承，专说人生之短暂。如此回环往复，一唱三叹，将词人心灵上的波涛起伏和忧思难平曲曲传出"①。这一分析可谓是搔到了词人心灵的痒处，道出了词人运用对比修辞策略的妙处。

再次，在比喻修辞文本建构方面，这首词则更富创意。全词结尾二句"问君能有几多愁？恰似一江春水向东流"，从整体上看是一个设问修辞文本，上面我们已经分析过了。但是，从局部看，则又是一个比喻修辞文本。这个比喻的本体是"忧愁"，是镶嵌于前一句的"提问"句中的；喻体则是"一江向东流去的春水"，喻词

---

① 唐圭璋等编：《唐宋词鉴赏辞典》（唐、五代、北宋卷），上海辞书出版社2004年版，第123页。

是"恰似"。众所周知,"忧愁"是一种抽象的情感体验,看不见,摸不着。因此,要让人感知这抽象的"忧愁"实在是不容易。但是,词人却有办法。他通过"化抽象为具象"的比喻手法,将抽象的"忧愁"与具象的"一江春水"匹配到一起,从而让自己不为人所感知的心灵苦痛具体形象地呈现出来,让读者由日常所见的"一江春水"倒溯回无法看见的"忧愁",由此感同身受,与词人达成情感的共鸣,为其亡国去乡、寂寥无助的情感苦痛而掬一把同情泪。另外,值得一说的是,词人在选择喻体时选择"一江春水",而不选择"一河汴水",也是其高妙之处。如果选择"一河汴水",也很有表现力,而且符合"就近取譬"的比喻原则。但是,选择"一江春水",则完全不一样了。这是因为一来选择"一江春水"在意象上要比选择"一河汴水"显得阔大,这有利于凸显词人亡国去乡的忧愁之深;二来选择"一江春水",还有怀念故国故乡的深意。词人昔日在南唐为帝时常常在金陵目睹的长江之水,而今只能存留在记忆之中。而将记忆中的"一江春水"形象调出来,则更能凸显词人对故国故乡的深切眷念之情,凸显亡国去乡的深切忧愁。

七、苏轼"人生到处知何似"

人生到处知何似,应似飞鸿踏雪泥。泥上偶然留指爪,鸿飞那复计东西?老僧已死成新塔,坏壁无由见旧题。往日崎岖还记否?路长人困蹇驴嘶。

——苏轼《和子由渑池怀旧》

上引这首诗,是苏轼回复、唱和其弟苏辙送他《怀渑池寄子瞻兄》一诗的。诗中所表现的达观积极的人生态度与深切的兄弟情谊,让人深受感染,读之产生深切的情感共鸣。

宋仁宗嘉祐六年(公元 1061 年),"苏轼出任凤翔府(今属陕西)签判,其弟苏辙送他到郑州,然后返回京城开封,寄给他一首诗,题为"怀渑池寄子瞻兄"。苏轼和了这首诗,完全依照苏辙的

原韵"①。苏辙原诗是这样写的:

> 相携话别郑原上,共道长途怕雪泥。
> 归骑还寻大梁陌,行人已渡古崤西。
> 曾为县吏民知否?旧宿僧房壁共题。
> 遥想独游佳味少,无方骓马但鸣嘶。

苏辙送走兄长苏轼之后还要寄诗,这是因为想到兄长"独游佳味少"(孤身赴任的寂寥),归途中触景生情,便想起了两件往事。一是他十九岁时曾被任命为渑池主簿,未上任即中进士之事(苏辙诗自注曰:"辙曾为此县主簿,未赴而中第")。二是宋仁宗嘉祐元年(公元1056年)兄弟二人赴京应试时路过渑池,止宿于中寺舍,共题老僧奉闲之壁的往事(苏辙诗自注曰:"昔与子瞻应举,过宿县中寺舍,题老僧奉闲之壁")。诗中第五句"曾为县吏民知否",说的便是前者;第六句"旧宿僧房壁共题",说的便是后者。苏辙之所以要重提往事,乃是感于兄弟刚团聚又要离别之现实,表现手足之情的深切与难得。

苏轼读懂了苏辙诗的含义,所以他便依其原韵应和了苏辙一诗,并以"往日崎岖还记否?路长人因蹇驴嘶"二句收结全诗,有意仿苏辙触景而忆及往事的思路,重提兄弟二人进京应试的另一件往事(苏轼诗自注曰:"往岁,马死于二陵,骑驴至渑池"),以此对苏辙予以劝慰。可见,苏轼重提往事意不在回忆本身,而是别有寄托。所以苏轼的末尾二句看似怀旧,"其实不是怀旧,而是希望他弟弟珍惜现在,开拓将来。内里的潜台词是这样:从前我兄弟二人经过不少艰难困苦,如今彼此都中了进士,前途光明,同往日大不相同了。那些往事何必去怀念它,即使是怀念,也无非要鞭策自己奋发向前罢了"②。

---

① 缪钺等编:《宋诗鉴赏辞典》,上海辞书出版社2005年版,第313页。
② 缪钺等编:《宋诗鉴赏辞典》,上海辞书出版社2005年版,第314页。

上引苏轼的这首唱和苏辙的诗，读来之所以令人感动，深受感染，并会产生强烈的情感共鸣，除了上面我们说到的末尾二句诗所体现出来的对兄弟的深切关爱之情令人感动，易于让人产生情感的共鸣外，还有一个重要的方面，这便是诗人三次使用设问修辞策略，对助成诗歌的感染力，引发读者的情感共鸣发挥了重要作用。

我们都知道，设问修辞策略是一种平常而习用的修辞方法，运用之妙，存乎一心。苏轼运用这一修辞策略的高妙之处，就在于以设问修辞文本配置于全诗的开头与结尾。这样的配置，在文本接受上既有强化语意印象的效果，又有篇章功能上的前后照应之妙。全诗共八句，其中六句都是设问修辞文本。开篇两句"人生到处知何似，应似飞鸿踏雪泥"，是一个自问自答的"提问"式设问修辞文本。它凌空起势，劈头以一个提问领起，将每个人都会思考的人生大课题推出来：读书也好，做官也罢，或是做别的什么，每个人都身不由己，不能自主。那么，对于漂泊不定的生活、不能自主的人生，我们应该持怎样的态度呢？诗人立即给出了答案："应似飞鸿踏雪泥。"这个答案是个比喻，将游走不定的人比作南北迁徙的飞雁，其足迹是转瞬即逝的。这是对人生的感叹，也是全诗议论入诗最富哲理和最精彩的部分。然而，诗人并非就此打住，而是接着这个人生话题继续议论："泥上偶然留指爪，鸿飞那复计东西"，意谓飞雁虽会偶然留下足迹于泥中雪上，但它不会留意自己的足迹而继续飞行迁徙。这其实也是一个比喻，属于暗喻。它是将游子与飞雁相比，暗喻为人应该达观，不要因为漂泊不定的生活而困扰。这个暗喻是专门说给苏辙听的，告诉他不要为自己独行赴任的孤寂而伤感。这是站在了对方的立场而劝慰人，所以听来格外感人至深，表现了兄弟手足深切的情谊。但是，这两句虽是说理抒情，但诗人却并未采用直陈句，而是用了疑问句，以无疑而问的"激问"，将本意激发出来，从而给读者留下更深刻的印象。

一般说来，一个设问文本已足以产生强化语意的效果，易于激发出接受者的情感或思想共鸣。可是，苏轼却将设问文本鱼贯而下，并且集结于全诗的开首四句，其所产生的强化语意印象的效果自然是不言而喻的。可以说，这种先声夺人的效果是任何接受者都能感受到的，也是最易感动接受者而使之产生情感共鸣的。我们都知道，宋代之诗不同于唐代之诗。唐代之诗较少议论，但宋诗则好议论，可贵的是，苏轼的这首诗虽然首四句都是在议论，但并没有让人觉得他在板起面孔讲道理而产生厌恶感，而是让人"心有戚戚焉"，认同他的道理。如果诗写到这里就戛然而止，虽不失其价值，但在诗歌所追求的境界上则就失色了不少。正因为诗人认识到这一点，接下来的四句就别转笔锋，以叙事忆旧来写兄弟之情。五、六两句"老僧已死成新塔，坏壁无由见旧题"，看起来似乎是回应苏辙"旧宿僧房壁共题"的话题，是忆旧。其实，并非如此。它是要通过忆旧，寓理于事，暗示苏辙：往事只是一种美好的追忆，面对现实才是最重要。也就是说，我现在要去赴任，虽然孤独寂寥，你与我离别会伤感，但你我二人读书考进士意在实现治国平天下的理想。因此，为了我们的远大理想，现在我们要用达观的态度对待"飞鸿踏雪"的人生。写到这里，诗歌所要表达的意涵应该说是语尽意尽了。可是，没想到，诗人又转出七、八两句。这是律诗结构的要求，同时更是诗人升华诗歌主题的需要。七、八两句"往日崎岖还记否？路长人困蹇驴嘶"，从修辞结构上看，也是一个设问文本，属于"提问"。前句提问，后句作答，但是一问一答中又都包含着叙事忆旧的内容。这既丰富了诗歌的内涵，又强化了主旨表达的语意印象，让直接接受者苏辙感受到兄长的关切之情。因为这两句忆旧的叙事，也是寓理于事，暗示苏辙：当年那么艰苦的日子我们都过来了，而今我们都中举做官了，还有什么不满足的呢？离别对于人生而言，又算得了什么呢？关切之情、劝慰之意都尽在其中，读之岂能不让人为其兄弟深厚的情感而动容？

八、胡适"为什么爱读《木兰辞》"

　　我们为什么爱读《木兰辞》和《孔雀东南飞》呢？因为这两首诗是用白话做的。为什么爱读陶渊明的诗和李后主

171

的词呢？因为他们的诗词是用白话做的。为什么爱杜甫的
《石壕吏》、《兵车行》诸诗呢？因为他们都是用白话做的。
为什么不爱韩愈的《南山》呢？因为他用的是死字死话。

      ——胡适《国语的文学·文学的国语》[1]

  上引这段文字，是胡适提倡白话文学的名言。一读之下，就让
人觉得他的话不信不行，而且还有很强的感染力，让人过目难忘。

  那么，胡适的这段话何以有如此深厚的魅力与深切的感染力
呢？这是缘于他善用设问与排比修辞策略。

  众所周知，胡适是五四运动的大将，是以提倡"民主"与"科
学"而名噪一时的，同时也是提倡白话文学的急先锋。正因为如
此，当时他便成了保守派攻击的箭垛。关于这一点，台湾学者沈谦
《我的朋友胡适之》一文记述说：

  胡适揭开文学革命的序幕，提倡白话文学，宣扬民主
与科学，推出德先生（Democracy）与赛先生（Science），
鼓动新思潮，开风气之先，居功奇伟。曾经遭受到若干保
守人士的攻讦，开始还讲道理，后来演变成人身攻击，胡
适虽然修养不错，终究按捺不住，脱口而出："狮子和老
虎向来都是独来独往的，只有狐狸跟狗才联群结党！"

  这里所记胡适骂人的事，就是因为与保守派人士争论"民主"
与"科学"的问题而起。大家都知道，胡适不仅善于演讲，也非常
会写文章。当然，保守派人士就会在争论中居于下风。但是，保守
派人士心有不甘，遂另辟蹊径、绕道偷袭，以胡适听从母亲之命、
娶小脚太太江冬秀之事作为攻击胡适的炮弹。这让一向修养极好的
胡适不能容忍了，因为他接受母亲包办的婚姻只是表示对寡母的孝
顺，可是他心中是有隐痛的。保守派人士不理解这一点，哪壶不开

---

[1] 此例引见于黄庆萱：《修辞学》，台湾三民书局1979年版，第43页。

提哪壶，这就等于在胡适伤痛的心上再撒了一把盐。所以，他突破自己做人底线，开始破口骂人。不过，尽管是骂人，但仍然维持了一位大学者的风度，骂得含蓄深远。因为他这句骂人的话，是运用了比喻修辞策略，将自己比作狮子与老虎，将对方比作狐狸与狗，既夸耀了自己光明磊落的人格，又贬低了对方缺乏君子风度的小人作风。所以，文坛对于胡适的这次骂人，不仅没有恶感，而且还将之传为佳话。

　　除了宣传"民主"与"科学"被人攻击外，胡适倡导白话文学，也同样遭到来自各方面人士的围攻与批评。但是，胡适却表现得相当有雅量。关于这一点，乐朋《胡适的谦和雅量》一文（载《文汇报》2003 年 10 月 10 日 11 版）曾有述及：

　　　　1919 年，胡适的白话诗集《尝试集》出版。这部中国文学史上的第一本白话诗集，轰动一时，赞誉的，诋毁的，讥笑的，纷至沓来。有人在他的诗集上题了刻薄的文字："乍放天足，色香俱坏，未见新机，仍存故态。"胡适得知之后非但没有生气，反而以足喻诗，说他的白话诗"很像一个缠过脚后来放大了的妇人。"在一次演讲中，胡适一方面指出，学白话文"应该从活的语言下手"，另一方面又坦承，自己"如同旧时女人的小脚解放，无论怎样解放，都不能和天足媲美。有人说我的白话文说得好，其实是解放后的小脚，鞋子里却装上了棉花。"（见江苏古籍出版社《民国名人逸闻》）对于批评，乃至是谤讪，胡适持平和心态，从批评、谤讪中寻找自己的不足，绝不因为自己是白话文运动的权威，就唯我独尊，老虎屁股摸不得！他始终保持一个学者的谦逊，尊重事实，服膺真理，从不以一贯正确、完美无缺自诩，真正具备"海纳百川，有容乃大"的气度。

　　　　早年的胡适与章士钊结缘文字，后来却因文言和白话之争，彼此失和，章士钊屡次贬损胡适倡导的白话文浅薄。有次，两人应邀同赴一个宴会，遂相沟通，并合影留念。章在给胡的照片上写了一首白话词：

你姓胡来我姓章，你讲甚么新文字，我开口还是我的老腔；

双双并坐各有各的心肠！将来三五十年后，这个像片好作文学纪念看。

哈，哈，我写白话歪词送给你，总算是俺老章投了降。

而胡适则在给章的照片上题了一首文言诗：
但开风气不为师，龚生此言吾最喜；
同是曾开风气人，愿常相亲不相鄙。

从胡适与章士钊这段由观点交锋到交际互动的故事来看，我们足可见出胡适的雅量。当然，章士钊也是有学者的雅量与风度的。

如果胡适在宣传白话文学时仅仅表现出雅量与风度的话，那么他的贡献也就不会太大。事实上，胡适在倡导白话文学的问题上不仅表现出讲道理的文人风范，而且还凸显了一代大学者的语言智慧。上引胡适倡导白话文学的话，就表达技巧来看，无疑是他具有语言智慧的见证。

这段文字虽然是赤裸裸地倡导白话文学之是，攻击文言文学之非，但是没有给人留下强词夺理的恶感。相反，读之让人觉得铿锵有力，气势很足，说服力也足。这里就可见出胡适善用设问与排比修辞策略的智慧。上引这段文字篇幅不大，不过寥寥一百多字，却将白话文学的好处说得很充分，给人留下的印象也特别深刻。之所以有这种效果，有两方面的原因。一是表达者要宣扬白话文学的优势时，没有采用直陈句的形式予以概括的说明，而是采用四问四答的形式。这四问四答，就是四个设问修辞文本。第一个文本"我们为什么爱读《木兰辞》和《孔雀东南飞》呢？因为这两首诗是用白话做的"，宣扬的是两首汉乐府民歌的成就，以此说明白话作诗的优势。第二个文本"为什么爱读陶渊明的诗和李后主的词呢？因为他们的诗词是用白话做的",宣扬的是一位诗人与一位词人,以他们作品受欢迎的事实来说明作诗与填词都应该用白话才有生命力的道理。第三个文本"为什么爱杜甫的《石壕吏》、《兵车行》诸诗呢?因为他们都是用白话做的",是特意挑出唐代大诗人杜甫的两个名篇予以举例,以此再次申述诗篇要传之不朽就须用白话写作的主旨。第四个文本"为什么不爱韩愈的《南山》呢?因为他用的是死字死话",则与前三个设问文本不同,以唐代文学大家韩愈的《南山》诗为例,从反面论证即使是再伟大的作家,不用白话写作也是不受人喜欢的。这样,四个设问文本就从正反两个方面强调突出了作者所要表达的主旨:"唯有白话文学才有长久的生命力。"

以上是从局部来观察,如果从整体观照,上述四个设问文本联合起来又是一个排比修辞文本。前文我们说过,"排比"是一种将"同范围同性质的事象用了组织相似的句法逐一表出"[1],以此"获求形式整齐、表意充足酣畅效果的一种修辞文本模式"[2]。这种修辞文本模式,"在表达上,一般说来除了表意上的充足酣畅的气势外,还有视听觉形象上的齐整、平衡、和谐的明显效果;从接受上看,修辞文本中多个相同或相似结构形式的句子的并置,不仅易于引发接受者文本接受中的'不随意注意'和'随意注意',而且会因齐整的文本形式格局引发接受者生理上左右平衡的身心律动,产生一种快感,从而提升文本接受、解读的兴趣,加深对表达者所建构的修辞文本用意及内涵的理解把握"[3]。胡适上述以四个设问文本联合构成的大文本,在句法结构上相同或相似,即是先用疑问句提问,后用相同或相似句法结构的陈述句回答。所以,整体上看属于排比修辞文本模式。由于四个结构形式相同或相似的设问文本一字铺排,鱼贯而下,因此在接受上就有一种大江之水一泻千里、浩浩荡荡、势不可挡的夺人气魄。因此,在说理上就有一种充足酣畅的效果,使读者一读便留下非常深刻的印象,并不得不信服表达者的

---

① 陈望道:《修辞学发凡》,上海教育出版社 1997 年版,第 203 页。
② 吴礼权:《修辞心理学》(修订版),暨南大学出版社 2013 年版,第 157 页。
③ 吴礼权:《修辞心理学》(修订版),暨南大学出版社 2013 年版,第 158 页。

结论。

我们都知道，设问与排比修辞策略都是人们平常习用的，但是将二者结合起来运用，并产生"1＋1＞2"的表达效果，则非一般人所能做到的。可见，胡适真的是具有高度的语言智慧的。

九、梁实秋"讲价"

> 我买东西很少的时候能不比别人的贵。世界上有一种人，喜欢到人家里面调查物价，看看你家里有什么东西都要打听一下是用什么价钱买的，除非你在每一事物上都粘上一个纸签标明价格，否则将不胜其罗嗦。最扫兴的是，我已经把真的价格瞒起，自欺欺人地只说了一半的价钱来搪塞他，他有时还会把头摇得像个"波浪鼓"似的，表示你上了弥天的大当！我承认，有些人是特别的善于讲价，他有政治家的脸皮，外交家的嘴巴，杀人的胆量，钓鱼的耐心，坚如铁石，韧似牛皮，所以他能压倒那待价而沽的商人。
>
> ——梁实秋《讲价》

上引这段文字，是梁实秋讲中国人购物喜欢讲价的心理。虽然说的是我们日常生活中司空见惯的事情，却道常人所未道，并且表达得非常生动，读之不仅印象深刻，而且还会情不自禁地产生情感共鸣，觉得作者对于中国的国民性真是知之深矣。

如果我们在日常生活中稍稍留心一点，就会发现中国人购物喜欢讲价，讲价几乎是其与生俱来的本能。当然，这个"本能"不仅与汉族重视理财的悠久历史文化传统有关，更与汉民族人长久以来艰难的生存条件有关。正因为如此，在中国无论是那些为生计所迫而斤斤计较的下层民众，还是读圣贤书而"重义轻利"的知识分子，事实上都是有"集体无意识"的讲价习惯。关于前者，我们只要走进中国各地各种形式的市场（除了使用西方管理经营模式而明码标价的商场或超市），就会见到买卖双方乐此不疲的讲价场面。关于后者，我们不妨看一看现代著名作家老舍在《有了孩子以后》一文中的"夫子自道"：

> 好多没办法的事都得马上有办法，小孩子不会等着"国联"慢慢解决儿童问题。这就长了经验。半夜里去买药，药铺的门上原来有个小口，可以交钱拿药，早先我就不晓得这一招。西药房里敢情也打价钱，不等他开口，我就提出："还是四毛五？"这个"还是"使我省五分钱，而且落个行家。这又是一招。找老妈子有作坊，当票儿到期还可以入利延期，也都被我学会。没功夫细想，大概自从有了儿女以后，我所得的经验至少比一张大学文凭所能给我的多着许多。

你看，老舍这位满族文人，因受中国传统文化熏陶已久，也有喜欢讲价的心理，甚至在他孩子生病需要买药的特殊情况下，他还不忘跟药店讲价。不但讲价，而且还有一套行话，用"还是"一词让店方不敢跟他打价。为此，他对自己的讲价艺术非常得意，并津津乐道地将其中的技巧公之于众。可见，喜欢讲价确实是中国人普遍的心理，是包括汉民族人在内的所有中国人的国民性之突出表现。

上引梁实秋的一段文字，之所以读之让人印象深刻，并产生情感共鸣，原因就在于它非常生动而有力地揭示出了这种国民性。除了独到的眼光与敏锐的观察力外，梁实秋还善于建构修辞文本，通过排比与比喻两种修辞策略的交替运用，将这种国民性揭示得生动形象。"有些人是特别的善于讲价；他有政治家的脸皮，外交家的嘴巴，杀人的胆量，钓鱼的耐心，坚如铁石，韧似牛皮，所以他能压倒那待价而沽的商人"，这一句是全段文字最精彩的部分。其中"他有政治家的脸皮，外交家的嘴巴，杀人的胆量，钓鱼的耐心"，是一个排比修辞文本，动词"有"之后由四个并列的偏正式名词短语共同充当宾语。由于相同结构形式的四个短语一字铺开，鱼贯而下，不仅表意显得充足酣畅，而且别有一种"大江东去，浩浩荡荡"的气势，读之让人印象特别深刻，让人情不自禁地就产生了情感共鸣，并为之击节赞叹。至于"坚如铁石，韧似牛皮"二句，则是两个比喻修辞文本，化抽象为具象，将讲价者锲而不舍的讲价劲头生动形象地呈现出来，读之令人觉得意趣横生，妙不可言，情不自禁就产生了情感共鸣。

十、朱自清"思春"

盼望着，盼望着，东风来了，春天的脚步近了。

一切都像刚睡醒的样子，欣欣然张开了眼。山朗润起来了，水长起来了，太阳的脸红起来了。

小草偷偷地从土里钻出来，嫩嫩的，绿绿的。园子里，田野里，瞧去，一大片一大片满是的。坐着，躺着，打两个滚，踢几脚球，赛几趟跑，捉几回迷藏。风轻悄悄的，草绵软软的。

桃树、杏树、梨树，你不让我，我不让你，都开满了花赶趟儿。红的像火，粉的像霞，白的像雪。花里带着甜味儿，闭了眼，树上仿佛已经满是桃儿、杏儿、梨儿。花下成千成百的蜜蜂嗡嗡地闹着，大小的蝴蝶飞来飞去。野花遍地是：杂样儿，有名字的，没名字的，散在花丛里，像眼睛，像星星，还眨呀眨的。

——朱自清《春》

上引这几段文字，是现代著名作家朱自清的散文名篇《春》的开篇部分。读之让人深受感染，顿生强烈的情感共鸣，对春天的到来充满了无比的期待与激动之情。

对于春天，人们多充满期待。因为看够了"无边落木萧萧下"的肃杀秋景，煎熬过漫长而寒冷的冬天，人类本能地对温暖而充满生机的春天寄予无限的希望。在中国古代，人们有探春、踏春的习俗；在现代的日本，当樱花盛开的时候，人们聚于"满开"（日语"盛开"之意）的樱花树下狂欢。可以说，不论古今，也不论中外，对于春天，人们都是满心喜爱的。正因为满心喜爱，所以自古以来就有很多文人骚客要舞文弄墨歌颂春天。当春天来临时，他们欢喜雀跃，灵感就像汩汩的春泉一般喷涌而出，赞美春光春色的妙语高文不经意地就从笔端流淌出来。如"一夜好风吹，新花一万枝"（令狐楚《春游曲三首》），"野渡花争发，春塘水乱流"（李嘉佑《送王牧往吉州谒王使君叔》），"弱柳千条杏一枝，半含春雨半垂丝"（温庭筠《题望苑驿》），"城上风光莺语乱，城下烟波春拍岸"（钱惟演《木兰花》），"野鸟眠岸有闲意，老树着花无丑枝"（梅尧臣《东溪》），"雪消门外千山绿，花发江边二月晴"（欧阳修《春日西湖寄谢法曹歌》），"春色恼人眠不得，月移花影上栏杆"（王安石《春夜》），"春风春雨花经眼，江北江南水拍天"（黄庭坚《次元明韵寄子由》），"等闲识得东风面，万紫千红总是春"（朱熹《春日》）等，都是诗人们爱春喜春的心理写照。当春天将要逝去时，他们则心情沮丧，怜惜哀伤的情绪就像决堤的洪水一泻而下，笔下流淌的都是悲凉的情调。如唐诗中"一片花飞减却春，风飘万点正愁人"（杜甫《曲江二首》其一），"天荒地变心虽折，若比伤春意未多"（李商隐《曲江》），"共君今夜不须睡，未到晓钟犹是春"（贾岛《三月晦日送春》），"惆怅春归留不得，紫藤花下渐黄昏"（白居易《三月三十日题慈恩寺》），"江花何处最肠断，半落江流半在空"（元稹《江花落》），"愁心伴杨柳，春尽乱如丝"（刘希夷《春女行》），"残花半树悄无语，细雨满天风似愁"（崔橹《春晚泊船江村》），"春风堪赏还堪恨，才见开花又落花"（雍陶《过南邻花园》），"春光冉冉归何处，更向花前把一杯。尽日问花花不语，为谁零落为谁开？"（严恽《落花》）等，皆是非常有名的惜春名句。宋词中"泪眼问花花不语，乱红飞过秋千去"（欧阳修《蝶恋花》），"若有人知春去处，唤取归来同住"（黄庭坚《清平乐》），"落尽梨花春又了，满地残阳，翠色和烟老"（梅尧臣《苏幕遮》），"春去也，飞红万点愁如海"（秦观《千秋岁》），"无可奈何花落去，似曾相识燕归来"（晏殊《浣溪沙》），"残杏枝头花几许，啼红正恨清明雨"（晏几道《蝶恋花》），"惜春长怕花开早，何况落红无数"（辛弃疾《摸鱼儿》），"惜春不觉归来晚，花压重门带月敲"（赵崇《过扬子江》），"把酒送春春不语，黄昏却下潇潇雨"（朱淑真《蝶恋花》），"万点飞花愁似雨"（杨炎正《蝶恋花》）等，更是历代文人赞赏不绝的伤春名句。

喜春、伤春的文字在中国文学中非常多，但是关于思春的名篇则并不多见。上引朱自清的《春》，虽不是以典雅的诗词形式表现，而是用了现代白话行文，但是读来却也倍感深切动人，让人产生强烈的情感共鸣，迫不及待地盼着春天的到来。那么，这四段仅仅二百余字为什么会有这种深厚的魅力与深切的感染力呢？这恐怕与作者运用到的多种修辞策略有极大的关系。

开头一段"盼望着，盼望着，东风来了，春天的脚步近了"，是将反复修辞策略与拟人修辞策略联合起来运用。"盼望着"两次重复，以急促的语气将作者盼望春天早日到来的急切心情淋漓尽致地展露出来。可谓是用字不多，却效果奇好。"东风来了，春天的脚步近了"，则是一个运用了拟人修辞策略的文本，将春风（即东风）比作人，让春风长了脚，形象感、亲切感更足，让人有即之可温的感觉。

第二段两句，则全是拟人修辞文本。"一切都像刚睡醒的样子，欣欣然张开了眼"，是将春天来临万物复苏，比作一个睡醒了人，既形象生动，又让人倍感亲切。"山朗润起来了，水长起来了，太阳的脸红起来了"，动词"朗润"、"长"、"红"分别与"山"、"水"、"太阳"匹配，也是拟人的手法。它既生动地再现了天地焕然一新的形象，又让人产生了无尽的联想，让文字顿时灵动飞扬起来。

第三段则是拟人、叠字、反复、排比四种修辞策略并用，继续展露春天的魅力与给人类带来的生机与活力。"小草偷偷地从土里钻出来"，这是拟人的表达，动词"钻"既生动地再现了小草破土而出的形象，又不着痕迹地强调了小草的生命力。"嫩嫩的，绿绿的”与末尾一句“风轻悄悄的，草绵软软的”，则都是对叠字修辞策略的运用，既有强化语意印象的效果，又有增添文字音乐美感的作用。前句通过“嫩”与“绿”字的重叠，强调的是小草的嫩绿可爱，凸显的是一种视觉美；后句通过“悄”、“软”二字的重叠，强调的则是风与草给人的感觉，展露的是一种感官体验的快感。“园子里，田野里，瞧去，一大片一大片满是的”一句，运用的是反复修辞策略，通过“一大片”的两次重复，强调草地的广阔与春光无限的意涵。“坐着，躺着，打两个滚，踢几脚球，赛几趟跑，捉几回迷藏”，则是两个排比文本。“坐着，躺着”，属于两个事象的排比，而“打两个滚，踢几脚球，赛几趟跑，捉几回迷藏”，则是四个事象的排比。① 前者写人们陶醉于春色中的静态形象，后者写人们在春光激荡下亢奋的行为表现。两个文本都生动地再现了人们对春天的喜爱之情，强化了作者对春天热烈期盼的主旨内涵。

　　第四段所运用的修辞策略更为丰富，既有上述已经用到的排比、拟人，还有未曾用到的比喻、通感、示现、摹声。“红的像火，粉的像霞，白的像雪”，是由三个比喻构成的排比，极力铺排春天花开时五彩缤纷的盛况，不禁让人顿时深受感染而展开想象的翅膀，结合自己以往的生活经验再造出春日花开的新形象，从而在文本接受中获取更多的审美享受。“野花遍地是：杂样儿，有名字的，没名字的”，也是排比文本，铺排强调的是野花种类之多，强化春意正浓、春色正美之意。“桃树、杏树、梨树，你不让我，我不让你，都开满了花赶趟儿”，是将桃树、杏树、梨树当作人来写，属于拟人修辞文本，给非人类的植物增添了无限的活力，不仅形象生动，而且还让读者倍感亲切有味。“红的像火”、“粉的像霞”、“白的像雪”三个比喻文本，是以联系搭挂的方式写桃树、杏树、梨树花开的颜色之美，让人由此及彼展开联想，收获更多的审美享受。“散在花丛里，像眼睛，像星星，还眨呀眨的”，既是比喻文本，也

---

　　① 学术界一般倾向于认为，排比是以三项或三项以上的事象并列。但是，陈望道认为两个事象也可以构成排比。参见陈望道：《修辞学发凡》，上海教育出版社 1997 年版，第 205 页。

是拟人文本。它先将散在花丛中的野花比作人的眼睛与天上的星星，然后又将其拟作人的眼睛，还会"眨呀眨的"，可谓既生动形象，又让人有无尽的遐想，有味之无穷的美感。"花里带着甜味儿"，是一个通感修辞文本。它是通过将嗅觉与味觉打通的方式，让接受者产生一种感同身受、即之可温的情感体验。"闭了眼，树上仿佛已经满是桃儿、杏儿、梨儿"，这是通过想象而建构的示现文本，将尚未成为现实的事象说得仿佛就在眼前一样，让人顿生一种身临其境、如见其景的亲切感。至于"花下成千成百的蜜蜂嗡嗡地闹着"，则是一个摹声修辞文本，通过"嗡嗡"二字摹写蜜蜂喧闹的声响，让人有一种如闻其声的现场感与亲切感。

上引这四段总共才两百多字，运用了如上这么多的修辞策略，而且都非机械地运用，而是创造性地综合运用、交错运用，这应该是作者朱自清写"春天"能够深切感人的原因，也是这篇文章开篇便能让人产生相同的情感共鸣而急切盼春的原因。

十一、李敖"不看你的眼"

不看你的眼，
不看你的眉。
看了心里都是你，
忘了我是谁。

不看你的眼，
不看你的眉。
看的时候心里跳，
看过以后眼泪垂。

不看你的眼，
不看你的眉。
不看你也爱上你，

忘了我是谁。

　　　　　　　　　　　　——李敖《忘了我是谁》

　　上引这首现代诗，出自台湾著名作家李敖的手笔。曾经被谱成曲，一度成为台湾风靡一时的流行金曲。

　　众所周知，李敖一向都是非常自负的，尤其是对自己的文章更是自负得近乎狂妄。他曾宣称说："白话文在李敖手里，已经出神入化。在中国传说中，五百年必有王者兴，必有不世出的人出世，因此我说：'五十年来和五百年内，中国人写白话文的前三名是李敖、李敖、李敖。'我深信，我这一辈子，其他的功德都不算，光凭好文章，就足以使我不朽。我'纵笔所至不检束'，把白话文写得气象万千，光芒万丈，这种中国功夫，是谁也抹杀不了的。"对于李敖能否包揽五十年来和五百年内中国人写白话文的前三名，学术界与读书界当然是有争议的。不过，有一点应该是可以肯定的：他的文章写得确实不错，白话也写得相当不错。但是，他仅仅是一个写文章的高手而已，并非是写诗的高手。事实上，他也不是靠写诗在文坛树立地位的作家。这一点，大家都是清楚的。然而，他偶然间写出的上引的这首诗竟然成为台湾流行歌曲的经典歌词，这实在是出人意料的。对此，李敖本人也感到意外。所以，他在其所著《李敖回忆录》中特意提及此诗创作的经历：

　　　　我在景美军法看守所时，不准看报，外面消息只靠口耳相传。有一天，一个外役搞到几"块"破报纸，他说他喜欢搜集歌词，以备他年作谱消遣。如我能写几首歌词同他交换，这几"块"报纸便是李先生的了。我同意了。就立即写了几首，其中一首就是《忘了我是谁》。
　　　　……
　　　　这歌词我发表在 1979 年 9 月 18 日《中国时报》，新格公司作为"金韵奖"第一名推出，由许瀚君作曲、王海玲演唱，引起轰动。事实上，我认为作曲和演唱都比歌词好。这首歌词《忘了我是谁》五个字，后来变成台湾报刊常用语，经常用在标题上。传说这歌是我为胡茵梦作的，绝对错误，因为在牢中写它时全无特定对象，眼前只是一面白墙耳！

——李敖《李敖回忆录》

由此可见，李敖创作此诗只是偶然。不过，应该承认，创作诗歌虽不是李敖的专长，而且又纯属偶然，但事实上这首诗确实是写得不错，谱成曲后，被年轻人热烈追捧。

那么，这首诗究竟好在哪里呢？它为什么能够感染台湾的年轻人，让他们产生强烈的情感共鸣，而热烈追捧，并被捧成了台湾流行歌坛上的金曲呢？

其实，从修辞学的角度观察，这些问题非常易于回答：这首诗就是成功地运用了反复修辞策略，以一唱三叹的方式写出了现代年轻男女在婚恋问题上的矛盾心态。这首诗，一共三章，共十二行。虽然篇幅不大，但反复的修辞文本却建构了五个，分别是三章中的开头两句"不看你的眼，不看你的眉"，还有第一章、第三章的末句"忘了我是谁"。这五个反复修辞文本，若从篇幅上看，占了全诗十二句中的八句，几乎占了全诗百分之七十的篇幅。前文我们曾经说过，反复修辞文本，"都是建立在表达者在激情状态下通过反复使用同一语句来强化对接受者在修辞文本接受时大脑皮层的受刺激频率，从而引发其文本接受过程中的'不随意注意'的心理基础之上的"①。因此，反复修辞文本的建构，"从表达上看，它可以凸现表达者的某种较为强烈的情思，满足表达者在激情状态下心理失衡时的心理能量的释放和情感情绪的纾解的需要；从接受上看，文本中同一语句的反复出现，使接受者易于在同一刺激物的反复刺激下形成大脑皮层最适宜兴奋灶，产生对接受文本的'不随意注意'，从而加深对表达者所建构的修辞文本的印象和理解，达成与表达者

---

① 吴礼权：《修辞心理学》（修订版），暨南大学出版社 2013 年版，第 91 页。

184

之间的情感思想共鸣"①。前文我们还说过，从表现形式上看，"反复"可以区分为两类：一是"隔离的反复"，二是"连接的反复"②。上引李敖的这首诗，运用的都是"隔离的反复"。"不看你的眼，不看你的眉"两句，分别置于三章的开头，而"忘了我是谁"一句，则分别出现于第一章、第三章的末尾。因此，它们都是典型的"隔离"式反复文本。作者之所以在诗中大量集结反复修辞文本，而且采用"隔离"式的反复形式，其高妙之处有两点：一是"隔离"式反复文本，因为分置于诗的三章相同的位置上，这有利于营造出诗歌一唱三叹的音乐旋律美感；二是通过"不看你的眼，不看你的眉"两句在前，"忘了我是谁"一句在后的巧妙配置，在不露痕迹中让前者与后者形成了对比，从而淋漓尽致地凸显了现代社会的青年男女在婚恋问题上非常矛盾的心态，可谓道出了广大青年读者的心声，令其"心有戚戚焉"，情不自禁地便产生了强烈的思想情感共鸣。有此二妙，这首诗谱成曲后，焉能不风靡一时，成为流行歌曲的经典呢？

十二、李敖的 1935 年

> 1935 年的世界是一个多变的世界。这一年在世界上，波斯改国号叫伊朗了、英国鲍尔温当首相了、墨西哥革命失败了、意大利墨索里尼身兼八职并侵略阿比西尼亚了、法国赖伐尔当总理了、挪威在南极发现新大陆了、德国希特勒撕毁凡尔赛条约扩张军力了、捷克马萨利克辞掉总统职务了、土耳其凯末尔第三次连任总统了、菲律宾脱离美国独立了。
>
> ——李敖《李敖回忆录》

---

① 吴礼权：《修辞心理学》（修订版），暨南大学出版社 2013 年版，第 91 页。
② 陈望道：《修辞学发凡》，上海教育出版社 1997 年版，第 199 页。

上引这段文字，是台湾著名作家李敖在其所著《李敖回忆录》开篇时述说自己出生那年的世界大事，意在说明出生于这个世事多变年头的人注定是一生命运坎坷的。

在这段文字中，李敖提到了许多历史往事与历史人物，现在很多人都感到陌生了，但确实又是历史上十分重要的人与事。如波斯改国号为伊朗之事，就是 1935 年的事。波斯在中国古代史书中是经常被提到的一个重要国名。对世界历史有所了解者都知道，波斯与今日的伊朗其实并非一回事。今日伊朗的版图与历史只是昔日波斯帝国的一部分而已。波斯帝国全盛时期，其疆域东到印度河平原，西北延伸到小亚细亚和欧洲的马其顿和希腊半岛等地区，西南则包括了今日的埃及甚至也门。1935 年建国的伊朗，只是昔日波斯帝国的一部分，是一个位于亚洲西南部的中东国家。它东部与巴基斯坦和阿富汗接壤，南临波斯湾和阿拉伯海，西与土耳其和伊拉克交界，东北部与土库曼斯坦毗邻，西北则与阿塞拜疆和亚美尼亚山水相连。文中提到的英国首相鲍尔温，即今译为斯坦利·鲍德温（Sir Stanley Baldwin，1867—1947）的英国保守党政治家，曾分别于1923 年至 1924 年、1924 年至 1929 年、1935 年至 1937 年三度出任英国首相。1935 年第三次就任英国首相时，因为漠视法西斯主义对世界和平的威胁而广遭抨击。文中提到的墨西哥革命，则是特指墨西哥革命制度党 1928 年推翻波费里奥·迪亚斯总统而在墨西哥开始长达 72 年的执政历史。文中提到的墨索里尼，就是指意大利法西斯党魁与大独裁者贝尼托·墨索里尼（Benito Amilcare Andrea Mussolini，1883—1945）。他于 1922 年至 1943 年被意大利王国任命为总理，与德国的希特勒同为第二次世界大战的元凶。文中所提到的意大利侵略阿比西尼亚之事，是指 1935 年意大利入侵非洲东北部国家埃塞俄比亚（旧称"阿比西尼亚"，即 Abyssinia）。文中提到的法国赖伐尔当总理，是指法国社会党人皮埃尔·赖伐尔（Pierre Laval，1883—1945）第二次出任法国内阁总理之事。赖伐尔曾于 1931 年至1932 年第一次出任法国总理。第二次世界大战爆发后，法国很快沦陷。1942 年 4 月，赖伐尔在希特勒的支持下出任总统菲利普·贝当傀儡政府的总理，并一直左右着这个伪政权的政治。1945 年 5 月德国战败投降，法国光复，赖伐尔于同年 10 月被巴黎高等法院以叛国罪判处死刑。文中提到的挪威在南极发现新大陆之事，是指挪威人克里斯腾森等领导的探险队在南极洲一系列探险活动中发现了 3 600 公里南极海岸线并航空测量了 8 万平方公里南极大陆的历史。文中提到 1935 年希特勒撕毁的《凡尔赛条约》（又称《凡尔赛和约》），是指第一次世界大战结束后，战胜国（即协约国）对战败国（即同盟国）的和约，其主要内容与目的是惩罚和削弱发动侵略的德国的力量，防止它东山再起。文中提到的辞去捷克总统职务的马萨利克，即捷克斯洛伐克首任总统托马斯·加里格·马萨里克（Tomáš Garrigue Masaryk，1850—1937），任期是 1918 年至 1935 年。因其在争取捷克独立运动中的特殊贡献，被捷克人称为捷克开国三元勋之一。文中提到的第三次连任土耳其总统的凯末尔，就是穆斯塔法·凯末尔·阿塔图尔克（Mustafa Kemal Atatürk，1881—1938）。他是土耳其杰出的政治家、军事家、改革家和作家，也是土耳其共和国的第一任总统，被誉为现代土耳其的创建者和"土耳其人之父"。文中提到的菲律宾独立之事，是指 1934 年美国国会批准通过允许菲律宾人成立自治政府并在十年后获得独立的《泰丁麦克杜菲法案》之后，菲律宾于 1935 年 11 月宣布成立自治政府的历史事件。

　　李敖在其个人回忆录的开篇，之所以提及 1935 年发生的上述诸多历史事件与在此期间活动于当时世界历史舞台的诸多人物，看似在东拉西扯，实际却深藏奥妙，这便是通过这些历史事件与历史人物行为的罗列，建构出一个排比修辞文本。前文我们说过，排比是一种将"同范围同性质的事象用了组织相似的句法逐一表出"[1]，从而"获求形式整齐、表意充足酣畅效果的修辞文本模式"[2]。我们上引李敖回忆录中的这段文字中，就有一个非常典型而又奇特的排比修辞文本："这一年在世界上，波斯改国号叫伊朗了、英国鲍尔温

---

①　陈望道：《修辞学发凡》，上海教育出版社 1997 年版，第 203 页。
②　吴礼权：《现代汉语修辞学》（修订版），复旦大学出版社 2013 年版，第 136 页。

当首相了、墨西哥革命失败了、意大利墨索里尼身兼八职并侵略阿比西尼亚了、法国赖伐尔当总理了、挪威在南极发现新大陆了、德国希特勒撕毁凡尔赛条约扩张军力了、捷克马萨利克辞掉总统职务了、土耳其凯末尔第三次连任总统了、菲律宾脱离美国独立了。"这个排比文本，是通过十个句法结构相似的主谓句一字并列铺排而构成的，不仅使篇首"1935年的世界是一个多变的世界"这个提挈全段主旨的语句意涵表达得更加充足酣畅，而且因"这十个结构相同相似的句子并置所形成的整齐形式格局还造就出修辞文本在视听觉形象上的对称、平衡、和谐的美感效应"。① 这是从表达上看，若是从接受的角度看，其独特的效果也是非常明显的。"由于表达者所建构的上述修辞文本是以超乎寻常的十个结构相同相似的句子并置在一起，特别是十句末尾十个助词'了'的有意铺排，使接受者在文本接受解读中受到极大的刺激，易于引发出强烈的'不随意注意'和'随意注意'，并在文本齐整的形式格局的影响下生发出一种生理上不自觉的左右平衡的身心律动，产生一种快感，从而提升对文本接受解读的兴味，加深对表达者所建构的修辞文本真实意图的理解把握——即体认到：1935年确是一个不同寻常的多事多变的年代，出生于这一年的作者（表达者）本人未来的人生经历和命运也将是不同寻常的"②。正因为如此，我们读李敖的回忆录才倍感有味，有急欲一口气读完的情感冲动。

十三、香港流浪诗人的心灵苦痛

　　我怎么能再流浪下去？诗人，我怎么能再幻想苹果园里，异国的院子，也会有一个子夜寻访的连锁？大理石砌起的广厦里会不会生长一株忏悔流泪的绛珠草？蛮荒的向往已经终止，武士的幻梦已经流逝，不再是西欧洲落拓的

---

① 吴礼权：《现代汉语修辞学》（修订版），复旦大学出版社2013年版，第138页。
② 吴礼权：《现代汉语修辞学》（修订版），复旦大学出版社2013年版，第138～139页。

游唱诗人，不再是南北朝蓄意落第的士子，我只是偶然间奔进了等待的坟地，在盎格鲁·撒克逊的兵火海涛中迷失了方向。我迷失了方向，诗人，乌楸在你的四周哀号。

——杨牧《作别》

上引这段文字，是香港作家杨牧《作别》一文中的片断，是述说作为一个神游于历史之中的诗人在精神上的苦痛与心灵上的孤独。

我们都知道，文学家是精神产品的生产者，他们的工作就是探索人类情感与心灵深处的微妙变化，因此他们难免会多愁善感。至于他们当中的诗人，则更与普通人不同，甚至与一般的文学家（如散文家、小说家等）不同。他们的思维方式，他们的行为做派，都有常人所不能理解的特异之处。关于这一点，作为文学家的梁实秋也毫不讳言。他曾在《诗人》一文中这样评说过诗人：

有人说："在历史里一个诗人似乎是神圣的，但是一个诗人在隔壁便是个笑话。"这话不错。看看古代诗人画像，一个个的都是宽衣博带，飘飘欲仙，好像不食人间烟火的样子。《辋川图》里的人物，弈棋饮酒，投壶流觞，一个个的都是儒冠羽衣，意态萧然，我们只觉得摩诘当年，千古风流，而他在苦吟时堕入醋瓮里的那付尴尬相，并没有人给他写书流传。我们凭吊浣花溪畔的工部草堂，遥想杜陵野老典衣易酒卜居茅茨之状，吟哦沧浪，主管风骚，而他在耒阳狂啖牛炙白酒胀饫而死的景象，却不雅观。我们对于死人，照例是隐恶扬善，何况是古代诗人，篇章遗传，好像是痰唾珠玑，纵然有些小小乖僻，自当加以美化，更可资为谈助。王摩诘堕入醋瓮，是他自己的醋瓮，不是我们家的水缸，杜工部旅中困顿，累的是耒阳知县，不是向我家叨扰。一般人读诗，犹如观剧，只是在前台欣赏，并无须厕身后台打听优伶身世，即使剌听得多少奇闻轶事，也只合作为梨园掌故而已。

　　由此可见，诗人确实不同于常人。正因为他们不同于常人，所以常人即使是有幸能跟他成为邻居，也难以理解他们，当然更不可能洞悉他们精神上与心灵深处不为人知的苦痛，并予以深切理解的。上引香港作家杨牧这段叙写诗人精神与心灵苦痛的文字，读之却让我们"心有戚戚焉"，不禁对一个神游历史之中而不能自拔的诗人心灵深处的苦痛而感到神伤，并产生强烈的情感共鸣。那么，这是为什么呢？

　　其实，仔细分析一下，我们就能发现，这主要是源于作者违背常规地运用了一种修辞策略。这种修辞策略，就是我们日常生活中都经常用到的"设问"。前文我们曾经说过，设问有两种形式：一是先提问，后自己给出答案；二是直接通过一个反义疑问句表现，答案就在这个反义疑问句的反面。前者称为"提问"，后者称为"激问"。但是，上引这段文字却非普通的设问修辞文本，而是三个设问文本连用。第一个设问文本"我怎么能再流浪下去"，是"激问"形式，答案就在其反面，意即"我不能再流浪下去了"。第二个设问文本"我怎么能再幻想苹果园里，异国的院子，也会有一个子夜寻访的连锁"，也是一个"激问"形式，答案也在它的反面，意即"我不能再幻想苹果园里，异国的院子，也会有一个子夜寻访的连锁了"。第三个设问文本，则属于"提问"式。先提出问题"大理石砌起的广厦里会不会生长一株忏悔流泪的绛珠草"，然后自己给出答案"蛮荒的向往已经终止，武士的幻梦已经流逝，不再是西欧洲落拓的游唱诗人，不再是南北朝蓄意落第的士子，我只是偶然间奔进了等待的坟地，在盎格鲁·撒克逊的兵火海涛中迷失了方向。我迷失了方向，诗人，乌楸在你的四周哀号"。如此三个设问文本一气铺排而下，将设问修辞文本促人深思、强化印象的接受效果放大了三倍，最大限度地呈现出表达者激情状态中的精神苦痛与无助。因为这三个不同形式的"设问"配合使用，并异乎寻常地大规模集结在一起，从表达上看，"强烈凸显并强调了表达者作为一个神游于历史之中的诗人的思想情感苦闷，满足了表达者因神游历史不能自拔的精神苦痛而影响心理平衡的心理能量的释放和情感纾解的需要"①；从接受上看，"由于表达者所建构的修辞文本语言形式上的提示（视觉上三个问号的连用，听觉上三个提问重音的鱼贯而下），极易引发接受者的'不随意注意'的集中，进而使接受者深刻理解表达者文本建构的意图，从而在表达者激情状态的语言表达中深受感染而达成与表达者之间的情感共鸣——即感同身受地体味出一个诗人的精神苦痛"②。正因为如此，我们读了上引这段叙写诗人精神苦痛的文字，能够突破常人的冷静态度，与表达者达成情感上的共鸣，对诗人心灵的苦痛予以深切的同情。

十四、对岸游子梦中的旧时家山

每当月白风清、午夜梦回之际，脑海中辄会浮现出旧时家山的影子：那高耸巍峨的紫金山、那娇艳明媚的玄武湖、那撩人情怀的台城柳、那烟水迷茫的秦淮河、那枫叶满楼的清凉寺、那彩色斑斓的雨花台、那枫红如火的栖霞山、那香烟缭绕的鸡鸣寺、芦花翻飞的莫愁湖、那西风斜阳的乌衣巷、那碧空如洗的白鹭洲、那云蒸霞蔚的牛首山、那四壁书香的豀蒙楼、那展翅欲飞的燕子矶、那一衣带水的扬子江……以及那太湖的风帆落日、那梅园的腊梅飘香、那姑苏的拱桥旧院、那寒山古刹的夜半钟声、那嘉兴的南湖风雨、那西湖的潋滟湖光……还有那隐约楼台烟雨中的南朝四百八十寺，和那几经兴亡的绿水青山……在模糊的记忆里，不知它们，不知它们都无恙否？

——中原《梦回江南》③

上引这段文字，是台湾作家中原所写的想念大陆故乡的心情，读之不禁让人感慨万千，特别是对于那些因种种原因而离开家乡的

① 吴礼权：《现代汉语修辞学》（修订版），复旦大学出版社2013年版，第181页。
② 吴礼权：《现代汉语修辞学》（修订版），复旦大学出版社2013年版，第181页。
③ 转引自沈谦：《修辞学》，台湾空中大学印行1996年版，第500页。

海内外游子，更有一种"心有戚戚焉"的情感共鸣，让他们情不自禁间便从心底涌出怀念故国、追忆乡园的深切之情。

我们每个人都有一种经验，大凡人在家乡时，并不会觉得家乡有多可爱，有多么值得留恋的。而一旦离开家乡，特别是因为不得已的原因而离乡，甚至无望再返回故乡时，便会油然生出萦绕心间挥之不去的乡愁。尤其是在交通不便的古代，这种乡愁更浓。正因为如此，中国古典文学中抒写乡愁几乎是作家永恒的母题。而正是这个缘故，中国古代抒写游子思乡之情的名句特别多，而且大多被千古传诵。如先秦诗赋中有"谁谓河广，一苇杭之"（《诗经·卫风·河广》），"湛湛江水兮上有枫，目极千里兮伤春心，魂兮归来哀江南"（屈原《楚辞·招魂》），"鸟飞返故乡兮，狐死必首丘"（屈原《楚辞·离骚》）等；汉乐府民歌中有"离家日趋远，衣带日趋缓。心思不能言，肠中车轮转"（无名氏《古歌》），"日暮途且远，游子悲故乡"（无名氏《古诗》），"征夫怀远路，游子恋故乡"（无名氏《别诗》，出自苏武《诗四首》其四），"胡马依北风，越鸟巢南枝"（无名氏《行行重行行》）等；魏晋诗歌中有"狐死归首丘，故乡安可忘"（曹操《却东西门行》），"草虫鸣何悲，孤雁独南翔。郁郁多悲思，绵绵思故乡"（曹丕《杂诗二首》其一），"伫立望故乡，顾影凄自怜"（陆机《赴洛道中作二首》其一），"人情怀旧乡，客鸟思故林"（王赞《杂诗》），"朔风动秋草，边马有归心"（王赞《杂诗》），"羁鸟恋旧林，池鱼思故渊"（陶渊明《归田园居五首》之一）等；隋朝有诗句曰"人归落雁后，思发在花前"（薛道衡《人日思归》）；唐诗中有"举头望明月，低头思故乡"（李白《静夜思》），"仍怜故乡水，万里送行舟"（李白《渡荆门送别》），"一叫一回肠一断，三春三月忆三巴"（李白《宣城见杜鹃花》），"安得如鸟有羽翅，托身白云还故乡"（杜甫《大麦行》），"今春看又过，何日是归年"（杜甫《绝句二首》之二），"露从今夜白，月是故乡明"（杜甫《月夜怀舍弟》），"一时今夕会，万里故乡情"（杜甫《季秋苏五弟缨江楼夜宴崔十三评事韦少府侄三首》），"人作殊方语，莺为故国声"（王维《晓行巴峡》），

"日暮乡关何处是，烟波江上使人愁"（崔颢《黄鹤楼》），"乡泪客中尽，孤帆天际看"（孟浩然《早寒有怀》），"不知何处吹芦管，一夜征人尽望乡"（李益《夜上受降城闻笛》），"愁云遮却望乡处，数日不上西南楼"（岑参《醉题匡城周少府厅壁》），"孤灯然客梦，寒杵捣乡愁"（岑参《宿关西客舍寄东山严许二山人时天宝初七月初三日在内学见有高道举征》），"故园东望路漫漫，双袖龙钟泪不干"（岑参《逢入京使》），"故乡今夜思千里，愁鬓明朝又一年"（高适《除夜作》），"共看明月应垂泪，一夜乡心五处同"（白居易《望月有感》），"一夕高楼月，万里故园心"（白居易《江楼闻砧》），"若为化作身千亿，散上峰头望故乡"（柳宗元《与浩初上人同看山寄京华亲故》），"逢人渐觉乡音异，却恨莺声似故山"（司空图《漫书五首》），"他乡生白发，旧国见青山"（司空曙《贼平后送人北归》），"他乡有明月，千里照相思"（李峤《送崔主簿赴沧州》），"家在梦中何日到，春生江上几人还"（卢纶《长安春望》），"乡心正无限，一雁度南楼"（赵嘏《寒塘》），"行人无限秋风思，隔水青山似故乡"（戴叔伦《题稚川山水》），"共看今夜月，独作异乡人"（张蠙《别后寄友生》），"二月江南花满枝，他乡寒食远堪悲"（孟云卿《寒食》），"故园此去千余里，春梦犹能夜夜归"（顾况《忆故园》），"故山归梦远，新岁客愁多"（钱起《长安落第作》），"故山迢递故人去，一夜月明千里心"（许浑《凌歊台送韦秀才》）"关门不锁寒溪水，一夜潺湲送客愁"（李涉《再宿武关》），"归梦如春水，悠悠绕故乡"（刘眘虚散句），"蝴蝶梦中家万里，子规枝上月三更"（崔涂《春夕》，或作《春夕旅怀》），"还家万里梦，为客五更愁"（张谓《同王征君湘中有怀》），"云蔽望乡处，雨愁为客心"（谈戭《清溪馆作》），"今夜月明人尽望，不知秋思落谁家"（王建《十五日夜望月寄杜郎中》），"函关归路千余里，一夕秋风白发生"（无名氏《杂诗》）等；宋代诗词中有"五更归梦二百里，一日思亲十二时"（黄庭坚《思亲汝州作》），"惟有夜来归梦，不知身在天涯"（贺铸《清平乐》），"青山无限好，犹道不如归"（晁补之《临江仙》），"孤舟万里潇湘客，一夜归心满洞庭"（严羽《闻笛》），"无端一夜空阶雨，滴破思乡万里心"（张咏《雨夜》），"故乡何处是，忘了除非醉"（李清照《菩萨蛮》词）等；金人诗歌中有"西南三月音书绝，落日孤云望眼穿"（元好问《壬辰十二月车驾东狩后即事》其三），"新诗淡似鹅黄酒，归思浓如鸭绿江"（完颜璹《思归》），"自叹不如华表鹤，故乡常在白云中"（高士谈《晚登辽海亭》）等；元代诗中有"京国多年情尽改，忽听春雨忆江南"（虞集《听雨》）等；明代小说中有"梁园虽好，不是久恋之家"（施耐庵《水浒全传》第六回）等；清代词中有"风一更，雪一更，聒碎乡心梦不成，故园无此声"（纳兰性德《长相思》词）等。这些句子之所以能成为名句，被千古传诵，就是因为它们道出了人类共同的对乡愁的情感体验，击中了人类情感的软肋，所以最能打动人心。

我们上引台湾作家中原所写的这段文字，虽然没有上述古代诗词等作品中抒写乡愁的句子有名，但其传达出的浓浓乡愁让人感同身受，对读者心灵的震撼力极大，对其情绪的感染力也极大，让人情不自禁从心底涌出强烈的情感共鸣，仿佛我们自己就是那个身在海峡对岸遥望故园而不能亲近的游子。

那么，这段文字何以有如此强烈的感染力，能让读者深受感动而引发强烈的情感共鸣呢？这主要是缘于作者创造性地运用了排比修辞策略。

之所以说作者运用的排比修辞策略具有创造性，是因为这个排比文本在篇幅上超乎寻常，它是以"那高耸巍峨的紫金山"、"那娇艳明媚的玄武湖"、"那撩人情怀的台城柳"、"那烟水迷茫的秦淮河"、"那枫叶满楼的清凉寺"、"那彩色斑斓的雨花台"、"那枫红如火的栖霞山"、"那香烟缭绕的鸡鸣寺"、"芦花翻飞的莫愁湖"、"那西风斜阳的乌衣巷"、"那碧空如洗的白鹭洲"、"那云蒸霞蔚的牛首山"、"那四壁书香的豁蒙楼"、"那展翅欲飞的燕子矶"、"那一衣带水的扬子江"、"那太湖的风帆落日"、"那梅园的腊梅飘香"、"那姑苏的拱桥旧院"、"那寒山古刹的夜半钟声"、"那嘉兴的南湖风雨"、"那西湖的潋滟湖光"、"那隐约楼台烟雨中的南朝四百八十寺"、"那几经兴亡的绿水青山"二十三个名词短语一气铺排而下，共同充当"脑海中辄会浮现出旧时家山的影子"这一主谓句的动词宾语"影子"的同位语，从而让"旧时家山的影子"就像电影"蒙太奇"手法的一个个特写镜头一样，慢慢地摇过我们的眼前，既让我们看到了家山的生动影像，又回顾了旧时家山的历史，让人不禁由此及彼，思绪万千，沉浸于这一旧时家山的影像之中而不能自拔，对作者身处台湾而不能亲近祖国大陆的乡愁予以深切理解，在感同身受的情感体验中与作者达成情感与思想的共鸣。另外，值得一说的是，这一排比文本在意象选择上极其高妙。在上述二十三个"旧时家山的影子"中，有很多作为"影子"的景物建筑或地名都是有故事的，也是具有特定历史文化内涵的。如"台城柳"、"秦淮河"、"清凉寺"、"雨花台"、"鸡鸣寺"、"莫愁湖"、"乌衣巷"、"白鹭洲"、"豁蒙楼"、"燕子矶"、"寒山寺钟声"、"南湖风雨"、"西湖潋滟湖光"、"南朝四百八十寺"等，有历史常识的人一看就会立即引发丰富的联想，情不自禁便会思接千古，浮想联翩。这样，不仅扩大了文字表意的张力，也极大地提升了文本的审美价值。

十五、张晓风"决心要到山里去一趟，一个人"

> 十一月，天气晴朗，薄凉。天气太好的时候我总是不安，看好风好日这样日复一日地好下去，我决心要到山里去一趟，一个人。一个活得很兴头的女人，既不逃避什么，也不为了出来"散心"——恐怕反而是出来"收心"，收她散在四方的心。
>
> ——张晓风《常常，我想起那座山》

上引这段文字，是台湾著名女作家张晓风抒写自己决定摆脱尘世琐务，走进大自然、亲近大自然的心路历程。写的虽是她个人的生活态度，却淋漓尽致地表现了现代都市人困于红尘俗务、整日忙忙碌碌而不知人生何为的苦闷之情。

　　张晓风之所以有毅力放下尘世琐务而作出走进大自然的决定，这是因为她是一个作家，知道大自然与现实生活才是写作的第一源泉。不亲近大自然，不深入现实生活，"躲进小楼成一统"，与世隔绝，整日在书斋中苦思冥想，那是写不出好的作品的。关于这一点，台湾另一位作家张放在《鸡鸣早看天》一文中曾有这样的顿悟：

　　　　这位牛奶姑娘的话，使我感到惭愧而自卑。后来，我在马致远的《汉宫秋》杂剧里，发现这样质朴动人的描写，那是毛延寿选宫，皇帝爱上了民女昭君唱出的："你便晨挑菜，夜看瓜，春种谷，夏浇麻，情取棘针门，粉壁上除了差法。……"我进而联想到一个人如果只在屋里埋头写作，而不去外面看那流动的云、摇曳的树、青翠的山，和那浩瀚汹涌的大海，他是写不出有生命的作品。因为只有身心健康的人，才会创作出优美真挚的作品。

　　张放认为，一个作家要想创作出"优美真挚的作品"，就应该走出书斋，"去外面看那流动的云、摇曳的树、青翠的山，和那浩瀚汹涌的大海"。这样，他写的作品才是"有生命的作品"。这个意思，与张晓风"决心要到山里去一趟，一个人"的心灵感悟是一致的。笔者曾经为复旦大学附属第二中学初中预备班吴括宇同学的作文集《作文就是这么写》写过一篇《评点者的话》，也谈到了与此相同的观点：

　　　　写作除了要具备足够的知识外，还需有一定的见识。知识就像是"半亩方塘"里的"天光云影"，能够给我们灵感，提供我们写作中从容挥洒的空间；但真正的"源头活水"还是来自于我们生活实践中得来的见识。唯有热爱生活，深入生活，投身大自然，投身社会实践，我们才能长见识。有了见识，我们才能视野开阔，文思泉涌。……

一个人要是没有生活，没有社会实践，整天宅在家里做白日梦，即使想坏脑壳，也是写不出感动人的作品的。相反，深入生活，投身大自然，投身社会实践，我们就会有无尽的素材，有看问题独到的眼光。而这独到的眼光，便是见识。文章中有见识，才能给读者以教益。也唯有能给人教益，文章才有价值。

小学生写作文，常常觉得无话可说。老师布置作业，让他们写两百字的作文，很多孩子还是凑不足字数，这是为什么呢？不是因为他们不会说话，而是因为无话可说。为什么无话可说？因为他们当中的很多人没有生活，或整天泡在无穷无尽的习题中，或马不停蹄地奔波于各种补习班的路上。他们所能接触的，除了书本还是书本，除了奥数，就是英语。他们不仅没有走出户外看山看水，坐看云起的那份闲暇与雅兴，甚至连阅读课外读物的时间也没有。一个小学生，既不与亲近自然，也不与人交往，那么他的心中何来风花雪月的影象？何来发乎内心的热爱与感动？何来对人及人心细致入微的观察？而没有这些，小学生的作文有什么话好说？即使硬凑成篇，又如何能够感动人？

小作者吴括宇的作文，很多篇什之所以被报刊发表，在复旦大学附小师生间广泛传播，就在于他的文章有内容，有见识，读后让人感动，让人陶醉。然而，这一切都不是"闭门家中坐"、"两耳不闻窗外事，一心只读教辅书"的结果，而是他走出家门，到大自然中听风听雨，在日常生活中听众声喧哗的结果。他曾登临杭州六和塔，听过钱塘江的潮声；也曾去过日本京都，听过川端康成曾听过的鸭川溪声；他曾看过苏杭的山水，也曾在日本的斑尾高原上坐看过云起云飞；他曾在上海植物园闲看过"落霞与孤鹜齐飞"，也曾在日本长野山中看过夕阳下向日葵的笑脸；他看过杭州西湖的万顷碧波，也见过日本斑尾高原上野尻湖清澈见底的湖水；他抚摸过上海森林公园的野草，也弄过日本希望湖的清涟；他看过上海南汇的桃花，也赏过日本京都的樱花；他登临过上海的佘山，也爬过日本京都的岚山和马鞍山……，他曾练过多年空手道，知道由白带练到黄带、红带直到黑带所需付出的汗水与努力；他从四岁开始学书法，认识颜真卿，了解柳公权，邂逅赵孟頫……这一切的一切，让他开了眼界，认识了世界，也认识了人世。所以，他能锦口绣心，妙笔生花，写出一篇篇让老师同学喝彩、让报刊编辑叫好的作文。①

无论是台湾作家张放的顿悟，还是笔者的感悟，虽然说的道理都是对的，但是从接受效果看，则远远没有张晓风"决心要到山里去一趟，一个人"这样的文字感性，其感染力也大打了折扣。

那么，张晓风"决心要到山里去一趟，一个人"这句话，何来如此深厚的魅力，读之让人深受感染呢？仔细分析一下张晓风的这句话，我们便会发现它是倒装修辞策略运用得好。

前文我们说过，倒装是一种有意突破某一语言的句法结构规则和逻辑表述顺序而建构起来的修辞文本模式。它可以大致分为"单句的倒装"与"复句的倒装"两类。其中，"单句的倒装"又可以分为"主语与谓语的倒装"、"定语与中心语的倒装"、"状语与中心语的倒装"三类。上引张晓风的这句话，则属于"单句倒装"中的"状语与中心语的倒装"类型。由于"句子的状语'一个人'从中心语'到山里去一趟'的附着地位独立出来，置于整个句子之后，这就提升了状语'一个人'的表达地位"②。因而这一倒装文本的建构，"从表达上看，凸显了作者'久在樊笼里'，不得独自飞的哀怨之情以及犹豫之后最终下定决心后的快感，满足了作者因过度激动而心理失衡的心理能量的释放和激情状态下的情感纾解的需要；从

---

① 吴括宇撰、吴礼权评：《作文就是这么写》，吉林教育出版社 2013 年版，第 8 ～ 10 页。

② 吴礼权：《现代汉语修辞学》（修订版），复旦大学出版社 2013 年版，第 192 页。

接受上看，由于表达者所建构的上述修辞文本都将句子的状语以显眼的位置予以突出出来，成为全句的一个阅读焦点，突破了常规句式结构模式，易于引发接受者文本接受中的注意集中，从而触发其追寻表达者如此建构文本的深层根由的欲望，进而加深了对文本的印象和对文本意旨的理解，在表达者的激情感染下达成与表达者之间的情感共鸣，为现代都市人困于俗世万丈红尘，忙于琐务细事，身心疲惫也不能自由地与自然亲近，白白放过大好时光的情感苦痛而感伤"[1]。可见，造句也是需要大智慧的。有时对句法结构进行一次小小的颠覆，就能产生意想不到的效果。张晓风的创意造言的经验，就证明了这一点。

---

[1]　吴礼权：《现代汉语修辞学》（修订版），复旦大学出版社 2013 年版，第 192 ～ 193 页。

第五章　突破你的心防

　　以语言文字为工具与人进行交际，其目的是多种多样的，或是向人布达某种理念或观点，或是劝说或说服他人接受自己的建议，或是鼓动他人为某种事业而奋斗并付诸行动，或是抒发国破或国亡后的悔恨，或是倾诉乡园之思的深切之情，或是表达向他人求托或求饶之意，或是表现男女相悦的诚挚之情，或是抒发兄弟手足之情，或是抒写夫妻恩爱的喜悦之情，或是倾诉有情人难成眷属的悲哀之情，或是抒写生离死别之情等，不一而足。

　　不过，应该指出的是，不论是为何种交际目标而说、写，都必须要讲究表达策略。只有创意造言具有高度的智慧，才能让接受者惊喜、惊讶、惊愕或惊叹；或是将话传达到对方的心坎里，才能击中其情感的软肋，从而突破其心防，让接受者打心眼儿里认同你所布达的理念或观点，或是欣然接受你所提出的建议或鼓动，或是对你所表露的喜怒哀乐等深切的情感产生共鸣并予以深切的同情。

　　那么，怎样才能突破他人的心防，从而达成自己的交际目标呢？事实上，这里不存在什么固定不变的表达式，而是在于表达者是否有足够的智慧，切情应境地应对接受者，特别是要准确把握接受者的心理，以适合其心理倾向的表达策略进行创意造言，从而直探其本心，一举击中其情感的软肋，让其心悦诚服地接受表达者所布达的理念或观点，或让其欣然接受其动议而付诸行动，或是打心眼儿里为表达者所展露的真情实感而感动，从而产生强烈的情感共鸣。

　　为了真切地领悟如何突破他人心防，企及我们所欲达到的交际目标，下面我们不妨通过解构先哲前贤创造的修辞文本的精义奥蕴，从中借鉴学习其创意造言的智慧，使我们也能在言语交际中有效地突破他人的心防，成功达成我们既定的交际目标。

一、孟子"四心"拷问你的良知

孟子曰："人皆有不忍人之心。先王有不忍人之心，斯有不忍人之政矣。以不忍人之心，行不忍人之政，治天下可运之掌上。所以谓人皆有不忍人之心者，今人乍见孺子将入于井，皆有怵惕恻隐之心，非所以内交于孺子之父母也，非所以要誉于乡党朋友也，非恶其声而然也。由是观之，无恻隐之心，非人也；无羞恶之心，非人也；无辞让之心，非人也；无是非之心，非人也。恻隐之心，仁之端也；羞恶之心，义之端也；辞让之心，礼之端也；是非之心，智之端也。人之有是四端也，犹其有四体也。有是四端而自谓不能者，自贼者也；谓其君不能者，贼其君者也。凡有四端于我者，知皆扩而充之矣，若火之始然，泉之始达。苟能充之，足以保四海；苟不充之，不足以事父母。"

——《孟子·公孙丑上》

上引这段文字，是"亚圣"孟子所阐述的"人性本善"的观点，认为无论是做人还是为君，都应该保有这种"性善"的良知。很明显，这段话对于教育人们如何做人、劝谏国君如何治国安邦，都是有现实指导意义的。

孟子上面这段话，如果要转述成现代汉语，大致意思是：大凡为人，都有怜悯同情他人的心理。古代的君王因为有同情怜悯之心，所以才有同情怜悯人民的仁政。以同情怜悯之心而行悲天悯人的仁政，治理天下就像是在手掌上转动东西一样容易。我们之所以说大凡为人都有同情怜悯之心，在现实生活中我们都能够看到活生生的例证。比方说，现在有人突然看见一个小孩子要掉进井中，他会立即产生惊恐、同情之心。他对这孩子有同情悲悯之心，怕其掉入井中，并非要与这孩子的父母攀结交情，也不是为了要在乡里或朋友之中博取好声誉。由此可见，没有同情之心，就不是人；没有羞耻之心，就不是人；没有辞让之心，就不是人；没有是非之心，就不是人。有同情之心，是仁的开端；有羞耻之心，是义的开端；有辞让之心，是礼的开端；有是非之心，是智的开端。一个人具备这"四端"，就好像是天生的四肢一样。自己具备这"四端"，而自认为不能付诸行动的，是自暴自弃的人；认为他的国君不能推广这"四端"的，则是轻侮其国君、陷国君于不义的人。凡是具备这"四端"的人，如果能够懂得将其推广并充实，那么就像刚刚点燃的火苗，必能燃起熊熊大火；又像是刚涌出的泉水，必能汇成浩荡的江河。如果能够推广并充实仁、义、礼、智，那么保有四海、安宁天下，也是绰绰有余；如果不能，恐怕连赡养父母这样的小事也做不到。

很明显，孟子说这段话的目的是为了教化民众、劝谏国君，让他们不论是做人还是治国，都应该坚守"不忍人之心"这一人类良知的底线。虽然孟子这番言论是典型的说教，却有突破人们心防的力量，具有强烈的感染力。之所以如此，是因为孟子运用了排比修辞策略，而且是两个排比修辞文本连贯递进，创意造言充满了智慧，让人情不自禁地感受到他说理布道的力量与难以抗拒的魅力。第一个排比文本"无恻隐之心，非人也；无羞恶之心，非人也；无辞让之心，非人也；无是非之心，非人也"，由四个判断句并列构成，一字铺排，鱼贯而下，给接受者一种犹如大河之水浩浩荡荡、一泻千里、势不可挡的气势，一下子就从心理上震慑了接受者，使其顿生敬畏之意，不得不信服其所说的道理。如果不运用排比修辞策略，而是以平淡的语言直陈本意"为人当有恻隐、羞恶、辞让和是非之心"，这样表达虽简洁，但说理布道的力量则明显减弱了。因为这样的单句表达形式，在视觉或听觉上没有排比文本多句集结起来给人的心理冲击来得大，因而文本的气势就不复存在了。如此，要想造就一种夺人意魄的力量，那是不易达到的。另外，值得一说的是，这个排比文本在句法结构上完全一致，而且采用否定句的形式来呈现，这在语义展露上就有一种强烈的否定意味。而正是由于这种全面而一致的否定，其所强调的"非此不可"的意味就强烈凸显出来了。这是一种语义的力量，也是一种逻辑的力量，对于突破接受者的心防有不可低估的作用。第二个排比文本"恻隐之心，仁之端也；羞恶之心，义之端也；辞让之心，礼之端也；是非之心，智之端也"，也是由四个判断句并列构成。这个文本的语义是由前一个排比文本推演而出，而且是以肯定判断的形式呈现，这既呼应了前一个排比文本的反面论述，从而形成正反对比映衬的格局，由此加强了说理的力量；同时，也经由四个肯定判断句的铺排，助成了一种"斩钉截铁"的气势，让人不得不从心底产生信服感，打消怀疑。如果这个文本不运用排比策略，而是采用直白的表意方式，说成"仁义礼智乃为人之四端"，那么表达上虽显简洁明了，但在说理布道的气势上就弱了很多，不能对接受者产生强烈的心理冲击。如此，表达者所要布达的说教就不能让接受者留下深刻的印象，自然也就不会让接受者产生付诸行动、践行其理念的情感冲动。很明显，孟子创造的上述两个排比文本是高妙的，既增强了夺人心魂的说服力，又鲜明地体现了他说理布道汪洋恣肆的语言风格。

二、烛之武"阙秦以利晋，唯君图之"

九月甲午，晋侯、秦伯围郑，以其无礼于晋，且贰于楚也。晋军函陵，秦军氾南。

佚之狐言于郑伯曰："国危矣！若使烛之武见秦君，师必退。"公从之。辞曰："臣之壮也，犹不如人；今老矣，无能为也已。"公曰："吾不能早用子，今急而求子，是寡人之过也。然郑亡，子亦有不利焉。"许之。

夜缒而出。见秦伯曰："秦、晋围郑，郑既知亡矣。若亡郑而有益于君，敢以烦执事。越国以鄙远，君知其难

也。焉用亡郑以陪邻？邻之厚，君之薄也。若舍郑以为东
道主，行李之往来，共其乏困，君亦无所害。且君尝为晋
君赐矣；许君焦、瑕，朝济而夕设版焉，君之所知也。夫
晋，何厌之有？既东封郑，又欲肆其西封。若不阙秦，将
焉取之？阙秦以利晋，唯君图之。"秦伯说，与郑人盟。
使杞子、逢孙、杨孙戍之，乃还。

　　子犯请击之。公曰："不可。微夫人之力不及此。因
人之力而敝之，不仁；失其所与，不知；以乱易整，不
武。吾其还也。"亦去之。

　　　　　　　　　　　　　　——《左传·僖公三十年》

　　上引这段文字，是写春秋时代郑国大夫烛之武游说"春秋五
霸"之一的秦穆公，使秦晋联军不战而退，从而挽救了郑国的历史
故事。

　　这个故事叙述的是这样一个历史事件：鲁僖公三十年（公元前
630 年），亦即郑文公四十三年九月甲午日，晋文公联合秦穆公，对
郑国联合用兵。出兵伐郑的理由有二：一是晋文公当年因晋国内乱
流亡于郑国时，郑文公对他未加礼遇；二是郑国与南方大国楚国走
得太近，对秦、晋二国构成了威胁。于是，晋文公便邀约秦穆公联
合出兵伐郑。晋军驻兵于函陵，秦师扎营于氾南，意欲分进合击，
一举将弱郑灭亡。这时的郑国，早就没有了先前郑庄公时代的国力
了。郑文公知道大难临头，惶惶不可终日。

　　就在这时，郑国大夫佚之狐向郑文公进谏道："国家现在到了
最危险的时候了。但是，若派烛之武为特使前往秦国大营，必能说
服秦国之君，让秦、晋之师不战而退。"郑文公立即接受了佚之狐
的建议，召来了老臣烛之武。可是，烛之武一见郑文公就抱怨道：
"臣年轻的时候都不如别人，现在已经是老朽了，还能有什么作为
呢？"郑文公回答说："我不能早用您，现在情况紧急才求您，这确
是寡人的不是。不过，如果郑国灭亡了，对您也有不利吧。"烛之
武觉得这话也对，于是就以国家利益为重，答应了郑文公的请求，

决定出使秦国大营，晋见秦穆公，说服他退兵，瓦解秦晋军事同盟，让晋文公知难而退。

烛之武连夜用绳索系腰出了城后，很快就到了秦国大营。一见秦穆公，烛之武就直奔正题，说道："秦、晋二国重兵围攻郑国，郑国君臣都知道亡国之日到了。如果灭亡了郑国能给秦国带来利益，那么您率大军远道而来，也不算白白辛苦一趟。不过，灭亡郑国后，您想将郑国土地纳入秦国版图的话，恐怕很难吧，因为秦郑之间还隔着一个晋国呢。既然知道纳郑入秦不现实，那么何必灭亡郑国而增加邻邦晋国的土地呢？晋国强了，那么秦国就相对弱了。如果饶了郑国，将来秦国与东方诸国往来，郑国也好为秦国使者提供馆舍与物资供给的方便，这对秦国来说也算是有益无害吧。况且晋国是什么样的国家，您也是清楚的。昔日晋惠公拜您之力而得以回国执政，曾答应将晋国的焦、瑕二地划给秦国。可是，结果呢？他早上渡河回到了晋国，晚上就筑城准备与秦国一战，这件事您还记得吧？晋国贪得无厌，欲望岂有满足的时候？郑国如果灭亡了，晋国将东部边境延伸到了郑国全境，那么必然又会往西打秦国领土的主意。如果晋国不是以损害秦国的利益为前提，它的利益又从哪里来呢？损秦而利晋，您觉得如何？希望您好好考虑一下。"

听到这里，秦穆公终于点了点头，决定改变秦晋联合伐郑的计划，转而与郑国结盟。于是，就留下杞子、逢孙、杨孙等秦国大将驻兵于郑，帮助郑国防卫，自己则率领其余的军队回到了秦国。晋文公的舅舅子犯见之，请求派兵攻打秦师。晋文公觉得不妥，就跟子犯说道："不能这样做。如果没有秦穆公昔日对我的帮助，我也不能回到晋国执政，晋国也就不会有今日的大国地位与实力。拜他人之力强大起来，反而转过来伤害他人，这是不仁义的；失去盟友，这是不明智的；以内讧争斗代替结盟友好，这是不勇武的。我们还是撤兵回去吧。"于是，晋国也撤兵了。郑国即将到来的灭顶之灾，至此终于化为无形。

南朝梁著名文论家刘勰在《文心雕龙·论说》中总结先秦时代说客在推动历史发展中的作用时，曾说过这样的话："说之善者：

伊尹以论味隆殷，太公以辨钓兴周，及烛武行而纾郑，端木出而存鲁，亦其美也。暨战国争雄，辩士云涌；从横参谋，长短角势；转丸骋其巧辞，飞钳伏其精术。一人之辩，重于九鼎之宝；三寸之舌，强于百万之师。六印磊落以佩，五都隐赈而封。"熟悉先秦历史的人，都知道刘勰的这番话绝非夸张失实，而确是历史的真实。像春秋时代的烛之武，战国时代的苏秦、张仪这样的说客，在当时的各国角力中，确实发挥了"一人之辨，重于九鼎之宝；三寸之舌，强于百万之师"的巨大作用。从上述烛之武游说秦穆公而存郑的事实看，我们更能深切地感到刘勰言之不虚。

那么，烛之武何以能凭其三寸之舌而让秦晋联军百万之师不战而退呢？这无疑是因为烛之武说得好，突破了秦穆公的心防，让他从心底信服了烛之武所说的道理，从而在权衡了与晋国联合伐郑的利弊后，毅然决然地改变了原来的计划，转而与郑国结盟，让晋国知难而退，最终既保护了郑国，也无形中保留了自己的力量，为日后秦晋的实力对比预留了空间。对烛之武之所以能说服秦穆公的具体原因，笔者曾作过分析，认为主要有两个方面：一是烛之武作为表达者（亦即游说者）"对受交际者秦穆公的'角色'定位很准确。作为一个弱国使者，在郑国面临灭顶之灾的时候来见天下霸主秦穆公，烛之武没有把自己看作是一个乞降者、求情者，而是将自己视为当然的交际者，而且是一个与受交际者秦穆公平起平坐进行'人际沟通'的交际者。为什么他能这样坦然？因为他了解受交际者秦穆公，他是一个明主，也是天下霸主，既已大兵压境，他就是决意要灭亡郑国。所以，这时候跟他求情，那无异于是与虎谋皮，根本行不通。但是，若是跟他讲国家利益之得失，只要讲得有道理，他肯定是能听进去的，因为他不是昏君。烛之武一见秦穆公，没有过多的客套，直来直去，一上来就从利害关系讲起，这正是烛之武作为交际者对受交际者有很好的适应能力的表现，也是他对受交际者'角色'能够准确定位，并对其心理准确把握的表现"①。二是烛之

---

① 吴礼权：《言语交际与人际沟通》，暨南大学出版社2013年版，第172～173页。

武作为这场特殊的言语交际（游说敌国之君）的交际方，"在遵循'人际沟通'的基本原则方面表现非常出色，特别是在'讲究策略'方面做得尤其突出。不过，烛之武所讲究的策略，不是一般的修辞技巧，而是游说、说理的策略，是一种'以理夺人'的攻心策略"①。从上述故事中，我们就能清楚地见到游说者烛之武游说讲理的高妙之处："烛之武见了秦穆公，没有向他求饶求情，采取的不是以情动人的言语策略，而是'以理夺心'的战略。他很透彻地洞悉了世情，这世界上，人与人，国与国，你争我夺，无非为了两个字：'名'和'利'。其实，争'名'的最终目标还是一个'利'字。所以，这世界实际上只存在一个字'利'。因此，他就以'利'来说'事'，来讲'理'。他以'利'来说的'事'，一是晋惠公得秦之力回国执政后，不仅赖掉曾许诺的焦、瑕二邑不给，还要设版筑城备战秦国的往事；二是晋文公现在想借秦国之力灭郑，利用秦国事实上无法越过晋国获取郑国领土而可能独吞共同灭郑战果的眼前之事；三是预言晋灭郑独得其利而国力大增后必然西攻秦国，独霸天下的未来之事。从而讲出了这样一个'理'：国家之间其实没有什么永远的朋友或是永远的敌人可言，只有永远的利益关系。因此，处理国家之间的关系，自然要以是否符合自己的国家利益为唯一的基本准则。现在，秦国与晋国联手要灭亡郑国，但灭亡郑国的结果是只有晋国得利，秦国兴师动众，劳民伤财，却一点利益也没有。相反，获利后的晋国会立即国力大增，灭郑后的秦国则伤了元气，强大了的晋国自然会坐等秦国衰弱而伺机灭秦。既然如此，您大秦帝国又何必参与灭郑的联合行动呢？烛之武所说的三'事'，都是无可辩驳的事实，而他所讲的'理'也是非常精辟，秦穆公是雄才大略的明君，连续执政长达 39 年，长期盘踞'春秋五霸'的霸主地位，他一听就觉得烛之武说得在理，所以非常高兴，不仅立即决定退兵，而且还与郑国订立同盟，留下军队为郑国驻防，以防晋国一家坐大，危及秦国的地位。烛之武之所以能一舌敌万师，成

① 吴礼权：《言语交际与人际沟通》，暨南大学出版社 2013 年版，第 173 页。

功推销了他的'国家之间没有永远的朋友，也没有永远的敌人，只有永远的国家利益'的外交思想理念，从而救了郑国，也避免了一场大战给秦、晋、郑及其他许多国家带来的生灵涂炭惨祸。可以说，烛之武游说的成功，关键是他对交际对象秦穆公的为人及其心理状态把握得比较准确，然后切中他的心理，采用了'说之以利，晓以世情'的语言策略。既推销了自己的国家外交理念，也救了郑国。"①

三、王戎妻"我不卿卿，谁当卿卿"

　　晋王戎妻语戎为卿。戎谓曰："妇那得卿婿？"答曰："我亲卿爱卿，是以卿卿；我不卿卿，谁当卿卿？"

　　　　　　　　　　　　　　　　——侯白《启颜录》

　　上引这段文字，是隋代侯白《启颜录》中所记的一则故事，讲的是晋代王戎之妻与丈夫闺房中所说的情话，很是耐人寻味。正因为如此，隋代侯白要将其记录下来，传诵于文坛，成为千古文人津津乐道的佳话。

　　那么，王戎之妻闺房中对丈夫说的一番话何以会成为千古文坛传诵的佳话，而被人津津乐道呢？这是因为王戎之妻的话不仅突破了其言行保守的丈夫的心防，也突破了中国封建时代全体文人的心防，让他们对王戎之妻表情达意的方式感到惊骇、惊讶、惊叹。

　　众所周知，在中国古代，对于妇女有"四德"（或曰"四行"）的行为规范要求。所谓"四德"，就是"妇德"、"妇言"、"妇容"和"妇功"。《周礼·天官·九嫔》有曰："掌妇学之法，以教御妇德、妇言、妇容、妇功。"东汉经学大师郑玄对此注解说："妇德谓贞顺，妇言为辞令，妇容为婉娩，妇功为丝枲。"汉代才女班昭所

---

　　① 吴礼权：《能说会道：说话的艺术》，暨南大学出版社 2014 年版，第 101～102 页。

著《女诫·妇行》对此说得更为详尽："女有四行，一曰妇德，二曰妇言，三曰妇容，四曰妇功。夫云妇德，不必才明绝异；妇言，不必辩口利辞也；妇容，不必颜色美丽也；妇工，不必技巧过人也。清闲贞静，守节整齐，行己有耻，动静有法，是谓妇德；择辞而说，不道恶语，时然后言，不厌于人，是谓妇言；盥浣尘秽，服饰鲜洁，沐浴以时，身不垢辱，是谓妇容；专心纺织，不好戏笑，洁齐酒食，以供宾客，是谓妇功。此四者，女人之大节。"班昭所说的女子必须遵守的"四行"，即《周礼》所说的"四德"。其具体内容，用今天的话来说，"就是：'妇德'，并不是要求"。女人才华聪明超绝常人，而是要求她们性格温柔安静，坚守贞节底线，有羞耻之心，举手投足都中规中矩；"妇言"，并不是要求女人能说会道，伶牙俐齿，而是要求她们说话要注意措辞方式，口不出恶言，该说话时就说话，不该说话时坚决不开口，不令别人觉得讨厌；"妇容"，并不是要求女子貌美如花，而是要求她们勤洗衣服，不让衣服上有污垢，穿戴要清爽整洁，按时洗头洗澡，身上不留污垢；"妇功"，并不是要求女人有过人的才艺，而是要求她们专心纺织，不苟言笑，招待宾客要备办洁净整齐的酒食。

　　王戎之妻在"妇德"、"妇容"、"妇功"方面表现到底如何，史无记载，我们不得而知。但是，从上引文字中我们可以清楚地看出她在"妇言"方面，肯定是不符合班昭《女诫》所罗列的要求。因为她称丈夫为"卿"，让丈夫感到不可思议且不满，反问她说："一个女人怎么能称自己的丈夫为卿呢？"因为在王戎看来，称人为"卿"，乃是一种表敬的言语行为，而且这种表敬的称呼也有特定的规范，是在男人之间进行的，或是皇帝对臣下表示亲近时才使用的。而他的妻子称自己为"卿"，无论如何都不符合规范。可见，王戎之妻称其丈夫为"卿"是一种不"择辞"的表现，犯了"妇言"规范的禁忌。既然如此，那隋代侯白为什么还要将王戎之妻这不符合"妇言"规范的话记录下来而在文坛和历史上予以广泛传播，而千古文人还对此津津乐道，把它当作佳话呢？这一点，初看起来确实令人费解。不过，要是换一个角度看，就王戎之妻的话特有的表达力与对接受者的感染力来评判，则又让我们不得不佩服其创意造言的智慧。

王戎之妻创意造言的智慧，其实就表现在我们今天修辞学上所说的转品修辞策略。所谓"转品"，就是一种"说写中依托语境临时将某类词挪转为另一类词使用以企及某种特定效果的修辞文本模式"①。它的建构，"一般说来多是基于以突破语法规范的新颖表达形式以引发接受者注意的心理预期"②。因此，转品修辞文本的建构，一般说来"在表达上显具新异、简洁的特点；在接受上，则具有易于引发接受者注意，增加其接受解读兴味的效果"③。上引王戎之妻在闺房中对丈夫所说的"我亲卿爱卿，是以卿卿；我不卿卿，谁当卿卿"一番话，就是一个典型的转品修辞文本。"其中三个'卿卿'中的第一个'卿'，都是临时由代词转类为动词使用了，即'称……为卿'。因为这种用法突破了汉语词类使用的常规，但在特定的语境下又不妨碍语义理解，所以就显得新颖夺人，加之以封建时代女子少有的大胆，以帝王称臣的爱称来称自己的丈夫为'卿'，所以就显得'异样的生动'了。"④ 正因为如此，它才能突破千古以降无数文人的心防，在称奇、称妙中将之广泛传播，以致成了流播时间极久、流播范围极广的文坛佳话。不仅如此，它还使汉语词汇库中增加了一个生动的词汇"卿卿我我"。陈望道先生曾对此评价说：王戎之妻的称谓"用法也极寻常，但因用得合拍，便觉异常生动，终至历代流传作为亲昵的称谓"⑤。

四、丘迟"暮春三月，江南草长"

迟顿首。陈将军足下：无恙，幸甚！幸甚！

① 吴礼权：《现代汉语修辞学》（修订版），复旦大学出版社2013年版，第273页。
② 吴礼权：《现代汉语修辞学》（修订版），复旦大学出版社2013年版，第273页。
③ 吴礼权：《现代汉语修辞学》（修订版），复旦大学出版社2013年版，第273页。
④ 吴礼权：《语言策略秀》（修订版），暨南大学出版社2013年版，第56页。
⑤ 陈望道：《修辞学发凡》，上海教育出版社1997年版，第192页。

　　将军勇冠三军，才为世出，弃燕雀之小志，慕鸿鹄以高翔。昔因机变化，遭遇明主，立功立事，开国称孤。朱轮华毂，拥旄万里，何其壮也！如何一旦为奔亡之虏，闻鸣镝而股战，对穹庐以屈膝，又何劣邪！

　　寻君去就之际，非有他故，直以不能内审诸己，外受流言，沈迷猖獗，以至于此。圣朝赦罪责功，弃瑕录用，推赤心于天下，安反侧于万物。将军之所知，不假仆一二谈也。朱鲔涉血于友于，张绣剚刃于爱子；汉主不以为疑，魏君待之若旧。况将军无昔人之罪，而勋重于当世！夫迷途知反，往哲是与；不远而复，先典攸高。主上屈法申恩，吞舟是漏。将军松柏不翦，亲戚安居，高台未倾，爱妾尚在。悠悠尔心，亦何可言。

　　今功臣名将，雁行有序。佩紫怀黄，赞帷幄之谋；乘轺建节，奉疆场之任。并刑马作誓，传之子孙。将军独靦颜借命，驱驰毡裘之长，宁不哀哉！夫以慕容超之强，身送东市；姚泓之盛，面缚西都。故知霜露所均，不育异类；姬汉旧邦，无取杂种。北虏僭盗中原，多历年所；恶积祸盈，理至燋烂。况伪孽昏狡，自相夷戮；部落携离，酋豪猜贰。方当系颈蛮邸，悬首藁街，而将军鱼游于沸鼎之中，燕巢于飞幕之上，不亦惑乎？

　　暮春三月，江南草长，杂花生树，群莺乱飞。见故国之旗鼓，感生平于畴日，抚弦登陴，岂不怆悢！所以廉公之思赵将，吴子之泣西河，人之情也。将军独无情哉？想早励良规，自求多福。

　　当今皇帝盛明，天下安乐。白环西献，楛矢东来。夜郎滇池，解辫请职；朝鲜昌海，蹶角受化。唯北狄野心，掘强沙塞之间，欲延岁月之命耳！中军临川殿下，明德茂亲，揔兹戎重。吊民洛汭，伐罪秦中。若遂不改，方思仆言。聊布往怀，君其详之。丘迟顿首。

——丘迟《与陈伯之书》

上引文字，是南朝梁临川王萧宏的记室（即秘书）丘迟写给当时北魏持节散骑常侍、都督淮南诸军事陈伯之的一封书信，劝其弃暗投明，归顺梁朝，重回故国效力。

丘迟写信劝降的对象陈伯之，"梁时为江州刺史，于梁武帝天监元年叛降北魏，官持节散骑常侍，都督淮南诸军事。天监四年，武帝命临川王萧宏率军北伐，伯之领兵相抗"①。临川王萧宏了解陈伯之其人，陈伯之当年在帮助梁武帝萧衍推翻齐朝建立梁朝的过程中，就曾心怀二心，反复无常了多次，是梁武帝萧衍屡屡用计，这才笼络住他为之冲锋陷阵，在梁朝开国大业中立下巨大战功。临川王知道，既然当年陈伯之对梁武帝与梁朝三心二意，那么现在对北魏未必就会忠心耿耿。如果能晓以大义，动以乡国之情，也许不费一兵一卒就能收降他。这样，对于此次北伐肯定是有重大意义的。攻心为上，不战而屈人之兵，此乃自古以来兵家所追求的最高境界。

临川王萧宏作为北伐主帅，当然懂得这个道理。所以才令其记室（秘书）丘迟给陈伯之写了上述这封信，规劝陈伯之悔过自新，率兵返正，重回梁朝效力。

这封信写得非常典雅，情理并至，柔中带刚，堪称是千古劝降文的压轴之作。如果要转译成现代汉语，意思大致是：

> 丘迟叩首。陈将军足下：获悉您近来身体安健，真是大幸大幸！
>
> 将军勇武冠绝三军，才能超凡卓越，鄙弃燕雀似的短浅目光，企慕鸿鹄一飞冲天的远大志向。想当初，将军审时度势，顺时通变，辅佐明主，建功立业，成为开国功勋，进号征南将军，拜爵丰城县公。将军当年在南朝时，高马华车，持节为州牧，雄踞万里之疆，那是何等的英武

---

① 朱东润主编：《中国历代文学作品选·中编》（第二册），上海古籍出版社1982年版，第452页。

雄壮啊！怎么一旦逃奔胡虏，就勇武不再，听到箭响就两腿发抖，对着房帐就卑躬屈膝，这又是何等的卑劣呢？

丘迟冒昧推寻将军当年之所以脱梁逃魏，觉得并无别的原因，只不过是没能深思熟虑，反省自己的言行，又受了外面流言蜚语的蛊惑，一时沉迷糊涂，以致一错再错，走到今天这步田地。今我圣朝对于有罪之臣皆宽大为怀，鼓励他们将功补过，建功立业，并不斤斤计较于过去的过错。我圣朝明主用人向来恕小过而重大节，不拘一格录用人才，以赤诚之心而待天下之士，使一切犹豫彷徨之人皆无后顾之忧。想来这一切将军都是非常了解的，无须丘迟在此多言。昔日朱鲔血刃刘秀之兄，张绣杀害曹操之子，但是光武帝任用朱鲔并无二心，魏武帝对再降的张绣优待一如既往。况且将军并无朱鲔、张绣那样的重罪，却有不世之勋为世人称道。误入歧途而能知返，是前贤所赞许的；迷途不远即回头，更是先哲所褒扬的。今我梁主不惜屈法而施恩，法网宽疏得可以漏掉吞舟之鱼。将军的祖茔现在尚完好无损，将军的亲属现在都安居乐业，将军昔日的府第现在亦未毁损，将军的爱妾至今仍在。将心比心，将军还有什么好说的呢？

今梁之功臣名将云集，皆论功而有封赏，职位有高有低，就像雁行之有序。他们或是腰系紫绶之带，怀揣黄金之印，参与筹划军国大计；或是乘轻车悬旄节，担负保卫一方国土之大任。梁主与功臣名将杀马誓约：名位爵号可以传之子孙。而今只有将军一人厚颜偷生于北国，任由胡虏之酋驱使，难道不感到很悲哀吗？将军应该知道，以南燕慕容超之强大，最后免不了要被解送到建康东市刑场；以后秦姚泓之强盛，最后也要反缚而出降于长安。由此可见，上天虽并不厚此薄彼，地之南北东西霜露均沾，却并不养育胡虏异类；周汉旧邦故土，并容不下华夏之外的异族。北虏拓跋氏窃取我中原之地，已有很多年头了。虏酋作恶多端，祸害满盈，理应崩溃灭亡。何况胡虏昏聩狡诈，自相残杀；部落首领皆各存异心，彼此猜忌。因此，伪朝北魏必将崩溃。虏酋马上就要被缚至京囚禁于蛮邸，悬首示众于蒿街。而将军您呢，就像是一条游于沸鼎之中的鱼，又像是一只筑巢于飞幕之上的燕。至今您都不醒悟，这不是太令人不解了吗？

暮春三月之际，正是江南碧草青青之时。各色野花散布于树间，群莺飞舞穿梭于天空。看见故国之师的旗鼓，回想昔日在江南的生活，持弓登城远眺，将军您难道不感慨万千而黯然神伤吗？廉颇见斥而逃魏，晚年仍然想着做赵国的将帅；吴起被谗而离魏，临行前望西河而大哭。之所以如此，乃因人皆有故国之情。将军对于故国，难道真的没有感情了吗？

希望将军深思熟虑，早做打算，以争取自己的前途与幸福。当今武帝圣明，天下百姓安乐。西王母献白玉之环，肃慎氏贡楛矢石砮。夜郎、滇池诸国，皆改风易俗，接受王化，请求为臣封职。朝鲜、昌海诸邦，皆入朝谢恩，叩首以求归顺。只有北狄胡虏野心不息，仍凭借沙漠与边塞而负隅顽抗，希望能够苟延残喘。今我中军主将临川王殿下，道德彰明且是武帝至亲，总领此次北伐军务，意在吊慰洛水隈曲的百姓，讨伐盘踞秦中的胡虏。将军若是执迷不悟，不思立即改过，那么就好好想想我的话。今姑且以书信表达我们往日的情谊，希望将军详察。丘迟顿首再拜。

由于这封书信通篇都是"以陈氏的前途为出发点，并以乡国之情来打动陈的心灵。行文情理并至，极富感染力"[1]，因而能够一举突破陈伯之的心防，让他幡然醒悟，深受感动之后，便决然地率领

---

① 吴礼权：《修辞心理学》（修订版），暨南大学出版社2013年版，第39页。

八千将士归顺了梁朝。这封书信之所以有如此"神奇"的效果，主要是缘于丘迟"晓之以理，动之以情"的表达策略。"晓之以理"方面，一是将陈伯之昔日在梁朝"朱轮华毂，拥旄万里"的显赫地位与今日在北魏"闻鸣镝而股战，对穹庐以屈膝"的屈辱处境进行对比，从而激发陈伯之忆念昔日在梁朝为官时的优越感，产生重回江南的念头；二是讲梁武帝宽大待人、屈法申恩的气度，让陈伯之打消弃暗投明、重回梁朝的思想顾虑；三是举汉代朱鲔血刃刘秀之兄、张绣杀害曹操之子皆未被追究的史实，论证梁武帝也有光武帝刘秀与魏武帝曹操的容人雅量，进一步打消陈伯之归顺梁朝的顾虑；四是列举陈伯之在江南的亲属爱妾安好、祖坟老宅俱在的现实，坐实梁武帝能容叛臣降将的胸襟，彻底打消陈伯之最后一丝顾虑；五是以梁朝功臣名将或"佩紫怀黄，赞帷幄之谋"，或"乘轺建节，奉疆场之任"，官爵可"传之子孙"的优厚待遇，与陈伯之在北魏"觍颜借命，驱驰毡裘之长"的屈辱处境进行对比，利诱陈伯之弃魏而返梁；六是举南燕慕容超、后秦姚泓与南朝较量而落败的悲情结局，恫吓陈伯之尽早弃暗投明；八是列数北朝内部矛盾与陈伯之在北魏的危险处境，使其明白其间的利害关系。"动之以情"方面，一是以"预言示现"的手法极力铺写暮春三月江南的美景，使陈伯之情不自禁地萌动乡国之思；二是举赵将廉颇、魏将吴起对故国的深情史实，说明自古名将圣贤都是对故国乡园有深切感情的，进一步催动其乡国之思；三是通过极力渲染南朝皇帝圣明、百姓安乐、南蛮北狄皆来归化的事实铺排，设身处地地替陈伯之谋划前途与幸福。正因为如此，这封书信读来才显得格外理顺情真，让陈伯之觉得真诚之意不容怀疑。另外，由于作者在说理传情时注意刚柔相济，威逼利诱的意思尽在其中，但表面却不露声色，可谓是绵里藏针，对突破陈伯之的心防发挥了巨大作用。除此，还有一点也特别值得一提，这便是文中对于示现修辞策略的成功运用。台湾学者沈谦教授曾就此分析说："这封书信脍炙人口，传诵一千五百年，为人所津津乐道者，缘于其感染力足以觫动人心。喻之以理，不如动之以情。文中最为人所赞颂者，于利害相喻之时，忽然插入

'暮春三月，江南草长，杂花生树，群莺乱飞。见故国之旗鼓，感平生于畴日。抚弦登陴，岂不怆恨！'一段警策文字，所以江南美景，动其乡思，缓迫之势，俾以情动之。'将军独无情哉？'掌握了人性之微妙处——情关，攻心为上，一举破解了对方的心防。此文动人因素固多，最精彩的关键处，即为善用'示现'笔法，将江南美景与对方抚弦登陴的怆恨之情景描绘得状溢目前，跃然纸上。"①特别是"暮春三月，江南草长，杂花生树，群莺乱飞"一句，尤其精彩，堪称是全文之眼。这句话表面看起来好像是在纯粹写景，实则不然。因为丘迟写作此文时并非是春天，梁朝与北魏交战的地点也不在江南，所以这番对江南美景绘声绘色的描写只是作者的虚构，属于修辞上的"示现"，将陈伯之自小就看惯了的江南春天景色以视觉形象呈现出来，让他由此产生联想，从而从心底涌起乡园之思，情不自禁地思考起"落叶归根"的人生课题。正因为如此，千古以降的文人在读到这篇书信时，除了赞颂其情理并至的表达技巧外，都不会忘记极言称赞此示现文本的高妙传神。

五、唐玄宗与杨玉环"在天愿为比翼鸟"

归来池苑皆依旧，太液芙蓉未央柳。芙蓉如面柳如眉，对此如何不泪垂。春风桃李花开日，秋雨梧桐叶落时。西宫南内多秋草，落叶满阶红不扫。梨园弟子白发新，椒房阿监青娥老。夕殿萤飞思悄然，孤灯挑尽未成眠。迟迟钟鼓初长夜，耿耿星河欲曙天。鸳鸯瓦冷霜华重，翡翠衾寒谁与共。悠悠生死别经年，魂魄不曾来入梦。

临邛道士鸿都客，能以精诚致魂魄。为感君王辗转思，遂教方士殷勤觅。排空驭气奔如电，升天入地求之遍。上穷碧落下黄泉，两处茫茫皆不见。忽闻海上有仙山，山在虚无缥缈间。楼阁玲珑五云起，其中绰约多仙

① 沈谦：《修辞学》，台湾空中大学印行1996年版，第205页。

子。中有一人字太真，雪肤花貌参差是。金阙西厢叩玉
扃，转教小玉报双成。闻道汉家天子使，九华帐里梦魂
惊。揽衣推枕起徘徊，珠箔银屏迤逦开。云鬓半偏新睡
觉，花冠不整下堂来。风吹仙袂飘飘举，犹似霓裳羽衣
舞。玉容寂寞泪阑干，梨花一枝春带雨。含情凝睇谢君
王，一别音容两渺茫。昭阳殿里恩爱绝，蓬莱宫中日月
长。回头下望人寰处，不见长安见尘雾。唯将旧物表深
情，钿盒金钗寄将去。钗留一股盒一扇，钗擘黄金盒分
钿。但教心似金钿坚，天上人间会相见。临别殷勤重寄
词，词中有誓两心知。七月七日长生殿，夜半无人私语
时。在天愿为比翼鸟，在地愿为连理枝。天长地久有时
尽，此恨绵绵无绝期。

——白居易《长恨歌》

上引这段文字，是唐代大诗人白居易所写的叙事史诗《长恨歌》的后一部分，写唐玄宗在"安史之乱"平定后重回唐都长安，触景生情，怀念杨贵妃而抑郁神伤的心情。自古以来的无数文人读之，都无限感慨，情不自禁地要为唐玄宗掬一把同情泪。

众所周知，唐玄宗本是一位雄才大略的皇帝，早年颇有一番励精图治的作为。"开元盛世"就是由他开创的，它使大唐王朝的统治在中国封建社会达到了辉煌的顶点。对此，白居易曾在《忆昔》诗中这样深情地回忆道："忆昔开元全盛日，小邑犹藏万家室。稻米流脂粟米白，公私仓廪俱丰实。九州道路无豺虎，远行不劳吉日出。齐纨鲁缟车班班，男耕女桑不相失。宫中圣人奏云门，天下朋友皆胶漆。百余年间未灾变，叔孙礼乐萧何律。"可是，后来唐玄宗却为善不终，沉湎于女色，宠幸杨玉环，盲目重用杨国忠、李林甫等人，弄得朝纲不整，人怨沸腾，让野心家安禄山与史思明钻了空子，趁机发动了叛乱，将本是锦绣一般的江山弄得支离破碎，大唐王朝险些就此覆灭。

我们也知道，白居易写这首诗，主观上是要批评唐玄宗失德失

政，沉湎于女色。也就是说，他写这首诗，目的不是歌颂李杨爱情，也非同情李杨爱情的悲情结局，而是要给后代君王执政提供借鉴与经验教训，提醒他们执政要以江山社稷为重，要为天下苍生负责，切不可贪图个人享乐，更不能骄奢淫逸，置朝政于不顾。事实上，诗人主观上要表达的这种主旨，却在客观上被诗人对李杨深挚爱情的描写所冲淡了。特别是诗人对杨贵妃死后唐玄宗对她的刻骨相思之情的动人描写，让读者看到的是唐玄宗对杨玉环的深情与专情，感受到的是他们惊天动地的生死之恋的缠绵，这就使千古读者模糊了是非的界限，从而放下了自己的心防，情不自禁地对唐玄宗产生了同情之感，并为他执着的爱情态度而深受感染。

那么，为什么会有这样的效果呢？从修辞上看，主要是与诗人成功地运用了示现与拟人修辞策略有关。诗人先写唐玄宗回到长安后触景生情，想起昔日与杨贵妃一起生活的欢乐时光，不禁黯然神伤，寝食俱废。接着用"临邛道士鸿都客，能以精诚致魂魄。为感君王辗转思，遂教方士殷勤觅"四句转接过渡，然后以示现修辞策略建构了一个想象中的道士上天入地寻找杨贵妃下落的场景与唐玄宗在海外仙山与杨贵妃相见的生动场面："排空驭气奔如电，升天入地求之遍。上穷碧落下黄泉，两处茫茫皆不见。忽闻海上有仙山，山在虚无缥缈间。楼阁玲珑五云起，其中绰约多仙子。中有一人字太真，雪肤花貌参差是。金阙西厢叩玉扃，转教小玉报双成。闻道汉家天子使，九华帐里梦魂惊。揽衣推枕起徘徊，珠箔银屏迤逦开。云鬓半偏新睡觉，花冠不整下堂来。风吹仙袂飘飘举，犹似霓裳羽衣舞。玉容寂寞泪阑干，梨花一枝春带雨。含情凝睇谢君王，一别音容两渺茫。昭阳殿里恩爱绝，蓬莱宫中日月长。回头下望人寰处，不见长安见尘雾。唯将旧物表深情，钿盒金钗寄将去。钗留一股盒一扇，钗擘黄金盒分钿。但教心似金钿坚，天上人间会相见。临别殷勤重寄词，词中有誓两心知。七月七日长生殿，夜半无人私语时。在天愿为比翼鸟，在地愿为连理枝。天长地久有时尽，此恨绵绵无绝期"，这是运用联想与想象建构起的一个悬想示现文本，即表现事实上根本不可能有的事。尽管是虚幻的情景，但诗人却将其写得如在眼前，不仅有道士飞天入地的形象，更有杨贵妃闻说唐玄宗来见时"揽衣推枕起徘徊"、"云髻半偏新睡觉"、"花冠不整下堂来"、"玉容寂寞泪阑干"一系列行为动作及表情、心理等的细致描写，读之让人有一种如临其境、如见其人的亲历感。至于"唯将旧物表深情，钿盒金钗寄将去。钗留一股盒一扇，钗擘黄金盒分钿。但教心似金钿坚，天上人间会相见。临别殷勤重寄词，词中有誓两心知。七月七日长生殿，夜半无人私语时。在天愿为比翼鸟，在地愿为连理枝"十二句，则以电影特写镜头式的笔触将李杨二人仙境中赠信物、忆往昔两个梦幻般的场景生动地呈现出来，让人更有一种如见其人、如闻其声的亲切感。特别是"在天愿为比翼鸟，在地愿为连理枝"二句，通过李杨二人重温以前在长生殿所发的爱情誓言这一情节，将李杨爱情的诚挚坚贞推到了一个极点，让人不得不为这位不爱江山爱美人的皇帝对爱情的专一而感动。历代读者读白居易这首诗，之所以大家读到最后都忘记了诗人立意的主旨，转而同情唐玄宗并为李杨爱情的悲情结局掬一把泪，究其原因，就是诗人所写的李杨爱情是一种旷古未有的爱情，是一种"直教人生死相许"的纯真的爱情，所以具有感天动地的力量，足以突破读者的心防。另外，"在天愿为比翼鸟，在地愿为连理枝"的爱情誓言，由于是运用了拟人修辞策略，不仅生动形象，而且切合上述示现文本所展示的唐玄宗"上穷碧落下黄泉"追寻杨贵妃的真切之情。

六、唐明皇"行宫见月伤心色"

　　汉皇重色思倾国，御宇多年求不得。杨家有女初长成，养在深闺人未识。天生丽质难自弃，一朝选在君王侧。回眸一笑百媚生，六宫粉黛无颜色。春寒赐浴华清池，温泉水滑洗凝脂。侍儿扶起娇无力，始是新承恩泽时。云鬓花颜金步摇，芙蓉帐暖度春宵。春宵苦短日高起，从此君王不早朝。承欢侍宴无闲暇，春从春游夜专夜。后宫佳丽三千人，三千宠爱在一身。金屋妆成娇侍夜，玉楼宴罢醉和春。姊妹弟兄皆列土，可怜光彩生门户。遂令天下父母心，不重生男重生女。

骊宫高处入青云，仙乐风飘处处闻。缓歌慢舞凝丝竹，尽日君王看不足。渔阳鼙鼓动地来，惊破霓裳羽衣曲。九重城阙烟尘生，千乘万骑西南行。翠华摇摇行复止，西出都门百余里。六军不发无奈何，宛转蛾眉马前死。花钿委地无人收，翠翘金雀玉搔头。君王掩面救不得，回看血泪相和流。黄埃散漫风萧索，云栈萦纡登剑阁。峨嵋山下少人行，旌旗无光日色薄。蜀江水碧蜀山青，圣主朝朝暮暮情。行宫见月伤心色，夜雨闻铃肠断声。

天旋地转回龙驭，至此踌躇不能去。马嵬坡下泥土中，不见玉颜空死处。君臣相顾尽沾衣，东望都门信马归。

——白居易《长恨歌》

上引这段文字，是唐代白居易叙事史诗《长恨歌》的前一部分，先叙杨贵妃从"养在深闺人未识"的普通女子到"三千宠爱在一身"的唐玄宗宠妃的成长过程，次写"渔阳鼙鼓动地来，惊破霓裳羽衣曲"后随唐玄宗在逃往蜀中的路上被逼死于马嵬坡下的结局，再写杨贵妃死后唐玄宗入蜀路上的所闻所见，从而将唐玄宗失去杨贵妃的无比悲伤之情表现得淋漓尽致。读之不禁让人对唐玄宗先是怒其不争，继而转向深切同情，并为其悲情而神伤不已。

那么，读者为什么在读诗时会发生这样跌宕起伏的心理变化呢？这是因为诗人运用了对比（或曰映衬）、比喻与移就三种修辞策略。对比修辞策略的运用，主要表现于两个方面：一是杨氏得宠（"春寒赐浴华清池，温泉水滑洗凝脂"、"云鬓花颜金步摇，芙蓉帐暖度春宵"、"承欢侍宴无闲暇，春从春游夜专夜"、"后宫佳丽三千人，三千宠爱在一身"、"姊妹弟兄皆列土，可怜光彩生门户"）、李杨恩爱（"春宵苦短日高起，从此君王不早朝"、"金屋妆成娇侍夜，玉楼宴罢醉和春"）的快乐时光与逃蜀路上杨氏被赐死的无情结局（"宛转蛾眉马前死"、"花钿委地无人收"、"君王掩面救不得，回看血泪相和流")的对比；二是唐玄宗在长安时骄奢淫逸的生活（"骊宫高处入青云，仙乐风飘处处闻"、"缓歌慢舞凝丝竹，尽日君王看不足"）与逃蜀路上的狼狈无奈的情景（"六军不发无奈何"、"黄埃散漫风萧索，云栈萦纡登剑阁"、"峨嵋山下少人行，旌旗无光日色薄"）的对比。通过这些对比，遂将李杨二人从人生顶峰跌入低谷的过程淋漓尽致地展露出来，使读者在感慨感叹之余，不知不觉间对李杨二人的态度发生了转变，由原来的不支持转向同情。

比喻修辞策略的运用，主要落实在"蜀江水碧蜀山青，圣主朝朝暮暮情"一句上。它是将蜀江长碧的江水和蜀山常绿的山色比作唐玄宗对杨贵妃始终不渝的情感，不仅化抽象为具象，增加了表意的生动性与形象性，而且还会让人由此及彼，由蜀山的连绵不绝与蜀水的滔滔不绝，深切体会到唐玄宗痛失杨贵妃后无尽的痛苦之情，从而与全诗最后两句"天长地久有时尽，此恨绵绵无绝期"形成了前后呼应，让人不禁感慨万千，对李杨深挚的爱情感动不已。

移就修辞策略的运用，则见诸"行宫见月伤心色，夜雨闻铃肠断声"二句。所谓"移就"，是"语言活动中表达者在特定情境下'把人类的性状移属于非人的或无知的事物'，以凸显其特殊情感情绪状态的一种修辞文本模式"[1]。从心理学上看，"移就修辞文本的建构，一般多是文本建构者（表达者）在凝神观照或思索中'我'的情趣和物的情趣发生了往复回流，并在文本建构者特定的强烈情绪情感状态的主导下，使物的情趣随着'我'的情趣而流转，以致非人的或无知的事物有了人之情态性状"[2]。诗人写唐玄宗"行宫见月伤心色，夜雨闻铃肠断声"，说"月色"有"伤心"的感觉，说"铃声"有"断肠"的感觉，这都是将人的生命情态与心理状态移注到了非人类的事物上，是典型的移就修辞文本。一般说来，移就修辞文本的建构，"在表达上，非人的或无知的事物具有了人之生命情态后，文本的语言文字便别添了几多的生动性、形象性的特

---

① 吴礼权：《修辞心理学》（修订版），暨南大学出版社 2013 年版，第 134 页。
② 吴礼权：《修辞心理学》（修订版），暨南大学出版社 2013 年版，第 134 页。

质，文本也更具引人入胜的艺术感染力；在接受上，修辞文本的建构将物我贯通交融为一体，文本的生动性、形象性特质易于使接受者在文本解构欣赏中受到情绪感染，从而在表达者所建构的修辞文本的导引下经由文本的语言文字而产生与表达者文本建构时逆向的移情心理作用，进入与表达者修辞文本建构时凝神观照、物我同一的相同情感情绪状态，由此达到与表达者思想情感的共鸣，并经由文本的解构欣赏而获取一种美的享受"①。上述诗人所创造的移就修辞文本，之所以读来让人倍感凄凉，情不自禁地涌出同情唐玄宗的情感，乃是因为诗人让唐玄宗在蜀中行宫所见到的月色有了人的情感情绪（"伤心"），唐玄宗夜雨中听到的风铃声有了人的体觉痛感（"肠断"）。这样，读者在读诗的过程中便由文本的导引而进入到唐玄宗见月色而伤心、闻铃声而肠断的情感状态之中，从而不知不觉间便与唐玄宗达成了情感情绪的共鸣，仿佛自己就是那个失去了爱妃的唐明皇。

七、骆宾王"班声动而北风起"

　　伪临朝武氏者，性非和顺，地实寒微。昔充太宗下陈，曾以更衣入侍。洎乎晚节，秽乱春宫。潜隐先帝之私，阴图后庭之嬖。入门见嫉，蛾眉不肯让人；掩袖工谗，狐媚偏能惑主。践元后于翚翟，陷吾君于聚麀。加以虺蜴为心，豺狼成性，近狎邪僻，残害忠良，杀姊屠兄，弑君鸩母。神人之所共疾，天地之所不容。犹复包藏祸心，窥窃神器。君之爱子，幽之于别宫；贼之宗盟，委之以重任。呜呼！霍子孟之不作，朱虚侯之已亡。燕啄皇孙，知汉祚之将尽；龙漦帝后，识夏庭之遽衰。

　　敬业皇唐旧臣，公侯冢子。奉先君之成业，荷本朝之厚恩。宋微子之兴悲，良有以也；袁君山之流涕，岂徒然

① 吴礼权：《修辞心理学》（修订版），暨南大学出版社2013年版，第134～135页。

哉！是用气愤风云，志安社稷。因天下之失望，顺宇内之推心，爰举义旗，以清妖孽。南连百越，北尽三河，铁骑成群，玉轴相接。海陵红粟，仓储之积靡穷；江浦黄旗，匡复之功何远？班声动而北风起，剑气冲而南斗平。暗鸣则山岳崩颓，叱咤则风云变色。以此制敌，何敌不摧；以此图攻，何攻不克！

公等或家传汉爵，或地协周亲，或膺重寄于话言，或受顾命于宣室。言犹在耳，忠岂忘心？一抔之土未干，六尺之孤安在？倘能转祸为福，送往事居，共立勤王之勋，无废旧君之命，凡诸爵赏，同指山河。若其眷恋穷城，徘徊歧路，坐昧先机之兆，必贻后至之诛。请看今日之域中，竟是谁家之天下！移檄州郡，咸使知闻。

——骆宾王《代李敬业传檄天下文》

上引这篇文字，是唐代著名文学家骆宾王代李敬业起草的讨伐武则天的檄文。相比在它之前的两篇著名檄文：汉末陈琳所写讨伐曹操的《为袁绍檄豫州》、隋末祖君彦所写讨伐隋炀帝的《为李密檄洛州文》，骆宾王的这篇檄文在篇幅上要短得多，但是斥恶揭丑的力度与文字本身的感染力却远超过陈琳与祖君彦之作，其对突破读者心防的力量相比较而言也更大。

这篇讨罪伐恶的战斗檄文，由于选择了骈体文的形式呈现，所以在文势上就有一种铿锵有力的效果，在文采上则显得光芒四射，读之让人深受感染。不过，由于文体与语言的制约，今天的读者可能在理解这篇气韵生动的骈文上会存在不少困难。为此，我们不妨先将这篇千古名文转译成如下的现代汉语：

今日临朝视事、把持朝政的武氏，乃是不合法的篡位者。她本非性情温顺的女人，而且出身卑微。早年只是太宗皇帝的一个侍妾而已，偶因更衣之便而得侍圣上左右。到了后来，则不顾人伦纲常而与太子淫乱后宫。隐瞒曾与太宗有染的隐私，暗中图谋高宗后宫之位。一旦得宠于高宗皇帝，便嫉妒本色毕现，对后宫嫔妃美人概不放过；她擅长卖弄风骚，又工于心计，就像个妖媚的狐狸精一样迷惑高宗皇帝。谗言陷害皇后，以受污之身而为高宗皇后，使我皇高宗负乱伦不义之名。她有蛇蝎一样的心肠，豺狼一样的本性，亲近奸邪小人，残害忠臣良将，杀姊屠兄，弑君鸩母，可谓无恶不作。实在是人神共愤，天地不容。她还包藏祸心，阴谋窃取帝位，夺李唐之天下。先帝高宗爱子，被她幽禁于别宫；武氏亲属党羽，则被委以重任。唉！可惜今日霍光这样的辅国忠臣不见了，朱虚侯刘章这样的宗室良将也没有了。"燕飞来，啄皇孙"的民谣唱起，就知汉朝的国祚将尽；"龙漦流庭，褒姒入孕"的妖异出现，便知夏朝的命运不妙。

我徐敬业乃李唐开国旧臣，是王公贵胄的长子。奉行的是先帝既成的王业，荷受的是李唐优厚的皇恩。殷商灭亡，宋微子过殷墟而作《麦秀歌》，寄托亡国的悲哀，那是有原因的。桓谭陈奏时弊而遭贬，郁郁不乐而终，难道是没有缘由吗？我感于义愤，奋起捍卫李氏江山，安定大唐社稷。抚慰天下正义之士失望的情绪，顺应海内有识之士推举的厚意，在此高举义旗，誓言一定要清除武氏妖孽。南至百越沿海，北到三河中原，都有我们的义军。铁骑成群，船舶相接；海陵积粟几近发霉，仓储之货无穷无尽；长江之畔旌旗连天，匡复大唐的伟业丰功还会远吗？出征的战马正在北风中嘶鸣，出鞘的利剑正气冲星斗。义军将士低吼一声，就可使山崩岳颓；高喊一声，足以让风云变色。凭借这样的气势对敌发起攻势，什么样的军队不被摧毁呢？以此力量发起攻城之战，什么样的城池不被攻拔呢？

诸位或是李唐开国元勋的后裔，或是李唐皇室宗亲，或是被寄予厚望、节制一方的将帅，或是受先帝遗命的辅国大臣。先帝的嘱托言犹在耳，我等岂能泯灭忠于先帝之心？先帝新陵之土未干，李唐幼主就不知贬往了何方。今日我等举义旗，兴义师，如果能够转祸为福，扭转乾坤，让先帝安心于九泉之下，共同建立匡复王室的功勋，不负先帝遗命，那么可以指山河为证，各种重赏厚爵一定为我等共享。如果诸位眷恋自己目前所据穷城，贪图眼前些小既得利益，犹豫彷徨，举棋不定，坐失了举义匡复李唐的有利战机，那么一定会给自己带来杀身之祸。请看今日之世界，到底是谁家的天下？敬业特将此讨逆檄文颁布到各州各郡，以使大家都知道。

　　这篇檄文后来成为千古传诵的名篇，甚至被讨伐的事主武则天在读了此文后也大为感佩。据唐代段成式《酉阳杂俎》卷一记载说："骆宾王为徐敬业作檄，极疏大周过恶。则天览及'蛾眉不肯让人，狐媚偏能惑主'，微笑而已。至'一抔之土未干，六尺之孤安在'，不悦曰：'宰相何得失如此人。'"可见，骆宾王的这篇檄文真的是写得好。不然，被丑诋到无以复加地步的女皇彼时也说不出这样怜惜骆宾王之才的话来。

　　那么，这篇檄文究竟是以什么突破了直接接受者（武则天）与千百年来无数间接接受者（读者）的心防，从而让他们意夺心惊呢？概括起来说，起码有如下三个方面是值得我们特别重视的：

　　一是骆文指斥武氏所犯下的罪恶让人发指，突破了人们接受的心理底线。在中国封建社会，作为母仪天下的皇后，是天下女子的道德楷模，是受万民景仰的，人品与私德更是不应该有一丝一毫的瑕疵。然而，在骆宾王笔下，武氏无论是做女人，还是做皇后，或说是做人、做母亲，都是非常不堪的。从做女人的角度看，她没有羞耻之心。她曾是先帝太宗皇帝的侍妾，却又与时为太子的高宗李治私通（"昔充太宗下陈，曾以更衣入侍。洎乎晚节，秽乱春宫"，"潜隐先帝之私，阴图后庭之嬖"）；从做皇后的角度看，她没有包容后宫嫔妃美人的雅量（"入门见嫉，蛾眉不肯让人"），没有忠君辅主之心（"掩袖工谗，狐媚偏能惑主"、"践元后于翚翟，陷吾君于聚麀"、"近狎邪僻，残害忠良"、"包藏祸心，窥窃神器"、"贼之宗盟，委之以重任"）；从做人、做母亲的角度看，她没有善良的本性（"以虺蜴为心，豺狼成性"、"杀姊屠兄，弑君鸩母"、"君之爱子，幽之于别宫"）。如此一个乱伦无耻、残酷无情的女人，怎么能与母仪天下的皇后画上等号呢？试想，天下为臣的、为民的，哪一个人不为自己有这样一个皇后而惊骇得瞠目结舌？如何不打心底涌起彻底否定的强烈情感情绪？

二是用骈文写檄文，既显得文采飞扬而又深富战斗力，让人始料未及，不禁为作者的才华和文章的魅力而惊叹。应该说，用四六骈文写檄文不自骆宾王始，但将檄文以骈文的形式呈现而又赋予其撼动人心的力量，则非骆宾王此文莫属，无人能出其右。关于这一点，曾有学者专门分析说："本篇通体骈四俪六，不仅句式整饬而略显错综（四四四四、四四六六、六四六四、四六四六参差成趣；每句中的音步变化如四字句有二二结构，有一三结构；六字句有三三、三一二、二二二、二四、四二等结构），平仄相对而低昂有致（如'入门见嫉'四句，一三两句，二四两句平仄完全相反对应），对仗精工而十分自然（如'南连百越'对'北尽三河'，'海陵红粟'对'江浦黄旗'，不仅词性、句法结构相对，而且方位、地名、颜色等事类也相对），用典贴切委婉而不生硬晦涩（如用霍子孟、朱虚侯、赵飞燕、褒姒、宋微子、桓君山等典故），词采华艳赡富而能俊逸清新；尤其难得的是，无论叙事、说理、抒情，都能运笔如神，挥洒自如，有如神工巧铸，鬼斧默运，虽经锤炼而成，却似率然信口。音节美与文情美达到了高度统一，堪称声文并茂的佳作；与六朝某些堆砌典故藻饰、晦涩板滞、略无生气的骈体文，自有霄壤之别；而与王勃的《滕王阁序》，堪称骈文的双璧。"① 应该说，这个评价不算是溢美之词，而是客观中允的评价。也正因为如

① 陈振鹏、章培恒主编：《古文鉴赏辞典》（上册），上海辞书出版社2005年版，第841页。

此，所以这篇文采斐然而又战斗力十足的檄文，才会被千古传诵，甚至被丑诋的武则天本人的心防也被突破，情不自禁地流露出欣赏的心态。

三是文中有两个修辞文本非常出色，表情达意的技巧与力量都超乎寻常，突破了人们的心防，让人读后情不自禁地为之感叹倾倒。这两个修辞文本，一是文章第二段末尾处的四个并列句"班声动而北风起，剑气冲而南斗平。暗鸣则山岳崩颓，叱咤则风云变色"这一示现修辞文本。所写义军威武的军容与气吞山河的气势，都是想象中的情景，是举义旗成军后可能出现的景象，而非已呈现于眼前的事实，属于"预言的示现"。这一文本的建构，对于鼓动天下各路主持正义、对李唐有忠心的将帅起兵加入义军，发起对武氏的军事行动，明显是有很大的激励作用的。因为它所构拟的景象足以突破接受者的心防，使他们不再徘徊彷徨，从而打消顾虑，勇敢地加入到讨伐武氏的军事行动中来。《周易·易辞上》所说的"鼓天下之动者，存乎辞"，大概说的正是这种境界吧。二是"班声动而北风起，剑气冲而南斗平。暗鸣则山岳崩颓，叱咤则风云变色"与随后的四句"以此制敌，何敌不摧；以此图功，何功不克!"构成的另一个修辞文本，即"仿拟"。因为这八句，从结构形式与意趣上看，是模仿隋末祖君彦《为李密檄洛州文》"百万成旅，四七为名。呼吸则河渭绝流，叱咤则嵩华自拔。以此攻城，何城不陷；以此击阵，何阵不摧"而来。古人称这种修辞手法叫"点铁成金"，或曰"化腐朽为神奇"。我们不能说祖君彦的原句是"铁"，当然更不能说是"腐朽"。但是，祖君彦的原句与骆宾王的仿句比较起来，则明显逊色不少。从整体上看，仿句与原句在结构形式上的差别不大，特别是后六句，仿句简直是对原句亦步亦趋的模仿。但是，一、二两句，仿句则明显超越了原句，臻至"青出于蓝而胜于蓝"的境界。原句"百万成旅，四七为名"，是两个四字句相对而出；而仿句"班声动而北风起，剑气冲而南斗平"，则是两个七字句的并列。这样的结构调整，表面上只是字数上的变化，实际上作者的用意并不在此，而是要借结构上的调整营造出一种排山倒海的气势与神韵。因为将一、二句改成了与三、四句"喑呜则山岳崩颓，叱咤则风云变色"相一致的七字句，这就在客观上造就了四个七字句鱼贯而下的铺排阵势，从而巧妙地契合了文章所欲表现的主旨：义军举旗万众一心，兵锋所向无往不胜。另外，还有一点值得特别提出的是，骆宾王讨伐武则天的檄文，之所以要仿拟隋末祖君彦《为李密檄洛州文》中的名句，而不仿拟汉末陈琳《为袁绍檄豫州》中的名句，其实也是大有深意的。我们都知道，陈琳替袁绍写讨伐曹操的檄文，讨伐的对象曹操与讨伐者本人袁绍在本质上没有区别，他们之间的争伐只是一种统治者内部的争斗，没有什么正义与非正义的区别。但是，祖君彦替李密写的讨伐隋炀帝的檄文，讨伐的对象隋炀帝与讨伐者本人李密在本质上是有很大区别的，前者是残害天下百姓的暴君，后者则是替天行道的义士。因此李密发动对隋炀帝的讨伐行动是上合天道、下合民心的。骆宾王描写讨伐武氏的义军气势与必胜的信心，仿祖君彦之句，表面上仿的只是其句式结构，实质上是仿其神韵，将武则天比作是万民唾弃的暴君隋炀帝，从而就在逻辑上将二人归为了一类，突出了讨伐武则天之举的正义性。这一点，恐怕才是骆宾王选择仿拟祖君彦之句的深意所在，也是其高妙所在。可见，上述这两个修辞文本确是为全篇增光添彩不少。如果将它们比作是文中的两只"文眼"，那也是不过分的。因为事实上，有了它们就让全篇顿时显得熠熠生辉，光芒四射。

八、王维"独在异乡为异客"

独在异乡为异客，每逢佳节倍思亲。
遥知兄弟登高处，遍插茱萸少一人。
——王维《九月九日忆山东兄弟》

上引这首诗，是诗人王维十七岁时所写的，抒发的是他离开家乡，西进唐都长安谋求仕途，重阳节身在异乡，触景生情而忆念起家在蒲州（华山之东）众兄弟的深切之情。虽然文字非常质朴，但感情深挚，给人心灵的震撼非常大，最易突破那些"独在异乡为异客"的游子们的心防，触动他们的思乡之情与兄弟亲情。因此，诗虽寥寥四句二十八字，却成了千百年来中国人最耳熟能详的抒写乡园之情与兄弟之情的名篇。

众所周知，中国社会自古以来就最讲究"五伦"关系。所谓"五伦"关系，就是"君臣"、"父子"、"兄弟"、"夫妇"、"朋友"五种人伦关系。这五种关系，各以"忠"、"孝"、"悌"、"忍"、"善"为原则。其中，兄弟关系所讲的"悌"，就是今天我们所说的"友爱"。正因为兄弟关系是"五伦"关系中重要的一种，因此中国人自古以来就特别看重这种手足亲情。《三国演义》中刘备说"妻子如衣服，兄弟如手足"，强调的正是兄弟亲情的重要性。民间有谚语"打虎亲兄弟"，说的也是兄弟亲情的重要性。基于这种近乎"集体无意识"的价值观的民族认同，中国文学中歌颂兄弟亲情的作品自古以来就一直很多。早在周秦时代，《诗经·小雅》中便有《棠棣》一篇，热情奔放地歌颂兄弟亲情：

> 棠棣之华，鄂不韡韡。凡今之人，莫如兄弟。
> 死丧之威，兄弟孔怀。原隰裒矣，兄弟求矣。
> 脊令在原，兄弟急难。每有良朋，况也永叹。
> 兄弟阋于墙，外御其务。每有良朋，烝也无戎。
> 丧乱既平，既安且宁。虽有兄弟，不如友生。
> 傧尔笾豆，饮酒之饫。兄弟既具，和乐且孺。
> 妻子好合，如鼓瑟琴。兄弟既翕，和乐且湛。
> 宜尔家室，乐尔妻帑。是究是图，亶其然乎！

在中华民族数千年的历史发展过程中，每当遭遇外族入侵，同胞受难，我们的祖先都会情不自禁地想到《诗经》中的这篇，想起"兄弟阋于墙，外御其务"的训示，他们就会团结一心，共同御敌，维系中华民族的完整统一，维护中华民族的生存与发展。

　　说到《诗经》中《棠棣》篇歌颂兄弟亲情的巨大历史意义，又让我们情不自禁地想到另一首令人感动无比的抒发兄弟亲情的诗篇，这便是唐代诗人白居易的《望月有感》。关于这首诗写作的背景，诗人在小序中曾作过说明："自河南经乱，关内阻饥，兄弟离散，各在一处。因望月有感，聊书所怀，寄上浮梁大兄、於潜七兄、乌江十五兄，兼示符离及下邽弟妹。"诗曰：

　　　　时难年荒世业空，弟兄羁旅各西东。
　　　　田园寥落干戈后，骨肉流离道路中。
　　　　吊影分为千里雁，辞根散作九秋蓬。
　　　　共看明月应垂泪，一夜乡心五处同。

　　诗中所写的战乱中兄弟离散后那种牵肠挂肚之情，那种见雁而生情、望月而垂泪的思念之情，读来真是锥心刺骨，让人的心防在毫无防备的情况下就被突破，仿佛"辞根散作九秋蓬"的就是自己，仿佛"一夜乡心五处同"说的就是自己与兄弟们的切肤之痛。因此，这首诗在唐诗中的知名度非常大。

　　王维《九月九日忆山东兄弟》一诗，虽然篇幅不长，远不及《诗经》中《棠棣》篇与白居易《望月有感》（前者洋洋一百二十九字，后者连同诗序也有一百〇六字），但其所表现的饱满热烈的兄弟之情丝毫没有因为篇幅的限制而受到影响；虽然王诗不像《棠棣》篇那样直陈本意，强调兄弟之情高于其他友情的主旨，也不像白居易《望月有感》引类搭挂、借景生发那样煽情，但其给人的感动感染一点也没减弱。相反，由于语言质朴，篇幅短小，王诗更易让人感受到那份浓厚而深切的兄弟亲情、那份推己及人的体贴关怀。诗的首句，凌空起势，通过"异乡"与"异客"二词字面上"同中有异"、"异中有同"的对比，以及"异"字在同句中的反复出现，直抒诗人"独在异乡"的极度孤独之感，让人猝不及防，就被其深切的情感所感染，情不自禁地便与诗人达成了情感的共鸣，从而自然而然地认同诗人油然而生的感慨："每逢佳节倍思亲。"诗人"思亲"的"亲",当然包括兄弟之亲在内。但是,如果诗歌的表意仅仅到此为止,那么"九月九日忆山东兄弟"的主旨就难以表述,诗人对兄弟深切的牵挂之情就难以展露。按照一般人的思路,诗人应该接着"每逢佳节倍思亲"一句,依常规的思维定式,展开抒写思念兄弟之情的内容,讲自己是如何思念远在山东的兄弟的。若果真这样写,则落入了俗套,很难让读者感到惊喜,当然也就难以激起读者的情感共鸣,令其深受感染,并为之深切感动。值得欣慰的是,诗人没有这样写,而是突破了常规的思维定式,逆向操作,站在了被思念者的立场上,虚构了一个动人的场景:山东众兄弟九月九日登高望远,佩带上茱萸,发现多了一个茱萸香袋,而少了一个人。这是诗人以示现的修辞策略,将自己重阳节"独在异乡为异客"时因过度思念山东兄弟而出现的幻觉形象地呈现出来,让人有一种如临其境、如见其人的亲历感与真切感。这种表达,既增添了修辞文本的生动性与形象性,又以推己及人的体贴,突破了接受者的心防,令其产生强烈的情感共鸣,从而强化了全诗所要表达的思念山东兄弟的主旨。

九、杜甫"今夜鄜州月"

今夜鄜州月,闺中只独看。
遥怜小儿女,未解忆长安。
香雾云鬟湿,清辉玉臂寒。
何时倚虚幌,双照泪痕干。

——杜甫《月夜》

上引这首诗,是杜甫在"安史之乱"期间所写,抒发了诗人被叛军所捉而困于沦陷的长安城中,不能追随唐肃宗平叛立功的抑郁之情,以及不能回家与妻子儿女团圆的孤独之情,表达了诗人身处危境仍思念妻子的深切之情,读之令人非常感动。

其实,写夫妻之间的深切之情,并非盛唐杜甫一人的专长。中唐诗人元稹与晚唐诗人李商隐，都是此中高手。他们所写表现夫妻情深的诗不仅量多，而且不乏千古传诵、妇孺皆知的名作。如元稹《离思》五首其四：

> 曾经沧海难为水，除却巫山不是云。
> 取次花丛懒回顾，半缘修道半缘君。

李商隐《夜雨寄北》诗：

> 君问归期未有期，巴山夜雨涨秋池。
> 何当共剪西窗烛，却话巴山夜雨时。

上引元稹与李商隐的这两首诗，在全唐乃至整个中国诗史上的知名度都是极高的，其深切感人的力量也是有口皆碑的。除此以外，在中国文学史上还有很多写夫妻之情的名句，它们的传诵更是广泛。如先秦诗中"未见君子，惄如调饥"（《诗经·周南·汝坟》）、"执子之手，与子偕老"（《诗经·邶风·击鼓》），汉人诗中"人生有新故，贵贱不相逾"（辛延年《羽林郎》）、"结发为夫妻，恩爱两不疑"（无名氏《留别妻》，出自苏武《诗四首》其三）、"生当复来归，死当长相思"（无名氏《留别妻》，出自苏武《诗四首》其三）、"结发同枕席，黄泉共为友"（无名氏《孔雀东南飞》）、"举手长劳劳，二情同依依"（无名氏《孔雀东南飞》）、"与君为新婚，兔丝附女萝"（无名氏《冉冉孤生竹》），晋代诗中"但愿长无别，合形作一躯。生为并身物，死为同棺灰"（杨方《合欢诗五首》）、"我情与子亲，譬如影追躯"（杨方《合欢诗五首》）、"生存无会期，要君黄泉下"（傅玄《饮马长城窟行》），唐代诗词中"得成比目何辞死，愿作鸳鸯不羡仙"（卢照邻《长安古意》）、"妾心藕中丝，虽断犹牵连"（孟郊《去妇》）、"一别隔炎凉，君衣忘短长。裁缝无处等，以意忖情量"（孟浩然《闺情》）、"愿郎千万寿，长作主人翁"（刘禹锡《纥那曲二首》）、"在天愿为比翼鸟，在地愿为连理枝"（白居易《长恨歌》）、"蜀江水碧蜀山青，圣主朝朝暮暮情"（白居易《长恨歌》）、"终日望夫夫不归，化为孤石苦相思。望来已是几千载，只似当时初望时"（刘禹锡《望夫石》）、"一行书信千行泪，寒到君边衣到无"（王驾《古意》）、"从来夸有龙泉剑，试割相思得断无"（张氏《寄夫》）、"打起黄莺儿，莫教枝上啼。啼时惊妾梦，不得到辽西"（金昌绪《春怨》）、"过尽千帆皆不是，斜晖脉脉水悠悠，肠断白蘋洲"（温庭筠《梦江南》词），宋代诗词中"安得身轻如燕子，随风容易到君傍"（黄氏《感怀》）、"妾心江岸石，千古无变更"（吴龙翰《乐府》）、"新来瘦，非干病酒，不是悲秋"（李清照《凤凰台上忆吹箫》词），元代曲中"欲寄君衣君不还，不寄君衣君又寒。寄与不寄间，妾身千万难"（姚燧《越调·凭阑人·寄征衣》）等，都是写夫妻真挚之情的名句，在历史上不知感动过多少中国的痴情男女。

熟悉中国文学史者都会知道，杜甫一生创作的诗歌数量非常大，广为传诵的作品也非常多。其中，尤以"穷年忧黎元，叹息肠内热"（《自京赴奉先县咏怀五百字》）等关怀现实民生的作品居多。而专写个人情感，特别是诸如上引《月夜》这样专写夫妻之情的诗篇则非常少见。这大概就是杜甫之所以被人称为"诗圣"，而非"情圣"的原因所在吧。其实，"诗圣"与"情圣"并不相互排斥，杜甫做了"诗圣"，一辈子都在追求"致君尧舜上，再使风俗淳"（《奉赠韦左丞丈二十二韵》）的人生目标，并不妨碍他做"情圣"。事实上，从《望月》一诗，我们就能见出杜甫也是位重情的汉子，称为"情圣"不为过。杜诗名篇虽多，但只要人们一谈到他的诗，也不会忽略他这篇情真意切的《月夜》思妻之作。

那么，在杜诗中不占主流地位的《月夜》诗，为什么会成为千古传诵的名篇呢？为什么人们一读到这首诗就会为其深切感动，认为杜甫是位有情有义的"情圣"呢？究其原因，主要是因为这首《月夜》在修辞策略上采用了示现手法，突破了人们习惯性的思维定式，以换位思考的角度写困守危城中对妻子的深切思念之情，从而生动地诠释了"一日夫妻百日恩，百日夫妻似海深"的恩爱境界。

　　前文我们说过，示现修辞策略是一种通过联想与想象将不闻不见的事象说写得如闻如见的表达手法。它可分为三种情况：一是通过联想与想象将曾经有过的事象重新复现出来，称为"追述的示现"；二是通过联想与想象将未来可能出现的事象呈现出来，称为"预言的示现"；三是将过去不曾有过、未来也不会发生的事象说写得如见如闻，称为"悬想的示现"。① 上引杜甫《月夜》诗，整篇就是一个示现修辞文本，属于"悬想的示现"。因为诗中所写杜甫之妻"鄜州望月"的事情压根儿就没有，或者即使有，也未必就是"今夜"；即便真有妻子"鄜州望月"之事，那也未必就有小儿女不解母亲望月而问的情节，或是妻子"香雾云鬟湿，清辉玉臂寒"的情形；至于妻子心灵的独白"何时倚虚幌，双照泪痕干"，诗人更是无缘得知。诗人之所以要将自己想象中的事写得如在目前，那是缘于诗人困守沦陷之城长安，每夜孤独望月时凝神观照中物我往复回流，发生了睹物思人的"移情"心理作用，于是将自己与远在鄜州的妻子的空间地理位置予以了置换，从而以逆向思维，换位思考，以想象中的妻子思"我"的虚拟情节替代了"我"思念妻子的现实情节，由此彰显出诗人对妻子的思念到了痴妄的程度。这样的表达，不仅生动形象，而且给读者留下了更多想象回味的空间，让人从诗人逆向思维与换位思考中更深切地体会到诗人对妻子的刻骨之情。如果诗人不以示现的修辞策略表现，不以换位思考的角度切入，而是按照习惯性的思维定式，从长安望月写起，直抒胸臆，说自己如何地孤独，如何地思念妻子，那样肯定会造成文字平庸，表情达意波澜不惊，很难有突破读者心防的可能。那样，要想让人读之油然生发深切的感动，达成与诗人强烈的情感共鸣，恐怕难矣。

---

　　①　参见陈望道：《修辞学发凡》，上海教育出版社 1997 年版，第 124～125 页。

十、李后主"寂寞梧桐深院"

> 无言独上西楼，月如钩。寂寞梧桐深院，锁清秋。
> 剪不断，理还乱，是离愁；别是一般滋味，在心头。
>
> ——李煜《乌夜啼》

上引这首词，是南唐后主李煜亡国被囚于北宋之都汴梁时所写。"它不仅写尽了古往今来在外游子的思乡之苦，更兼词人是个被囚的亡国之君，因此思乡之苦情中更包蕴了一般人所无法体认到的刻骨铭心的亡国之恨，所以全词读来倍加使人感到凄凉忧伤"①，有突破人们心防的强大冲击力与深切的艺术感染力。

那么，这篇寥寥三十六字的小词，何以有如此深厚的魅力与撼动人心的感染力呢？究其原因，主要与这首词运用移就与比喻两种修辞策略建构起的两个修辞文本有着密切的关系。

以移就修辞策略建构的修辞文本，即"寂寞梧桐深院"一句。我们都知道，"梧桐"是一种树木，属于非人类的植物；"深院"是指建筑，乃是土木之物，也属非人无知的事物。因此，无论是作为植物的"梧桐"，还是作为人赖以栖身的建筑物"深院"，按常理都不可能具有"寂寞"这种人类特有的情感体验。因此，按正常思维来遣词造句，我们任何人都不会造出"寂寞梧桐深院"这样不符合逻辑常理的句子的。然而，词人李煜作为一代帝王与一代词圣，却偏偏写出了"寂寞梧桐深院"这样一个"无理"的句子。这又是为什么呢？乍一看，我们可能想不通；但仔细一想，从修辞的角度观察，我们又不得不佩服李煜创意造言的智慧。他之所以会写出"寂寞梧桐深院"这样的句子，乃是因为他作为一个亡国之君"在亡国之恨与思念乡国的双重痛苦情绪下，凝神观照自己被囚的庭院及院中的梧桐树等景物时产生了移情心理作用，'我'的情趣与物的情

---

① 吴礼权：《修辞心理学》（修订版），暨南大学出版社 2013 年版，第 136 页。

趣出现了往复回流，并且在'我'的强烈的怀乡念国情感情绪的主导下使'深院'、'梧桐'等非人无知的事物有了人所特具的生命情态——'寂寞'的情感"①。这样，笔由心使，自然便有了"寂寞梧桐深院"这一修辞文本的建构。这一修辞文本的建构"从表达上看，因词人赋予非人无知的'深院'、'梧桐'以人所特有的生命情态——'寂寞'的情感体验，遂使抽象的情感描写具体化，文本的语言文字也由此添出了几许生动性、形象性的特质，整个修辞文本的艺术感染力也得到了提升；从接受上看，由于词人在建构修辞文本时将物我贯通交融为一体，物我情态浑然难分，接受者易于受其生动形象的修辞文本所感染，自然会在文本解读欣赏中经由修辞文本的语言文字产生与词人修辞文本建构时逆向的移情心理作用，进入与词人修辞文本建构时凝神观照、物我同一的相同情感情绪状态——即'庭院'、'梧桐'与我浑然无分，俱感深深'寂寞'之情，由此达到与词人思想情感的共鸣——乡园之思何苦切，亡国之痛何以堪，并经由文本的解构欣赏而获取一种美的享受——一种常人所无由体认的亡国之恨、乡园之思的双重苦痛之情，即艺术欣赏中的悲剧美"②。

以比喻修辞策略建构的修辞文本，则有两个，分别是"月如钩"与"剪不断，理还乱，是离愁"。前一个比喻文本"月如钩"，将"月"的形状与"钩"牵连搭挂，既生动地再现了月亮的形象，又暗示出月色昏黄、光线不足（不是满月之时，必定光线不足）的意涵，隐喻了词人"独上西楼"时灰暗抑郁的心情。后一个比喻文本，将亡国离乡的忧愁比作一团"剪不断，理还乱"的乱丝，不仅有化抽象为具象的生动效果，更让人由此及彼，产生丰富的联想，深入词人丰富的内心世界，体悟到词人作为一个亡国之君兼异乡之客复杂的情感情绪状态，心防不经意间便被突破，从而不由自主地模糊了判断是非的标准，情不自禁地便与词人达成了情感的共鸣，对词人的遭遇与痛苦的情感予以深切的理解与同情。

---

① 吴礼权：《修辞心理学》（修订版），暨南大学出版社 2013 年版，第 136 页。
② 吴礼权：《修辞心理学》（修订版），暨南大学出版社 2013 年版，第 136 页。

十一、苏东坡"把酒问青天"

　　明月几时有？把酒问青天。不知天上宫阙，今夕是何年。我欲乘风归去，又恐琼楼玉宇，高处不胜寒。起舞弄清影，何似在人间。

　　转朱阁，低绮户，照无眠。不应有恨，何事长向别时圆？人有悲欢离合，月有阴晴圆缺，此事古难全。但愿人长久，千里共婵娟。

——苏轼《水调歌头》

　　上引这首词，在中国传诵流行了近千年，大概可以算是真正的"神曲"了。至今每到八月十五中秋佳节，中国人都还在搬唱这首宋朝的"流行歌曲"。因此，在中国文学史上，真正担得起"家喻户晓"、"妇孺皆知"二词的，恐怕非此词莫属了。

　　据考证，这首词是苏轼宋神宗熙宁九年（公元 1076 年）创作于密州的。当时，"他在政治上的处境既不得意，和胞弟子由（苏辙）亦已七年没有团聚在一起，心情抑郁，可想而知。可是词中抒幻想而留恋人世，伤离别而处以达观，反映了作者由超脱尘世的思想转化为喜爱人间生活的过程。笔调奇逸，风格健朗，成为文学史上的名篇"[1]。宋代胡仔曾评述："中秋词，自东坡《水调歌头》一出，余词尽废。"[2] 虽然说得过于夸张，但于此可见，这首词在中国人的心目中自古以来就有着不可替代的崇高地位。

　　那么，苏轼的这首词何以有如此深厚的魅力与强烈的感染力呢？除了词作"抒幻想而留恋人世，伤离别而处以达观"的笔调所折射出来的魅力外，恐怕还与词人运用倒装与设问两种修辞策略，分别于词首与词尾各建构了一个修辞文本有密切关系。

---

　　① 朱东润主编：《中国历代文学作品选·中编》（第二册），上海古籍出版社 1982 年版，第 27 页。

　　② （宋）胡仔：《苕溪渔隐丛话·后集》卷三十九。

　　以倒装修辞策略建构的修辞文本，即"明月几时有？把酒问青天"一句。这个句子的正常语序应该是"把酒问青天，明月几时有？"可是，这样按正常逻辑思维遣词造句，太过于平实，不足以表达词人当时政治上失意被贬、孤身一人僻处密州的极度孤独之情，不能将积聚于心底的抑郁尽情释放出来，从而达到一种新的心理平衡。因为从心理学上看，一个人在极度孤独时，总希望有亲近的人能够听其倾诉心曲。当然，苏轼也是如此。正因为如此，苏轼在表达急切期盼月圆与人圆的愿望时，先将心中的诉求"明月几时有"作为全词的焦点首先推出，置于全词之首，从而凌空起势，让人在突兀惊讶中深思词人如此遣词造句的深意。事实上，词人所建构的这一倒装修辞文本所产生的效果是非常明显的。从表达上看，它强烈地凸显了"表达者极端寂寞的心境和盼望与弟弟子由团聚畅叙兄弟亲情的急切之情，满足了表达者激情状态下心理能量释放和情感纾解的需要"[1]；从接受上看，"文本超越正常句法规范所创造的文本新异性，很易引发接受者文本接受中的'不随意注意'，从而加深对表达者所建构的修辞文本的印象和理解，达成与表达者之间情感思想的共鸣，体会到表达者的那种孤寂之情"[2]。应该说，这首词之所以能够突破人们的心防，让千古以降无数人被词人浓浓的兄弟亲情所感染，是与这个倒装文本所创造的先声夺人的效果分不开的。

　　以设问修辞策略建构的修辞文本，即"不应有恨，何事长向别时圆？人有悲欢离合，月有阴晴圆缺，此事古难全。但愿人长久，千里共婵娟"。前文我们说过，设问修辞策略可以分为两类：一是"提问"，即先提出一个问题，然后自己给出答案；二是"激问"，即答案就在反问句的语意反面。苏轼上面这个"设问"，属于"提问"一类。它提出的问题是："怎样面对月圆人别的人生遗憾？"给出的答案则是："亲人之间有悲欢离合，就像天有阴晴、月有盈亏

---

①　吴礼权：《修辞心理学》（修订版），暨南大学出版社2013年版，第95页。
②　吴礼权：《修辞心理学》（修订版），暨南大学出版社2013年版，第95页。

一样正常。只要分离的亲人各自都安好，千里共赏一轮明月，不也是人生的一大快乐吗?"词人这种达观超脱的人生态度，果然真是出于本心的认识吗? 我们不妨结合这一文本之前词人虚拟的两个情节"我欲乘风归去，又恐琼楼玉宇，高处不胜寒。起舞弄清影，何似在人间"和"转朱阁，低绮户，照无眠"。前一个情节是写词人欲飞天而留恋人世的心态，后一个情节是写词人重返人间牵挂亲人而辗转无眠的苦恼。这样前后一联系，一对比，我们便能见出词人达观超脱的人生态度原来是装出来的，它从反面凸显了词人牵挂弟弟、盼望与其团圆而不得的极度情感苦痛。这种表里两面的悖反，表面达观超脱的潇洒与内心苦痛煎熬的对比，读之让人益发增其悲，最易突破读者的心防，使之产生强烈的情感共鸣，从而深切理解词人内心的苦痛与对弟弟的无限牵挂。这首词之所以能够成为写中秋、写兄弟亲情的千古绝唱，应该说与词人在全词末尾建构的这个设问修辞文本密切相关。

十二、陆游"一怀愁绪，几年离索。错! 错! 错!"

> 红酥手，黄滕酒，满城春色宫墙柳。东风恶，欢情薄，一怀愁绪，几年离索。错! 错! 错!
> 春如旧，人空瘦。泪痕红浥鲛绡透。桃花落，闲池阁。山盟虽在，锦书难托。莫! 莫! 莫!
>
> ——陆游《钗头凤》

上引这首词，是南宋著名文学家陆游为其前妻唐婉所写。全词抚今追昔，对被迫与唐氏分离的往事无限伤感，对母亲强拆他与唐氏的美满婚姻无比痛恨，对自己与唐氏"有情人不能成眷属"的痛苦之情作了淋漓尽致地宣泄。

关于《钗头凤》词的创作背景与缘由，南宋词人周密在其所著《齐东野语》卷一中记之甚详。其文有曰:"陆务观(陆游字务观，自号放翁)初娶唐氏，闳之女也，于其母夫人为姑侄。伉俪相得，而弗获于其姑。既出，而未忍出之，则为别馆时时往焉。姑知而掩之。虽先知挈去，然事不得隐，竟绝之。亦人伦之变也。唐后改适同郡宗子士程。尝以春日出游，相遇于禹迹寺南之沈氏园。唐以语赵，遣致酒肴。翁怅然久之，为赋《钗头凤》一词，题园壁间。实绍兴乙亥岁（公元1155年）也。……未几，唐氏死。"据此可知，唐氏是唐闳之女，乃陆游的原配，与陆游的母亲为姑侄关系。陆唐结婚后，夫妻感情甚笃，颇是恩爱。可是，不知为什么，陆游之母对唐氏这个儿媳就是不喜欢。不久，陆母就强迫儿子陆游把唐氏休了。"唐氏被休离开陆家之后，陆游对唐氏还很有感情，舍不得唐氏，于是就另置别馆让唐氏住下，自己常常去别馆与唐氏相会。可是，没想到老太太知道了，对其别馆突然袭击。虽然陆游预先得知消息，将唐氏带走，但这件事是再也隐瞒不了了，最后陆唐只得断绝往来，一对有情人就这样被活生生地拆散了。唐氏后来改嫁给宋朝宗室子弟赵士程。有一次，陆游与唐氏都因春日出游，不期在绍兴禹迹寺南的沈园遇见。二人可谓感慨万千，真是造化弄人！唐氏没有对丈夫赵士程隐瞒，就告诉其真情，并让其送了些黄縢酒（当时的宫酒）和鱼肉熟食给陆游。陆游感慨万千，怅然久之，于是就为唐氏写了一首《钗头凤》词，题于沈氏园壁间。这是发生于宋高宗绍兴二十五年（公元1155年）的事。不久，唐氏就离开了人世。"①

在陆游的诸多词中，这首写与前妻唐婉深情的作品，可谓是最为有名，也是最为感人的。之所以如此，固然与词中所写的凄凉内容有关，也与这首词背后的凄美故事有关，同时更与词人在词中运用了反复修辞策略而建构起的两个文本密切相关。

前文我们曾经说过，反复修辞策略，"是一种在特定情境下让相同的词句一再出现，以凸显表达者某种强烈情感，以加深接受者印象，引发接受者思想情感共鸣的语言表达策略"②。从表现形态

---

① 吴礼权：《语言策略秀》（修订版），暨南大学出版社2013年版，第102页。
② 吴礼权：《语言策略秀》（修订版），暨南大学出版社2013年版，第102页。

看，它可以分为两种基本类型：一是"连续的反复"，二是"隔离的反复"。① 上引陆游的词，上下两阕各有一个反复修辞文本，分别是上阕末尾的"错！错！错！"与下阕结束处的"莫！莫！莫！"都是相同语词的连续复现，属于"连续的反复"。这两个反复修辞文本异乎寻常地配置于上下两阕的结束处，表面看来只是对其前面叙述内容的总结与评判，实际上并不是那么单纯，而是别含深意。它是表达者意欲通过同一个词的三次反复，将郁积内心已久的不平与痛苦尽情释放出来，以此获得一种新的心理平衡。除此之外，表达者这样做还有一个更重要的目的，这便是通过"错"与"莫"二字在上下两阕相同位置上异乎寻常的三次反复，使接受者受到强烈的视觉或听觉刺激后造成一种强烈的心理震撼，从而突破其心防，对表达者的情感痛苦产生共鸣，对表达者的悔恨无奈予以深切理解。

从修辞上看，词人的这两个反复修辞文本的建构是非常高妙的，对于助成全词强烈的感染力为功大矣。第一个反复文本"错！错！错！"处于上阕的结尾处。三个"错"字的连续铺排，不仅强烈凸显了词人对于当初与唐氏结束婚姻的无限悔恨与自责之情，更含而不露地表达了对母亲硬是拆散自己与唐氏姻缘的怨恨之意。对这一主旨，观照上下文后，读者就会明白。因为词人在连用三个"错"字之前，已经清楚地交代了"错"的原因是"东风恶，欢情薄，一怀愁绪，几年离索"。意思是说，因为母亲从中作梗，才会导致自己与唐氏"欢情薄"，才会使二人"一怀愁绪，几年离索"。只是在表情达意时，词人没有说得这样直露，而以"东风恶"一语双关，暗示出母亲不能像化雨的"东风"一样成全他们。这种表达是得体的，既委婉而真切地"表露了对母亲硬性拆散他与唐氏美满姻缘的愤恨之情"②，又不违背封建人伦规范。正因为如此，词人的苦情就更易于博得读者的同情，词人字里行间表露出的对母亲的怨怼之意也就易于被读者所接受，为陆唐美满姻缘的无端被拆而掬一

---

① 陈望道：《修辞学发凡》，上海教育出版社 1997 年版，第 199 页。

② 吴礼权：《语言策略秀》（修订版），暨南大学出版社 2013 年版，第 102 页。

把同情泪。第二个反复文本"莫！莫！莫！"处于下阕的结束处，与第一个文本形成前后呼应的结构格局。这个文本是承接"山盟虽在，锦书难托"二句而来，意谓与唐氏昔日恩爱的海誓山盟犹在耳畔，但今日却不能将这种爱的誓言写成书信寄给她了。以前有爱而不能同处一个屋檐下，今日有爱却不能说出来，这是何等的痛苦！正因为如此，词人只能面对有情人而徒唤奈何，除了诚勉自己"莫！莫！莫！"他已无计可施了。可见，这三个"莫"字的连续铺排，是词人为了凸显其"面对有情人纵有千种柔情万般爱意却无法倾诉的无奈之情"①，是有情而只能装作无情的残酷决断。这种无奈与残酷，到底给人心灵有多大的震撼呢？相信一千个读者会有一千种感受。

十三、李清照"寻寻觅觅，冷冷清清，凄凄惨惨戚戚"

寻寻觅觅，冷冷清清，凄凄惨惨戚戚。乍暖还寒时候，最难将息。三杯两盏淡酒，怎敌他、晚来风急？雁过也，正伤心，却是旧时相识。

满地黄花堆积，憔悴损，如今有谁堪摘？守着窗儿，独自怎生得黑？梧桐更兼细雨，到黄昏、点点滴滴。这次第，怎一个愁字了得！

——李清照《声声慢》

上引这首词，是宋代著名女词人李清照的晚年之作，也是她作品中最具感染力的篇章。此词"一题作'秋情'。通过写残秋的景色作为衬托，倾诉出夫亡家破、饱受忧患和乱离生活的哀愁。词中所表现的情绪相当消沉，但也展露了作者高超的艺术才华：巧妙而自然地用铺叙的手法，把日常生活概括得很突出；还创造性地用上大量确切而生动的叠字，以加强感情的渲染，毫无斧凿之痕，因而

---

① 吴礼权：《语言策略秀》（修订版），暨南大学出版社2013年版，第102页。

受到历代词论家的特别赞赏"①。

　　这首词之所以读来让人无限伤感，倍感凄凉，从而赢得千古文人的"掉头苦吟"，并为之击节赞赏，究其原因，是与词人运用的四种修辞策略所产生的艺术感染力有关。因为这四种修辞策略的并用，最终突破了接受者的心防，令人情不自禁间便与词人达成了情感的共鸣，从而对其悲秋景之萧瑟、叹晚景之孤独的凄苦心境予以深切理解。

　　词人运用的第一个修辞策略，也是为全词凄切悲凉的格调定调的策略，就是协韵。所谓"协韵"，乃是诗词等韵文在特定句子的末尾运用同韵母字的修辞手法，意在获得同韵相协、前后呼应的韵律美感。协韵虽是诗词等韵文经常运用的修辞手法，但运用之妙则存乎一心。因为不同的韵调对于营造作品不同的格调是大有影响的。有些韵调适合营造激切高昂的格调，有些韵调则适合营造凄清哀婉的情调。诗词等韵文豪放风格或婉约风格的形成，都与"协韵"有密切关系。上引李清照的这首词是以凄切哀婉的格调而让人深受感染的，这与它在"协韵"上用心经营有关。据考证，《声声慢》的词调，"首见于北宋晁补之词"②，有平韵与仄韵体之分。但是，一般是以押平声韵为常规。可是，李清照却突破常规，改用押仄声韵，而且大量使用入声字为韵脚，遂使本来调子徐缓的《声声慢》词在声韵上"变舒缓为急促，变哀婉为凄厉"，"以豪放纵恣之笔写激动悲怆之怀"，③ 读之让人油然而生凄切悲凉之感，可谓先声夺人，首先在声音形式上就突破了读者的心防。

　　词人运用的第二个修辞策略，就是历来词论家都交口称赞的"叠字"。在中国古典诗词中，叠字的运用并不稀奇，但是李清照的叠字运用却出乎所有人的意料。她不仅开篇劈头就用叠字，而且接

---

　　① 朱东润主编：《中国历代文学作品选·中编》（第二册），上海古籍出版社1982年版，第54页。

　　② 朱东润主编：《中国历代文学作品选·中编》（第二册），上海古籍出版社1982年版，第53页。

　　③ 唐圭璋等编：《唐诗鉴赏辞典》，上海辞书出版社2006年版，第1213页。

二连三地用了七个叠字，构成了"寻寻觅觅，冷冷清清，凄凄惨惨戚戚"这一汉语修辞史上的叠字文本奇观。这一文本是由"寻"、"觅"、"冷"、"清"、"凄"、"惨"、"戚"七个古汉语单音节词分别叠合，然后连续铺排，鱼贯而下，以三个句子的形式并列呈现。"由'寻'、'觅'二字复叠而成的'寻寻觅觅'，鲜明地显现出词人失去恩爱的丈夫后失落空虚的精神世界的真况；由'冷'、'清'二词复叠而成的'冷冷清清'，形象地凸显出词人失去丈夫后家庭生活的极度冷清境况；由'凄'、'惨'、'戚'三个单音节词复叠而成的'凄凄惨惨戚戚'，强烈地凸显出词人'独在异乡为异客'、秋风萧杀形影单的孤寂凄凉的晚景生活。加之全词又特意选择了仄韵体表达，遂使全词情调更显凄切悲凉，读之不能不使人唏嘘感伤！"①

词人运用的第三个修辞策略，是对比（或曰映衬）。其所建构起来的修辞文本，就是词的下阕开头三句："满地黄花堆积，憔悴损，如今有谁堪摘。""满地黄花堆积"，说的是菊花开得正盛，"堆积"一词乃是点睛之笔，最具形象性。我们都知道，秋天不比春天，没有什么花可赏，最值得一赏的花就是菊花了。因此，古代文人一到秋天都有赏菊的雅兴。盛唐诗人孟浩然甚至在春天就跟朋友相约"待到重阳日，还来就菊花"（《过故人庄》），可见赏菊的雅兴有多高。晚唐诗人黄巢写有一首《不第后赋菊》诗曰："待到秋来九月八，我花开后百花杀。冲天香阵透长安，满城尽带黄金甲"，虽然是赋菊言志，但写菊花仍然具正面的意义，给人的除了力量感，还有强烈的视觉美感和嗅觉享受。可是，词人李清照描写"满地黄花堆积"的盛况，却不是为了表现文人把酒赏菊的情趣与快乐之情，而是用以反衬自己孤寂的心境。因为"憔悴损，如今有谁堪摘"一句，意思说得再明确不过了：对着开得灿烂鲜艳的菊花，自己更是显得面容憔悴了，连女人本能的爱摘花的雅兴都没有了。这种以乐景衬哀情的对比映衬，读之最易突破他人的心防，悲凉之感

---

① 吴礼权：《语言策略秀》（修订本），暨南大学出版社2013年版，第109页。

油然而生。

词人运用的第四个修辞策略是仿拟。其所建构的仿拟文本，就是词的下阕临近末尾的"梧桐更兼细雨，到黄昏、点点滴滴"。它是晚唐词人温庭筠《更漏子》词下阕"梧桐树，三更雨，不道离情正苦；一叶叶，一声声，空阶滴到明"而成，但是李清照并未像一般人那样拘泥于句式结构上的规拟，而是仿拟其神韵与句意，是一种"化用"性质，属于古人所说的"点铁成金"，或曰"化腐朽为神奇"的手法。由于是运用了仿拟修辞策略，很容易让人由此及彼，将原词与仿词的内容联系到一起，从而将两首词所写的雨夜哀愁叠加到一起，益发增其悲凉之情。再加上这个仿拟文本中还包含了一个叠字文本"点点滴滴"，不仅有强化语意的印象，而且形象感非常强，仿佛让人觉得这深秋雨夜的哀愁是触手可及的。这无疑在最大程度上加深了读者对词人哀愁之情的理解，易于感化读者，使之产生情感的共鸣。

十四、清代才女"五人张伞，四人全仗大人遮"

> 有三女而通于一人者，色美而才。事发到官，出一对云："三女为奸，二女皆从长女起。"一女对云："五人张伞，四人全仗大人遮。"官薄惩之。
>
> ——褚人穫《坚瓠首集》卷二《巧对》条

上引这段文字，讲的是这样一个故事：古代有三个女子，都是才貌双全的佳人，却同时看上了同一个男人，并且与之私通。东窗事发后，以风化罪被诉之于官府。负责审理案情的是一位风雅的老爷，他一见堂下跪着的被告竟是三位如花似玉的美女，遂动了恻隐之心。原本问案时都需先来个下马威，当头喝问，老爷却意外地改用了另一种形式，以古代文人都特别喜欢的出对子考问的方式来进行。老爷给三位女子出的上联是"三女为奸，二女皆从长女起"，其中的一个女子立即按照要求续上了一个下联"五人张伞，四人全仗大人遮”。老爷一听女子所续下联，大为高兴，遂法外施恩，大事化小，小事化了，对三位作奸犯科的女子批评教育了一通后，就将她们给放了。

我们都知道，在中国古代，对于女子的要求是非常严苛的。除了一般情况下有"三从四德"的基本道德行为规范约束外，遇特别情况，如死了丈夫或意外失贞时则要守节或死节。如果一个女子未嫁之时就已经与男人有染，那就更是大逆不道了。因为古代女子的婚嫁都要依"父母之命"、"媒妁之言"的，没有自由婚恋一说。像故事中的三位女子不仅与男人私通，而且是三人与同一个男人私通，这就不是一般的有伤风化的事了，而是要全社会一致谴责并加以唾弃的罪恶，就是杀了她们也不足以让人解恨的。然而，就是这样一个在中国封建社会不可饶恕的大罪，却被审案官老爷大事化小，小事化了，最终以批评了一通为惩罚就结案了。这样的事，不仅在中国古代让人觉得不可思议，就是放在今天这样一个自由开放的社会里，人们也无法理解。那么，故事中的那位审案官老爷为什么会冒天下之大不韪，为了三个作奸犯科、不守妇道的女子而悍然徇情枉法、法外施恩，"薄惩之"就了事呢？为什么这样不依法办案的事情在中国古代还被文人津津乐道，甚至当作风流佳话来传播呢？究其原因，主要有两点：一是官老爷审案风雅，问案方式有创意，让人始料不及，大大突破了人们的心防；二是犯案女子才思敏捷且回答高妙，让官老爷又喜又怜，迷乱了官老爷的理智情绪，其心防被突破，遂枉法而施恩，将一桩风化大案由大化小，由小化了。而这两个原因，归根结底都是由于一个修辞策略运用得好。这个修辞策略，就是中国古代文人最喜欢运用的析字手法。

所谓"析字"，是一种"说写中利用汉字特有的条件，通过离合或增损字形的方法来巧妙地表情达意的修辞文本模式"①。从心理学上看，这种修辞文本的建构，"多是基于一种以表达的新异性含

---

① 吴礼权：《现代汉语修辞学》（修订版），复旦大学出版社 2013 年版，第 259 页。

蓄性以引发接受者思索、咀嚼兴味的心理预期"①。由于以"析字"修辞策略建构起的修辞文本"多是利用汉字字形结构特有的条件做文章，以离合字形或增损字形的方式来表情达意，与普通的理性表达大异其趣，既有婉约达意的倾向，也有文字游戏的意味在，因而在表达上或具含蓄性特点，或显新异性趣味；在接受上，由于修辞文本表达形式上的含蓄性或新异性特点，易于引发接受者的思索探究的兴味，从而获取到一种文本解读接受中的益智解颐的审美情趣"②。上引清代褚人穫所记审案官老爷与犯案女子的问答，就是运用析字修辞策略而建构的两个绝妙文本。

我们先来看审案官老爷的问案文本"三女为奸，二女皆从长女起"。这个文本是离析汉字"奸"字而成，表面看起来是个陈述句，意思是说："三个'女'字合在一起，就是'姦（奸）'字，下面二'女'字皆由上面一'女'字领起。"实际上，官老爷的这个析字文本并不是这么简单，而是别有深意，因为它在本质上是个疑问句，意思是说："你们三个女子作奸犯科，是哪个领头的？"这就是在问案情了。只不过，他问案情问得风雅，问得婉转含蓄，丝毫不为接受者所察知，是一种寓问案于文字游戏之中的语言智慧考查，也是对接受者才思与悟性的测试。可见，这个问案的官老爷不仅风雅而富同情心，而且真有才华与智慧。

下面我们再来看那个续对女子的析字修辞文本"五人张伞，四人全仗大人遮"。这个文本的高明之处，至少有两个方面：一是完全符合官老爷出句的修辞策略运用要求，即运用析字手法，先将"傘（伞）"字离析为"五人张伞"，然后据形推衍出"四人全仗大人遮"一句。这种构句方式，与官老爷"三女为奸，二女皆从长女起"的出句完全一致。这一点，对于续对非常重要。因为做对子需要讲究出句与对句结构形式上的对仗。相对来说，出句比较容易，以什么样的结构形式成句，出句者有自由。但是，对句者在对句时

---

① 吴礼权：《现代汉语修辞学》（修订版），复旦大学出版社 2013 年版，第 259 ~ 260 页。

② 吴礼权：《现代汉语修辞学》（修订版），复旦大学出版社 2013 年版，第 260 页。

就没那么自由了，他或她必须亦步亦趋地按照出句者的出句结构形式构句。至于以析字修辞策略成句，对对句者的要求就更高了，因为除了结构形式上要步出句者之踵武，析字手法也要相一致。至于语意格调上，对句者的对句要赢得出句者的认同或尊崇，还得超过出句者。这无疑更是难上加难了，因为对句者有出句者加给他很多的限制，甚至包括时间上的。而这些，对句的那个女子都做到了。这就不能不让出句的官老爷感到惊奇惊讶，心防很快被突破，从而打心眼儿里欣赏对句女子的才华及思维的敏捷。二是表意蕴藉含蓄，既向官老爷讨了饶，又不失其女人的矜持。因为"五人张伞，四人全仗大人遮"，表面上好像完全是为了应合官老爷的出句而续上一个对句，实际上是要投桃报李，借机不露痕迹地拍官老爷的马屁（说他是"大人"），博取他的欢心，同时"不著一字"地向官老爷讨了饶（即"四人全仗大人遮"）。正因为续句女子的才思如此敏捷，对句的表情达意如此高妙，所以说得官老爷又喜又怜——喜的是世上竟然有这样有才的女子，怜的是她自怨自艾的求饶口气是那么楚楚可怜。这如何不让爱才又怜香惜玉的官老爷大喜过望，恻隐之心顿起呢？心防猝然间便被突破，遂情不自禁地模糊了人情与法律的界限，大事化小，小事化了，让三个作奸犯科的女子逍遥于恢恢法网之外，也让喜欢谈论才子佳人风流佳话的古代文人有了谈资。

十五、刘半农一唱三叹"教我如何不想她"

天上飘着些微云，
地上吹着些微风，
啊！
微风吹动了我头发，
教我如何不想她？

月光恋爱着海洋，
海洋恋爱着月光。

啊！

这般蜜也似的银夜，

教我如何不想她？

水面落花慢慢流，

水底鱼儿慢慢游。

啊！

燕子你说些什么话？

教我如何不想她？

枯树在冷风里摇，

野火在暮色中烧，

啊！

西天还有些儿残霞，

教我如何不想她？

　　　　　　　　　　　　　——刘复《情歌》

　　上引这首诗，是刘复（字半农）1920 年远赴英国伦敦留学期间，因思念祖国而写下的深情诗篇。由于诗以"情歌"为题，加之这首诗中刘复"发明"并使用了一个汉字"她"，结果引起不少人对这首诗所写内容的误解，以为这首诗是作者写给他的情人，以抒发其离别思念之情的。其实，这是一个"美丽的误解"，并非事实。"据当时与刘半农同在欧洲留学的赵元任表示：诗中的'她'，代表赵元任和刘半农在海外日夜思念的祖国。"① 不过，也正因为有这个"美丽的误解"，后来这首诗歌被著名语言学家兼作曲家赵元任谱曲并改名为《教我如何不想她》，竟然成为当时风靡全国的流行金曲。刘复也因此由一个纯粹的学者而在社会上走红，成为年轻人追捧的

---

　　① 沈谦：《林语堂与萧伯纳——看文人妙语生花》，台湾九歌出版社 1999 年版，第 47～49 页。

"情歌王子"。结果，还闹出了一个笑话。据说，有一次刘复应邀到北平女子师范大学演讲。女学生们听说了消息，早早就去占座。在她们的印象中，刘复一定是位风神潇洒、风度翩翩的才子。既然有机会一睹才子的风采，岂能放过？没想到，演讲开始后，女学生们见到了真实的刘复，与她们想象中的形象大相径庭，遂不免大失所望。坐在前排的女生甚至忍不住窃窃私语道："怎么会是一个老头子！"刘复听了女生的议论，虽然哭笑不得，却颇为大度，"非但不以为忤，且以'教我如何不想她，可否相与吃杯茶。原来如此一老叟，教我如何再想他'自嘲"①。

那么，刘复的这首《情歌》何以具有打动人心的力量，唱遍全国而风靡一时，并引发许多少女对作者的幻想呢？究其原因，是与作者在全诗中运用多种修辞策略有关。

诗中运用最多且最突出的修辞策略是比拟。前文我们说过，比拟是"是语言活动中将人之生命情状移注于物或将物之情状移植于人以达到物我情趣的往复回流，从而彰显表达者特定情境下物我同一的情感状态，使语言表达更具生动性和形象性，以之感染受交际者（接受者）来达成与之共鸣的思想情感状态的修辞文本模式"②。它一般可以区分为两类，一是"将人拟作物的，称为拟物"，一是"将物拟作人的，称为拟人"。③刘复这首《情歌》中所运用的比拟，都是属于"拟人"一类。如"教我如何不想她"一句，以"她"代指"中国"，这是明显地将非人的国家概念当作有情感血肉的人类来写，而且是以男女亲密的关系比作自己与祖国的关系，从而强烈地凸显出作者身处异国他乡，无比思念祖国的深情，让读诗人经由诗中的文字逆向回溯到作者在写作中凝神观照、物我同一的痴情状态，从而沉浸在诗人所构造的虚拟世界之中，更深切地体会

① 沈谦：《林语堂与萧伯纳——看文人妙语生花》，台湾九歌出版社1999年版，第54页。
② 吴礼权：《现代汉语修辞学》（修订版），复旦大学出版社2013年版，第97～98页。
③ 陈望道：《修辞学发凡》，上海教育出版社1997年版，第117页。

到诗人"独在异乡为异客"、睹英伦风物而倍加思念远在重洋之外故国的深情。又如"月光恋爱着海洋"、"海洋恋爱着月光"两句，也是典型的拟人。我们都知道，"恋爱"是包括人在内的高级动物雄雌之间的一种相互爱悦的情感表现。"月光"与"海洋"，都不是人类或其他高级动物，它们之间不可能产生相互爱慕的情感。所以，这二句是诗人在凝神观照月光与海洋时，物我之间出现了往复回流现象，是一种移情心理的作用。而这种心理的发生，正好鲜明地凸显出诗人身在异国，睹他乡之风物而思故国的痴情状态。再如"燕子你说些什么话？"一句，也是拟人修辞策略的运用。这里作者将燕子当作人来写，将其燕语呢喃说成是燕子在说话，这也是将非人类的燕子当成了人类来写，也是作者凝神观照中产生了移情心理，物我之间出现了往复回流的现象，既凸显了作者人在异国他乡的孤独心境，也反衬出作者思念祖国的深切之情。在短短四章共十六句的一首诗中，作者竟建构了七个拟人修辞文本。这种大规模、高密度的拟人文本的建构，不仅增强了诗歌语言的生动性与形象性，而且在最大程度上凸显了作者表情达意时那种凝神观照、物我同一的痴情状态，让人心防猝然之间便被突破，情不自禁地产生情感共鸣，深刻体悟到作者那种深切思念祖国的炽烈情感。

诗中还有一种运用较多且地位比较显要的修辞策略，这便是反复。前文我们曾说过，"反复"是一种以相同的词句反复呈现来抒发某种强烈情感的修辞文本模式。它是"建立在表达者在激情状态下通过反复使用同一语句来强化接受者在修辞文本接受时大脑皮层的受刺激频率，从而引发其文本接受过程中的'不随意注意'的心理基础之上的"①。这种文本的建构，"从表达上看，可以凸现表达者的某种较为强烈的情思，满足表达者在激情状态下心理失衡时的心理能量的释放和情感情绪的纾解的需要；从接受上看，文本中同一语句的反复出现，使接受者易于在同一刺激物的反复刺激下形成大脑皮层最适宜兴奋灶，产生对接受文本的'不随意注意'，从而

---

① 吴礼权：《修辞心理学》（修订版），暨南大学出版社2013年版，第91页。

加深对表达者所建构的修辞文本的印象和理解，达成与表达者之间的情感思想共鸣"①。前文我们还说过，反复作为一种修辞文本模式，从形式上可以区分为两种类型：一是"隔离的反复"，二是"连接的反复"。② 上引刘复《情诗》，全篇就是一个反复修辞文本，属于"隔离的反复"。因为反复呈现的词句"教我如何不想她"，都配置于每一章的末一句，并不连续。作为反复修辞文本中反复呈现的因子，"教我如何不想她"本身就是一个拟人修辞文本，其所具有的生动性形象性很强，其所凸显的情感也很强烈，因此当它们四次间隔地出现于每一章的末句时，不仅形成了一种前呼后应的格局，而且还造就了诗歌中一唱三叹的韵律，这就更加强了抒情的力度，凸显出诗人对于祖国强烈的思念之情，读之让人心防立即被突破，并油然生发一种强烈的情感共鸣，仿佛自己也是身在异国他乡的海外游子。

诗中还有一种运用广泛的修辞策略，这便是排比。它整齐而有规律地出现于全诗每一章的开头，以二句并列的形式呈现③。它们分别是"天上飘着些微云，地上吹着些微风"、"月光恋爱着海洋，海洋恋爱着月光"、"水面落花慢慢流，水底鱼儿慢慢游"和"枯树在冷风里摇，野火在暮色中烧"。这四个排比文本在全诗中的铺排，不仅有利于诗歌韵律的形成，而且在视觉与听觉上自然造就出一种汪洋恣肆、一泻而下的气势，对于充分展露诗人强烈而不可遏止的乡国之情，突破接受者的心防，从而达成与诗人的情感共鸣，无疑是具有重要意义的。另外，这四个排比文本都是写景的笔触，且居于诗的每一章开头，具有一种以景领情的心理引渡效果，这对提升诗歌的感染力无疑是有重要意义的。

除此，诗中还运用到另外两种修辞策略，这便是回环与通感。以回环策略建构的文本，就是上面我们已经提到的"月光恋爱着海

---

① 吴礼权：《修辞心理学》（修订版），暨南大学出版社2013年版，第91页。
② 陈望道：《修辞学发凡》，上海教育出版社1997年版，第199页。
③ 陈望道认为两句也能构成排比，见陈望道：《修辞学发凡》，上海教育出版社1997年版，第205页。

洋，海洋恋爱着月光"。这两句从整体结构形式上看，可以看成是两句并呈的排比文本；从微观分析则是一个回环文本，它是通过"月光"与"海洋"两词语序的颠倒来表现"月光"与"海洋"二者之间密不可分的关系，隐喻诗人与祖国的关系，凸显诗人无时无刻不在思念祖国的深情。以通感策略建构的文本，则是紧接着回环文本顺势而下的"这般蜜也似的银夜"一句。我们都知道，"蜜"有甜味，这是味觉；"银夜"是写夜色，说的是视觉。从逻辑上看，味觉与视觉是不相容的。但是，诗人却有意将此二者打通，从而化视觉为味道，充分展露了诗人对银色月夜的喜爱之情，以此为下句"教我如何不想她"作反衬铺垫，凸显诗人强烈的思乡念国之情。这就是古人所说的"以乐景而写哀情"的手法，因为以乐衬哀，可以有益发增其哀的效果。

参考文献

1. （汉）王充：《论衡・艺增》。

2. （南朝）刘勰：《文心雕龙・夸饰》。

3. （南朝）刘勰：《文心雕龙・情采》。

4. （唐）司空图：《诗品・含蓄》。

5. （宋）沈括：《梦溪笔谈》卷二十三《讥谑》。

6. （宋）王嗣奭：《杜臆》。

7. （宋）胡仔：《苕溪渔隐丛话・后集》卷三十九。

8. （明）杨慎：《升庵诗话》。

9. （明）杨慎：《词品》。

10. （明）杨慎：《草堂诗余隽》。

11. （清）俞樾：《古书疑义举例》。

12. 陈望道：《修辞学发凡》，上海教育出版社 1997 年版。

13. 俞平伯等编：《唐诗鉴赏辞典》，上海辞书出版社 2004 年版。

14. 唐圭璋等编：《唐诗鉴赏辞典》，上海辞书出版社 2006 年版。

15. 唐圭璋：《唐宋词简释》，上海古籍出版社 1981 年版。

16. 朱东润主编：《中国历代文学作品选・中编》（第二册），上海古籍出版社 1982 年版。

17. 朱光潜：《朱光潜美学文集》（第一卷），上海文艺出版社 1982 年版。

18. 缪钺等编：《宋诗鉴赏辞典》，上海辞书出版社 2005 年版。

19. 陈振鹏、章培恒主编：《古文鉴赏辞典》，上海辞书出版社 2005 年版。

20. 刘润清：《英美著名演说选注》，北京外语教育与研究出版社 1981 年版。

21. 黄庆萱：《修辞学》，台湾三民书局 1979 年版。

22. 沈谦：《修辞学》，台湾空中大学印行 1996 年版。

23. 沈谦：《林语堂与萧伯纳——看文人妙语生花》，台湾九歌出版社 1999 年版。

24. 谭永祥：《汉语修辞美学》，北京语言学院出版社 1992 年版。

25. 吴礼权：《现代汉语修辞学》（修订版），复旦大学出版社 2013 年版。

26. 吴礼权：《修辞心理学》（修订版），暨南大学出版社 2013 年版。

27. 吴礼权：《语言策略秀》（修订版），暨南大学出版社 2013 年版。

28. 吴礼权：《言语交际与人际沟通》，暨南大学出版社 2013 年版。

29. 吴礼权：《能说会道：说话的艺术》（修订版），暨南大学出版社 2014 年版。

30. 吴礼权：《传情达意：修辞的策略》（修订版），暨南大学出版社 2014 年版。

31. 吴礼权：《口若悬河：演讲的技巧》（修订版），暨南大学出版社 2014 年版。

32. 吴礼权：《唇枪舌剑：言辩的智慧》（修订版），暨南大学出版社 2014 年版。

33. 童山东、吴礼权：《阐释修辞论》，首都师范大学出版社 1998 年版。

34. 吴礼权：《委婉修辞研究》，山东文艺出版社 2008 年版。

35. 吴礼权：《论夸张表达的独特效应与夸张建构的心理机制》，《扬州大学学报》1997 年第 4 期。

36. 吴礼权：《孔子"正名"论的语言学阐释》，《北华大学学报》（社会科学版）2013 年第 1 期。

后　记

　　这套名曰"语言力"的学术随笔丛书，第一辑四本，今日终于全稿杀青了。这既让我大大松了一口气，也让我心中有些惴惴不安。

　　之所以会觉得大大松了一口气，是因为自从 2009 年接受了台湾商务印书馆写作这套学术随笔丛书的约稿任务后，一直觉得时间紧迫，怕难以在约定的时间内完成任务。大凡在大学里工作的，都知道做教授并不是清闲的差事，既要指导博士生、硕士生，又要给本科生上基础课、专业选修课，同时还得完成相关科研任务。至于发表学术论文、出版学术专著，那是做教授的"题中应有之义"。完成既定的教学与科研任务，如果不振作精神，非常努力、非常勤奋，已经不易了，更遑论再分出精力写作学术随笔了。2011 年 8 月，这套丛书的第一本《表达力》经过近三年的艰苦努力，才脱稿出版。但另外两本——《说服力》与《感染力》，则一直难以完成。为了兑现当初向台湾商务印书馆李俊男先生许下的诺言，最近几年我算是最大限度地透支了并不充沛的精力与有限的睡眠时间。多少次，我想放弃这套丛书的写作；但是，多少次又自己说服自己重新鼓起勇气。因为我向来重然诺，重视朋友情谊，凡是我答应的事，不管多苦多难，我也要强迫自己完成，兑现诺言。我的性格是宁可为难自己，绝不为难朋友。如今，我终于克服重重困难完成了任务，自然有一种卸下重负的轻松之感。所以，才说今天我大大松了一口气。

　　之所以会有一种惴惴不安的心理，那是因为怕这套丛书出版面世后不能让读者诸君满意。如果让读者诸君破费了，却又不能让大家有所收获，那我心里会不安的。承蒙广大读者的不弃与热情鼓励，在此之前我所出版的几十种书，无论是学术著作，还是学术随笔，都有多次印刷与再版的机会。也就是说，有不少读者买过我的书、读过我的书，对我予以了热情的支持与鼓励。今年我将届"知天命"之年，如果现在所写的这套学术随笔达不到"庾信文章老更成，凌云健笔意纵横"（杜甫《戏为六绝句》）的境界，甚至还不及年少轻狂时所写的，那就太对不起读者诸君了，当然也是对不起我自己的良心。正因为如此，写完了这套丛书，搁笔轻松了一会之后，我心里又惴惴不安起来。

其实，我有一百个理由不再写学术随笔了。但是，人性总有一些弱点，往往经不起诱惑。因为以前所写的学术随笔都被广大读者认同，有些畅销二十余年还势头不减，所以就经不起出版界朋友的恭维，有时还不免有些得意并飘飘然起来。于是，有了一次就有了第二次，答应了这个朋友，就会答应另一个朋友，以致活儿越接越多，人也越搞越疲惫，心理压力也越来越大。其实，这一切追根溯源，都是年少轻狂时惹的祸。1989年5月，当时我正要从复旦大学中文系硕士研究生毕业，听人说复旦历史系顾晓鸣教授正在主编一套"中国的智慧"丛书。那时，真是"初生牛犊不怕虎"，也可以说是"年少轻狂不要脸"，竟然千方百计打听消息，跑到顾晓鸣教授府上，毛遂自荐，要求也写一本。当时应约写稿的都是教授或年轻成名的才俊，我一个"愣头青"的学生竟然也想挤进去，现在想来还觉得是不知天高地厚。顾晓鸣教授那时非常有名，没想到竟然答应了。于是，我便写出了一本名曰"游说·侍对·讽谏·排调：言辩的智慧"的小书，有十五六万字，由浙江人民出版社于1991年出版。又是没想到，这本书竟然大获成功，一印再印，前后发行了十几万册。不久，版权就被引进了台湾，由台湾国际村文库书店出版，成为台湾书市上的畅销书。更没想到的是，2009年2月至6月，我在台湾东吴大学担任客座教授时，课余逛台北书店，竟然发现将近二十年前出版的这本小书还在热卖，而且有新潮社、台原出版社等四个版本。这是第一次写学术随笔的经历。第二次经历，则是被动的。2000年11月，国家广播电影电视总局、中国广播电视学会、主持人节目研究委员会在上海举办了一次"全国广播电视节目主持人充电班"，我应邀给学员们作了一次题为"语言表达策略与语言接受心理"的讲座。没想到，讲座还挺受这些在电视上口若悬河的节目主持人的喜欢。课后，他们纷纷要我的讲稿。因为讲稿写得很匆忙，也不完整，很多东西都是讲课时即兴发挥的，所以我就不愿将讲稿复印给他们，只是说等整理成书后送给大家。其实，当时只不过是敷衍，根本没考虑真要将讲稿修改出版面世。但是，后来又是凑巧，2001 年 9 月，上海文化出版社社长郝铭鉴先生计划出一套语言类丛书，名曰"今日说话"，邀约了包括我与易中天等四位学者各写一本。这样，我便鼓起勇气，真的将演讲稿修改成了一本书，名曰"妙语生花：语言策略秀"，于 2002 年 9 月出版。由于装帧与插图都非常有创意，这本小书很快就赢得了读者的好评，不久 7 000 册就售罄，后来还加印了几次，成了当时的畅销读物。我在复旦大学上"修辞学研究"课时，学生在桌底下偷看这本小书。被我发现后，她们大方地秀给我看，说这本书写得比我上课讲的内容好。由于销售情况一直较好，2008 年，上海文化出版社又让我修订出版了增订本，虽然内容增加了三分之一，让读者破费不少，但还是颇受欢迎。第三次也是被动的，而且是以丛书的形式来写。2003 年夏，吉林教育出版社想组织一套语言方面的丛书，看到我的《妙语生花：语言策略秀》一直在热卖，所以就找到我，让我一人写一套丛书。因为之前跟吉林教育出版社有长期的学术著作出版合作友谊关系，责任编辑张景良先生是我的老友，于是当时也就出于盛情难却的心情，慨然答应了。经过艰苦的努力，终于完成了任务。2004 年 1 月，"中华语言魅力"丛书一套三本就出版面世，分别是《传情达意：修辞的策略》、《能说会道：表达的艺术》、《口若悬河：演讲的技巧》。这三本学术随笔同样获得了意想不到的成功，出版之后不断获奖，有吉林省政府奖、吉林省长白山优秀图书一等奖、吉林省首届"新华杯"读书节读者最喜爱的十种吉版图书奖和吉林省新闻出版奖的图书精品奖。大概是因为受读者欢迎，所以就有点"酒香外溢"的效果，从 2009 年开始，台湾商务印书馆、香港商务印书馆两大顶级出版社就陆续与我接洽这套学术随笔丛书以及之前的《妙语生花：语言策略秀》的版权问题。但是，由于当时我与吉林教育出版社、上海文化出版社的版权合同期未到，当时的版权交易并不顺利，这就拖了下来。2012年，我在上海文化出版社出版的《妙语生花：语言策略秀》合同期满，香港商务印书馆如愿获得了这本书的版权，在香港出版发行了此书的繁体版，更名为"中文活用技巧：妙语生花"。出版半年后，香港商务印书馆会计科跟我结算版税收入，仅半年就销售了1 000多册。在香港这种弹丸之地，这实在不是一个很小的数目了。2012年11月11日《文汇报》第8版"笔会"刊载香港作家联会会长彦火的文章《莫言的书在港台》，文中介绍说，2012年获得诺贝尔文学奖的莫言，其小说在20世纪80年代引进香港后，直到他获奖之前的几十年时间，才卖出300多本而已。可见，香港的图书市场是多么小。我的这本小书进入香港书市能有如此成绩，实在让我受宠若惊，也深受鼓舞。之后，我又将几本版权期限将到的学术随笔授权给了香港商务印书馆，现在正在编辑出版之中。2014年，我与吉林教育出版社的出版合同也期满了，香港商务印书馆又获得了"中华语言魅力"这套丛书的版权，目前已经出版了其中一种的繁体版《演讲的技巧》，也是甫一上市就受追捧，《澳门日报》上还有书评赞扬。至于台湾商务印书馆，虽然没能获得我的这些学术随笔的版权，但它是我的老主顾，我的八部学术著作都是在那里出版的。所以，台湾商务印书馆的编辑自有办法。2009年我在台湾东吴大学做客座教授时，当时的主编李俊男先生在引进"中华语言魅力"丛书未果的情况下，约请我另写三本，并给我命了题，分别是"表达力"、"说服力"和"感染力"。我完成东吴大学客座教授任期回到大陆后，在他的督促下，2011年《表达力》完成并出版，在台湾相当受欢迎，多次加印。但是，由于精力实在有限，剩下的《说服力》、《感染力》二书则一直未能及时完成。2012年，上海的一家出版社希望我能为其写一套类似的学术随笔丛书，我顺口说到了原本答应台湾商务印书馆的"语言力"丛书。结果，相关编辑就追着我要这套丛书。这样，我才将先前答应台湾商务印书馆但实际已经搁置的《说服力》、《感染力》二稿重新写起来，并计划将《表达力》一书的简体版权从台湾赎回来。这样，一来可以兑现当初应允台湾商务印书馆李俊男先生的诺言，二来可以完成那家出版社编辑的约稿任务。

暨南大学出版社人文社科分社社长杜小陆先生，是我多年的莫逆之交，他早就跟我约定，要将我所有书的版权一并囊括到暨南大学出版社旗下。2013年暨南大学出版社开始推出我的著作集，第一辑共23本已经陆续推出了其中的11本。在此过程中，小陆三天两头打电话给我，既谈出版、校对等事务，也谈我著作第二辑的入选书目问题。一次，他问我目前在做什么，我顺口说了正在写作中的《说服力》、《感染力》二稿。小陆对此表现了极大的兴趣，说："怎么只写两本呢？写三本就成一套丛书了。"我告诉他，这是台湾商务印书馆约的一套丛书，第一本《表达力》已经出版，而且加印了几次，在台湾卖得很好。他问这一套丛书的简体版权是否可以给暨南大学出版社，我告诉他简体版权已经答应给上海的一家出版社了。他问有没有签约。我说没有，只是跟编辑朋友的口头协议。之后，小陆多次打电话来，对这三本书稿念念不忘，并且给我取好了丛书名"语言力"，又谈了他如何做好这套丛书的设想。我听了非常动心，觉得小陆真有出版人的眼光与智慧。但是，说到最后，我还是没有答应他的要求。因为我与上海那家出版社的编辑是多年好友，《说服力》、《感染力》二稿如果不是她再三催促，我就不会下决心继续写完。现在既然快写完了，这套丛书的简体版权就应该归她。虽然版权归属当初我们只是口头约定，没有形成书面合同，但出于道义与践行诺言的考虑，我仍准备将此套丛书给她。小陆真是有韧性，之后，他还是三天两头打电话过来，每次都提到这套丛书。中国有句老话叫作"世事难料"。没过几个月，当我将《说服力》、《感染力》二稿写完并修改好时，情况发生了戏剧性的变化。上海的那家出版社出现了很大的人事变动，原来负责选题的领导不在岗位了，约稿的编辑与新任负责人不能达成默契，无法兑现今年出书的诺言。我了解了情况后，立即试探着跟她商量，是否可以撤回我们原来的约定，因为暨南大学出版社坚持要出版这套丛书，并且能够满足我的要求，答应在今年最短的时间内出书。为了安抚她，我答应再报一个选题计划给他们，如果出版社能通过，我再践前约，以弥补次约定不能兑现之遗憾，也算是对得起朋友了。经过努力，双方达成谅解，这样，暨南大学出版社再次获得我的一套丛书的出版权。

　　而今，经过近三年的努力，《说服力》、《感染力》二书写出来了，《表达力》的简体版权也已经赎回了。这样，我就既满足了杜小陆先生的要求，也兑现了当初应允台湾商务印书馆主编李俊男先生的诺言，已经写出的《说服力》、《感染力》二书繁体版权归台湾商务印书馆，他所约定的一套丛书算是齐全了。在写作《说服力》、《感染力》二书时，我顺便对已经出版的《表达力》一书进行了修订，使三本书中的相关内容有所呼应，形成一个体系。这样，原版《表达力》中的相当一部分内容被删除或并入《说服力》、《感染力》二书中，修订版《表达力》则另增了新内容、新语料。在此，特别予以说明。

　　另外，还要说明的是，书稿定稿交到暨南大学出版社后，没几天小陆打电话过来，说已经在编排了。又过了几天，小陆说在编排过程中发现《表达力》内容特别多，字数是《说服力》、《感染力》二书的总和。于是，小陆又打电话来讨论，问我是否可以将《表达力》一书拆分为两本，这样就可以将"语言力"丛书由三本变成四本。我喜欢心理分析，知道小陆潜意识中有一个想法，就是想将"语言力"丛书与之前刚由他策划出版并且正在热销的"中文表达技巧"丛书四本匹配。我仔细分析了《表达力》一书的内容，觉得确实可以再拆分。拆分变成两本后，就可以在字数、规模上与《说服力》、《感染力》二书匹配了。这样，我便在小陆的"策划"下，对《表达力》一书的内容进行了拆分，并作了必要的章节调整与文字修改，变成《表达力》与《突破力》二书。

　　正当我庆幸"语言力"丛书终于完成，可以好好休息一下时，没过多久，小陆又来电话说，这套丛书好像还是没有写完，问我是否索性将它写全了。我想了几天，觉得有道理。于是，经过几次电话讨论，最终确定"语言力"丛书再加写四本，分别是《说明力》、《辩驳力》、《沟通力》、《理解力》。这样，我刚松下的一口气，又得提起来了。任务尚未完成，只得继续努力。

最后，衷心感谢台湾商务印书馆多年来对我一以贯之的热情支持，感谢李俊男先生当年给我的命题作文。同时，也感谢暨南大学出版社领导和人文社科分社社长杜小陆先生对我一以贯之的支持，感谢他们对我这套小书如此有信心。当然，也要感谢上海那家出版社的朋友，如果没有她当初的约稿与督促，这套"语言力"丛书就不会诞生。如果没有压力，《说服力》、《感染力》二书就不会完稿；而没有这二书的完稿，这套丛书就不能出版发行。

说到这里，我突然想起两个汉语成语，即"一箭双雕"、"一石二鸟"。这套"语言力"丛书，到底算是猛禽类的"雕"，还是麻雀类的"鸟"，则是要由读者诸君判断的。不过，就我个人而言，现在总算一举完成了两件任务。所以，也还算是很安慰的。如果这套小书面世后能让读者满意，那我就更加感到安慰了。

吴礼权

2015 年 8 月 25 日于复旦大学

吴礼权主要学术论著一览

一、主要学术著作

1.《游说·侍对·讽谏·排调：言辩的智慧》（专著），浙江人民出版社，1991 年 10 月版。

2.《中国历代语言学家评传》（合著），复旦大学出版社，1992 年 1 月版。

3.《世界百科名著大辞典·语言卷》（合著），山东教育出版社，1992 年 11 月版。

4.《中国智慧大观·修辞卷》（专著），浙江人民出版社，1993 年 8 月版。

5.《言辩的智慧》（繁体版，专著），台湾国际村文库书店，1993 年 8 月版。

6.《中国笔记小说史》（繁体版，专著），台湾商务印书馆，1993 年 8 月版。

7.《中国言情小说史》（专著），台湾商务印书馆，1995 年 3 月版。

8.《中国修辞哲学史》（专著），台湾商务印书馆，1995 年 8 月版。

9.《中国语言哲学史》（专著），台湾商务印书馆，1997 年 1 月版。

10.《中国笔记小说史》（简体版，专著），（北京）商务印书馆，1997 年 8 月版。

11.《公关语言学》（合著），北京工业大学出版社，1998 年 3

月版。

12.《中国现代修辞学通论》（专著），台湾商务印书馆，1998年7月版。

13.《阐释修辞论》（合著，并列第一作者），首都师范大学出版社，1998年7月版。

14.《中国修辞学通史·当代卷》（合著，第一作者），吉林教育出版社，1998年9月版。

——获第三届陈望道修辞学奖二等奖（最高奖），2000年3月；第十二届"中国图书奖"，2000年11月。

15.《修辞心理学》（专著），云南人民出版社，2002年1月版。

——获复旦大学2003年度"微阁中国语言学科奖教金"著作二等奖，2003年9月。

16.《妙语生花：语言策略秀》（专著），上海文化出版社，2002年9月版。

17.《修辞的策略》（专著），吉林教育出版社，2004年1月版。

——获2005年吉林省长白山优秀图书一等奖（吉林省政府奖）；吉林省首届"新华杯"读书节读者最喜爱的十种吉版图书，2006年12月；吉林省新闻出版奖图书精品奖，2007年1月。

18.《表达的艺术》（专著），吉林教育出版社，2004年1月版。

——获2005年吉林省长白山优秀图书一等奖（吉林省政府奖）；吉林省首届"新华杯"读书节读者最喜爱的十种吉版图书，2006年12月；吉林省新闻出版奖图书精品奖，2007年1月。

19.《演讲的技巧》（专著），吉林教育出版社，2004年1月版。

——获2005年吉林省长白山优秀图书一等奖（吉林省政府奖）；吉林省首届"新华杯"读书节读者最喜爱的十种吉版图书，2006年12月；吉林省新闻出版奖图书精品奖，2007年1月。

20.《中国历代语言学家》（合著），上海文化出版社，2004 年 2 月版。

21.《大学修辞学》（合著），福建人民出版社，2004 年 10 月版。

22.《假如我是楚霸王：评点项羽》（专著），台湾远流出版公司，2005 年 6 月版。

23.《古典小说篇章结构修辞史》（专著），台湾商务印书馆，2005 年 12 月版。

24.《现代汉语修辞学》（专著），复旦大学出版社，2006 年 11 月版。

25.《语言学理论的深化与超越》（主编），云南人民出版社，2007 年 1 月版。

26.《20 世纪的中国修辞学》（合著），中国人民大学出版社，2007 年 12 月版。

——获上海市第十届哲学社会科学优秀成果奖（2008—2009）著作三等奖。

27.《中国修辞史》（副主编，下卷第一作者），吉林教育出版社，2007 年 4 月版。

——获 2007 年国家新闻出版总署"第一届中国出版政府奖图书奖提名奖"；2008 年上海市第九届哲学社会科学优秀成果著作类二等奖；2010 年全国"高等学校科学研究优秀成果奖（人文社会科学）"一等奖。

28.《委婉修辞研究》（专著），山东文艺出版社，2008 年 4 月版。

29.《语言策略秀》（增订本）（专著），上海文化出版社，2008 年 6 月版。

30.《名句经典》（专著），吉林教育出版社，2008 年 6 月版。
——获第二届吉林省新闻出版奖精品奖，2010 年 1 月。

31.《中国经典名句小辞典》（专著），吉林教育出版社，2008 年 8 月版。

32.《中国经典名句鉴赏辞典》（专著），吉林教育出版社，2009 年 7 月版。

33.《表达力》（专著），台湾商务印书馆，2011 年 8 月版。

34.《清末民初笔记小说史》（专著），台湾商务印书馆，2011 年 8 月版。

35.《现代汉语修辞学》（修订版）（专著），复旦大学出版社，2012 年 6 月版。

36.《中文活用技巧：妙语生花》（专著），香港商务印书馆，2012 年 3 月版。

37.《远水孤云：说客苏秦》（长篇历史小说），简体版，云南人民出版社，2011 年 9 月版；繁体版，台湾商务印书馆，2012 年 6 月版；简体版，暨南大学出版社，2014 年 4 月版。

38.《冷月飘风：策士张仪》（长篇历史小说），简体版，云南人民出版社，2011 年 11 月版；繁体版，台湾商务印书馆，2012 年 6 月版；简体版，暨南大学出版社，2014 年 4 月版。

39.《镜花水月：游士孔子》（长篇历史小说），繁体版，台湾商务印书馆，2013 年 11 月版；简体版，暨南大学出版社，2014 年 4 月版。

40.《易水悲风：刺客荆轲》（长篇历史小说），繁体版，台湾商务印书馆，2013 年 11 月版；简体版，暨南大学出版社，2014 年 4 月版。

二、主要学术论文

1.《试论孙炎的语言学成就》，核心期刊《古籍研究》1987 年第 4 期。

2.《试论汉语委婉修辞格的历史文化背景》，核心期刊《修辞学习》1987 年第 6 期。

3.《中国现代史上的广东语言学家》（合作），《岭南文史》1988 年第 1 期。

4. 《试论古汉语修辞中的层次性》,《淮北煤炭师范学院学报》1988 年第 4 期。

5. 《"乡思"呼唤着"月夜箫声"——香港诗人杨贾郎〈乡思〉〈月夜箫声〉赏析》,《语文月刊》1988 年第 5 期。

6. 《中国哲学思想在汉语辞格形成中的投影》,《营口师专学报》1989 年第 1 期。

7. 《试论吴方言数词的修辞色彩》,《语文论文集》,上海百家出版社,1989 年 10 月版。

8. 《试论黄遵宪的诗歌创作与成就》,《岭南文史》1990 年第 2 期。

9. 《〈经传释词〉在汉语语法学上的地位》(合作),核心期刊《复旦学报》1991 年第 1 期;中国人民大学《语言文字学》1991 年第 1 期转载。

10. 《〈西湖二集〉:一部值得研究的小说》,核心期刊《明清小说研究》1991 年第 2 期。

11. 《情·鬼·侠小说与中国大众文化心理》,核心期刊《上海文论》1991 年第 4 期。

——获"第一届全国青年优秀社会科学成果奖"优秀论文奖(中国社会科学院),1994 年 11 月。

12. 《点化名句的艺术效果》,《学语文》1992 年第 4 期。

13. 《情真意绵绵,绮思响"雨巷"——谈戴望舒〈雨巷〉一诗的修辞特色》,核心期刊《修辞学习》1992 年第 5 期。

14. 《回顾·反思·展望——复旦大学组织全国部分青年学者关于中国修辞学研究的过去现状及未来的讨论综述》,《鞍山师范学院学报》1993 年第 4 期。

15. 《语言美学发轫》,综合类核心期刊《复旦学报》1993 年第 5 期。

16. 《汉语外来词音译艺术初探》,核心期刊《修辞学习》1993 年第 5 期。

17. 《论〈文则〉在中国修辞学史上的地位》,《鞍山师范学院学报》1994 年第 2 期。

18.《汉语外来词音译的特点及其文化心态探究》，综合类核心期刊《复旦学报》1994 年第 3 期。

19.《旧学商量加邃密，新知培养转深沉——评王希杰新著〈修辞学新论〉》，核心期刊《修辞学习》1994 年第 3 期。

20.《试论赋的修辞特点》，核心期刊《修辞学习》1995 年第 1 期。

21.《先秦时代中国修辞哲学论略》，核心期刊《上海文化》1995 年第 2 期。

22.《试论汉语委婉修辞手法的范围》，《南昌大学学报》1995 年第 3 期。

23.《关于中国修辞学发展的历史分期问题》，核心期刊《修辞学习》1995 年第 3 期；中国人民大学《语言文字学》1995 年第 10 期转载。

24.《王引之〈经传释词〉的学术价值》，核心期刊《古籍整理研究学刊》1995 年第 4 期；中国人民大学《语言文字学》1996 年第 4 期转载。

25.《修辞结构的层次性与修辞解构的层次性》，《延边大学学报》1995 年第 4 期；中国人民大学《语言文字学》1996 年第 4 期转载。

26.《两汉时代中国修辞哲学论略》，综合类核心期刊《江淮论坛》1995 年第 5 期；中国人民大学《语言文字学》1996 年第 2 期转载。

27.《〈经传释词〉对汉语语法学的贡献》，《中西学术》（第 1 辑），学林出版社，1995 年 6 月版。

28.《创意造言的艺术：苏轼与刘攽的排调语篇解构》，台湾《国文天地》1995 年第 11 卷第 6 期（总第 126 期）。

29.《旧瓶装新酒：一种值得深究的语言现象》，香港《词库建设通讯》1995 年第 4 期（总第 6 期）。

30.《改革开放与汉语的发展变化学术研讨会综述》，1995 年

11 月《上海社联年鉴》。

31.《〈经传释词〉之"因声求义"初探》，核心期刊《古籍研究》1996 年第 1 期。

——获 1998 年上海市（1996—1997 年度）哲学社会科学优秀成果奖三等奖。

32.《谐译：汉语外来词音译的一种独特型态》，《长春大学学报》1996 年第 1 期。

33.《英雄侠义小说与中国人的阿 Q 精神》，台湾《国文天地》1996 年第 11 卷第 8 期（总第 128 期）。

34.《论修辞的三个层级》，《云梦学刊》1996 年第 1 期。

35.《音义密合：汉语外来词音译的民族文化心态凸现》，《西安外国语学院学报》1996 年第 2 期。

36.《咏月嘲风的绝妙好辞——晏子外交语篇的文本解构》，核心期刊《修辞学习》1996 年第 2 期。

37.《论汉语外来词音译的几种独特型态》，《雁北师范学院学报》1996 年第 4 期。

38.《触景生情的语言机趣——陶縠与钱俶外交语言解构》，台湾《国文天地》1996 年第 12 卷第 6 期（总第 138 期）。

39.《〈语助〉与汉语虚词研究》，《平原大学学报》1996 年第4期。

40.《关于〈声类〉的性质与价值》，核心期刊《古籍整理研究学刊》1996 年第 6 期。

41.《论夸张的次范畴分类》，核心期刊《修辞学习》1996 年第 6 期。

42.《新世纪中国修辞学的发展和我们的历史使命》，综合类核心期刊《复旦学报》1997 年第 1 期。

43.《论委婉修辞生成与发展的历史文化缘由》，核心期刊《河北大学学报》1997 年第 1 期。

44.《清代语言学繁荣发展原因之探讨》，《云梦学刊》1997 年第 1 期；中国人民大学《语言文字学》1997 年第 8 期转载。

45.《论中国修辞学研究今后所应依循的三个基本方向》，核心期刊《修辞学习》1997年第2期；中国人民大学《语言文字学》1997年第6期转载。

46.《80年代以来中国修辞学理论问题争鸣述评》，《黄河学刊》1997年第2期。

47.《论委婉修辞的表现形式与表达效应》，核心期刊《湘潭大学学报》1997年第3期。

48.《中国修辞哲学论略》，核心期刊《云南师范大学学报》1997年第4期。

49.《论夸张表达的独特效应与夸张建构的心理机制》，核心期刊《扬州大学学报》1997年第4期。

50.《训诂学居先兴起原因之探讨》，《语文论丛》（第5辑），上海教育出版社，1997年6月版。

51.《语言美学的建构与修辞学研究的深化》（第一作者，与宗廷虎教授合作），核心期刊《修辞学习》1997年第5期。

52.《"夫人"运用的失范》，核心期刊《语文建设》1997年第6期。

53.《论〈马氏文通〉在中国语言学史上的地位》，《江苏教育学院学报》1998年第1期。

54.《论委婉修辞生成的心理机制》，核心期刊《修辞学习》1998年第2期。

55.《论孔子的修辞哲学思想》，《雁北师范学院学报》1998年第3期。

56.《"水浒"现象与历史变迁》，《人民政协报》1998年4月27日第3版《学术家园》。

57.《二十世纪中国现代修辞学发展的省思》，核心期刊《社会科学》（上海）1998年第5期。

58.《修辞心理学论略》，综合类核心期刊《复旦学报》1998年第5期；中国人民大学《心理学》1998年第11期转载。

59.《中国现代修辞学研究走向语言美学建构的历史嬗变进

程》，核心期刊《云南师范大学学报》1998 年第 6 期。

60.《二十世纪的汉语修辞学》（与宗廷虎教授合作），北京大学百年校庆丛书《二十世纪的中国语言学》，北京大学出版社，1998 年 6 月版。

61.《关于中国修辞学发展的历史分期及各个时期研究成就的估价问题》，《郑子瑜〈中国修辞学史稿〉问世十周年纪念论文集》（宗廷虎教授主编），中国社会出版社，1998 年 2 月版。

62.《潘金莲形象的意义》，台湾《古今艺文》1998 年第 25 卷第 1 期。

63.《进一步沟通海峡两岸的修辞学研究》，核心期刊《修辞学习》1998 年第 4 期。

64.《吴方言数词的独特语用效应》，《修辞学研究》（第 8 集），南海出版公司，1998 年 6 月版。

65.《中国风格学源流研究的理论与实践意义》，核心期刊《湘潭大学学报》1998 年第 6 期。

66.《语言理论新框架的建构与 21 世纪中国语言学的发展》，云南省一级学术期刊《学术探索》1999 年第 1 期。

67.《修辞学转向与现代语言学理论》，核心期刊《修辞学习》1999 年第 2 期。

68.《论夸张》，《第一届中国修辞学学术研讨会论文集》，台湾师范大学，1999 年 6 月版。

69.《论修辞文本建构的基本原则》，核心期刊《扬州大学学报》1999 年第 2 期。

70.《平淡情事艺术化的修辞策略》，《徐州师范大学学报》1999 年第 2 期。

71.《修辞主体论》，《锦州师范学院学报》1999 年第 2 期。

72.《方言研究：透视地域文化的重要途径》，云南省一级学术期刊《学术探索》1999 年第 3 期。

73.《〈请读我唇〉三人谈》（与宗廷虎教授、陈光磊教授合作），核心期刊《语文建设》1999 年增刊。

74.《看文人妙笔生花，让生命得到舒畅——评沈谦教授〈林语堂与萧伯纳〉》，台湾《中国语文》1999 年第 4 期（总第 508 期）。

75.《修辞学研究新增长点的培植与催化》（与宗廷虎教授合作），核心期刊《修辞学习》1999 年第 4 期。

76.《借代修辞文本建构的心理机制》，全国人文和社会科学核心期刊《云南师范大学学报》1999 年第 6 期；《高等学校文科学报文摘》2000 年第 2 期选摘。

77.《论中国现代修辞学发展嬗变之历程（上）》，日本京都外国语大学《研究论丛》第 54 号（1999 年）。

78.《〈金瓶梅〉的语言艺术》，《经典丛话·金瓶梅说》，江西教育出版社，1999 年 1 月版。

79.《中国古典言情小说模式与中国传统文化心理》，台湾《国文天地》2000 年第 1 期（总第 181 期）。

80.《论中国现代修辞学发展嬗变之历程（下）》，日本京都外国语大学《研究论丛》第 55 号（2000 年）。

81.《评黎运汉著〈汉语风格学〉》（与宗廷虎教授合作），《文汇读书周报》2000 年 12 月 9 日第 2 版。

82.《论比拟修辞文本的表达与接受心理》，《深圳教育学院学报》2000 年第 2 期。

83.《照花前后镜，花面交相映——论中国文学中的双关修辞模式》，台湾《国文天地》2000 年第 4 期（总第 184 期）。

84.《委婉修辞的语用学阐释》，《语文论丛》（第 6 辑），上海世纪出版集团·上海教育出版社，2000 年 9 月版。

85.《修辞学研究的深化与修辞学教材的改革创新》，核心期刊《修辞学习》2001 年第 1 期。

86.《比喻修辞文本的心理分析》，《平顶山师专学报》2001 年第 3 期。

87.《论精细修辞文本的心理机制》，《锦州师范学院学报》2001 年第 3 期。

88.《异语修辞文本论析》，核心期刊《修辞学习》2001 年第

4 期。

89.《语言的艺术：艺术语言学的建构》，核心期刊《云南师范大学学报》2001 年第 5 期。

90.《论旁逸修辞文本的建构》，《湘潭师范学院学报》2001 年第 5 期。

91.《论拈连修辞文本》，《湖北师范学院学报》2001 年第 4 期。

92.《论结尾的修辞策略》，《江苏教育学院学报》2002 年第 1 期。

93.《顶真式衔接：段落衔接的一种新模式》，核心期刊《修辞学习》2002 年第 2 期。

94.《论顶真修辞文本的类别系统与顶真修辞文本的表达接受效果》，《平顶山师专学报》2002 年第 4 期。

95.《论锻句与修辞》，《锦州师范学院学报》2002 年第 5 期。

96.《吞吐之间，蓄意无穷——留白的表达策略》，台湾《国文天地》2002 年第 18 卷第 3 期（总第 207 期）。

97.《关于建立言语学的思考》（合作），核心期刊《长江学术》（第 3 辑），长江文艺出版社，2002 年 11 月版。

98.《论事务语体的修辞特征及其修辞基本原则》，《平顶山师专学报》2003 年第 1 期。

99.《从统计分析看"简约"与"繁丰"的修辞特征及其风格建构的原则》，核心期刊《修辞学习》2003 年第 2 期。

100.《与时俱进：语言学由理论研究走向应用研究的意义》，《楚雄师范学院学报》2003 年第 2 期。

101.《基于计算分析的法律语体修辞特征研究》，核心期刊《云南师范大学学报》2003 年第 6 期。

102.《论学习修辞学的意义》，《平顶山师专学报》2004 年第 1 期。

103.《论起首的修辞策略》，核心期刊《湖南科技大学学报》2004 年第 2 期。

104.《论口语体的基本修辞特征和修辞基本原则》，《语文论丛》（第8辑），上海世纪出版集团·上海教育出版社，2004年1月版。

105.《平淡风格与绚烂风格的计算统计研究》，核心期刊《云南师范大学学报》2004年第2期。

106.《韵文体刚健风格与柔婉风格的计算研究》，《湖北师范学院学报》2004年第3期。

107.《庄重风格与幽默风格的计算统计研究》，《渤海大学学报》2004年第5期。

108.《中国修辞学：走出历史偏见和现实困惑》，核心期刊《福建师范大学学报》2004年第6期。

109.《从〈汉语修辞学〉修订本与原本的比较看王希杰教授修辞学的演进》，《修辞学新视野》，中国文联出版社，2004年12月版。

110.《从计算分析看文艺语体的修辞特征及其修辞基本原则》，《修辞学论文集》（第七集），新华出版社，2005年5月版。

111.《评谭学纯、朱玲〈修辞研究：走出技巧论〉》，核心期刊《福建师范大学学报》2005年第2期。

112.《关于建立言语学的思考》（合作），《言语与言语学研究》，崇文书局，2005年8月版。

113.《话本小说"正话"结构形式及其历史演进的修辞学研究》，《语言研究集刊》（第二辑），上海辞书出版社，2005年8月版。

114.《话本小说"篇首"的结构形式及其历史演进》，核心期刊《云南师范大学学报》2005年第4期。

115.《话本小说"题目"的形式及其历史演进》，《平顶山学院学报》2005年第6期。

116.《话本小说"头回"的结构形式及其历史演进的修辞学研究》，综合类核心期刊《复旦学报》2006年第2期；中国人民大学《中国古代、近代文学研究》2006年第7期全文转载。

117.《论修辞学与语法学、逻辑学及语用学的关系》,《平顶山学院学报》2006 年第 4 期。

118.《汉语外来词音译的四种特殊类型》,《词汇学理论与应用》(三),商务印书馆,2006 年 3 月版。

119.《由汉语词汇的实证统计分析看林语堂从中西文化对比的角度对中国人思维特点所作的论断》,《跨越与前进——从林语堂研究看文化的相融与相涵国际学术研讨会论文集》,台湾东吴大学,2006 年 10 月版。

120.《八股文篇章结构形式的渊源》,日本京都外国语大学《研究论丛》,2006 年(平成十八年七月)第 67 期。

121.《评朱玲〈文学文体建构论〉》,核心期刊《福建师范大学学报》2007 年第 1 期。

122.《修辞学的科学认知观与中国现代修辞学的发展》,载《继往开来的语言学发展之路:2007 学术论坛论文集》,语文出版社,2008 年 1 月版。

123.《八股文"收结文"之"煞尾虚词"类型及其历史演进》,载《修辞学论文集》(第十一集),中国社会科学出版社,2008 年 4 月版。

124.《比喻造词与中国人的思维特点》,综合类核心期刊《复旦学报》(社科版)2008 年第 2 期;《高等学校文科学术文摘》2008 年第 3 期转摘。

125.《〈史记〉史传体篇章结构修辞模式对传奇小说的影响》,核心期刊《福建师范大学学报》2008 年第 1 期。

126.《"用典"的定义及其修辞学研究》,核心期刊《武汉大学学报》(人文科学版)2008 年第 1 期。

127.《段落衔接的修辞策略》,《平顶山学院学报》2008 年第 4 期。

128.《南北朝时代列锦辞格的转型与发展》,《楚雄师范学院学报》(月刊)2009 年第 8 期。

129.《从〈全唐诗〉所存录五代诗的考察看"列锦"辞格发展

演进之状况》，核心期刊《湖南科技大学学报》（社科版）2010年第1期。

130．《学术史研究与学科本体研究的延展与深化》，《外国语言文学》（季刊）2010年第1期。

131．《从〈全唐诗〉的考察看盛唐"列锦"辞格的发展演变状况》，《阜阳师范学院学报》（社科版）2010年第1期。

132．《从〈全唐诗〉所录唐及五代词的考察看"列锦"辞格的发展演进之状况》，《楚雄师范学院学报》（月刊）2010年第1期。

133．《不迷其所同而不失其所异——论黎锦熙先生的汉语修辞学研究》（第一作者），核心期刊《北京师范大学学报》（社科版）2010年第5期。

134．《"列锦"修辞格的源头考索》，核心期刊《长江学术》2010年第4期。

135．《修辞学与汉语史研究》，核心期刊《福建师范大学学报》（哲学社会科学版）2010年第4期。

136．《"列锦"辞格在初唐的发展演进》，《平顶山学院学报》2010年第3期。

137．《还原海峡两岸现代汉语词汇差异的真实面貌》，《楚雄师范学院学报》（月刊）2011年第1期。

138．《艺术语言的创造与语言发展变化的活力动力》，《楚雄师范学院学报》（月刊）2011年第5期。

139．《网络词汇成活率问题的一点思考》（第一作者），核心期刊《江苏大学学报》（社会科学版）2011年第3期。

140．《名词铺排与唐诗创作》，《蜕变与开新——古典文学国际学术研讨会论文集》，台湾东吴大学，2011年7月版。

141．《海峡两岸词汇"同义异序"现象的理据分析兼及"熊猫"与"猫熊"成词的修辞与逻辑理据》，载郑锦全、曾金金主编《二十一世纪初叶两岸四地汉语变迁》，台湾新学林出版社，2011年12月版。

142．《晚唐时代"列锦"辞格的发展演进状况考察》，《平顶山学院学报》2012 年第 1 期。

143.《关于中国修辞学研究走向的几点思考》,《北华大学学报》(社会科学版) 2012 年第 1 期。

144.《海峡两岸现代汉语词汇"同义异序"、"同义异构"现象透析》,综合类核心期刊《复旦学报》(社科版) 2012 年第 2 期。

145.《王力先生对汉语修辞格的研究》,核心期刊《北京大学学报》(哲社版) 2012 年第 4 期。

146.《由〈全唐诗〉的考察看中唐"列锦"辞格发展演进之状况》,核心期刊《湖南科技大学学报》(社科版) 2012 年第 4 期。